역사학의 성과와 역사교육의 방향

학술총서
02

역사학의 성과와 역사교육의 방향

정기문 · 김중락 · 김병준 · 홍성구
임기환 · 이종서 · 박평식 · 김한종 공저

cum libro
책과함께

■책을 내면서

　현재 한국의 역사교과서를 보면 지질과 장정은 달라지고 판형은 커졌지만, 콘텐츠나 방법은 기성세대의 그것과 별로 달라진 것이 없음을 확인하게 된다. 바뀐 것이 별로 없다는 것은 기초교육을 위한 교과서의 성격을 잘 반영한 결과이기도 하지만, 달리 보면 변화하는 환경과 추세에 능동적으로 대처하지 못하고 있다는 증거이기도 하다. 물론 현재 선정된 교과서의 내용은 역사를 잃었던 국가의 당면한 과제를 실천하고, 크게 보아 근대화라는 작업을 수용하기 위해 불가피한 것이었다. 그런 면에서 한국의 역사교육 60여 년은 큰 족적을 남긴 것이면서도 앞으로 다가올 60년을 어떻게 대비하느냐의 문제에서는 역사교육의 방향을 제대로 짚고 있는지 의문이다.

　한국의 역사학은 대한민국의 건국을 전후로 성장해왔고, 그동안 투자된 것에 비해 엄청난 성과를 거두었다. 이는 연구자들의 희생과 사명감이 낳은 결과다. 따라서 다양한 분야의 괄목할 만한 성과가 역사교육에 반영되어 새로운 지평을 열어야 할 텐데, 실상은 그것과 거리가 있어 보인다. 현재 역사학의 성장에 비추었을 때, 우리 역사교육의 시점은 과거의 성과에 머물고 있음을 부정할 수 없다. 이제 우리의 과제는 외국을 모범으로 삼던 관점에서 탈피하여 한국에서 이루어진 역사학의 성과를 선별하고 정선하여 후학들에게 전달하는 것이다. 이 책은 이런 취지에 동감한 연구자들이 자신의 분야에서 이루어진 성과를 집약하고 역사교육의 콘텐츠 선정을 위한 기준을 제시하기 위해 만들어졌다.

　1장에서는 서양 고대와 중세사의 연구성과와 역사교육의 문제를 지적하였다. 놀랍게도 교과서의 서술에서 상당한 오류가 있고, 이를 지적하는 논고들이 있어도 좀처럼 시정되지 않는 문제점이 제시되었다. 특히 학설이 어긋나는 경우 자율에 맡겨두는 것이 정당한가의 의문을 제기되었다. 이 글에서는 사실 교과서 집필자 대부분이 전문적인 논문이나 성과를 잘 반영하지 않는다는 점을 읽을 수 있다. 집필자와 전공자들의 대화가 필요한 대목이다.

　이어 2장에서는 서양 근대와 현대의 역사연구의 성과를 집약하면서 비약적인 연구성과가 있었음을 지적하였다. 그러면서 현재 서양중심주의의 탈피나 문화적 다양성의 확보를 위한 추세를 보여주고 있고 이런 변화를 이해하고 따라갈 것을 요청하고 있다. 교과서 내용의 망라주의는 개선되어야 하고, 외국처럼 현장의 교사들이 저서를 발간하는 활동이 필요함을 역설하고 있다. 물론 근무 여건이 어렵기는 하지만 연구 역량을 지닌 교사들이 이런 활동에 적극 참여함으로써 학문연구와 교육의 장이 좀 더 원활하게 교류되어야 할 것이다.

　3장에서는 동양 고대와 중세의 연구성과에 비추어 교과서를 분석하였다. 우선 필자는 교과서에 달라진 사실이나 개념이 잘 반영되지 않고 옛것만을 답습하고 있음을 비판하고 있다. 한마디로 새로운 사료의 발굴로 고중세사의 이해가 달라지고 있다는 점을 반영하지 못하고 있는 것이다. 물론 이러한 현상은 객관적이고 절대적인 역사적 사실을 서술하려는 보수적 집필 성향에서 비롯되었을 터이지만, 결과적으로 역사에 대해 시대착오적이거나 잘못된 이해를 가져올 위험이 있다고 지적하고 있다. 아울러 탄력 있는 집필 기준의 작성, 그리고 교과서 편집의 다양성을 통해 지금의 역사학계에서 이루어지고 있는 연구주제와 결과가 반영되어야 한다고 제안하고 있다.

4장에서는 정복왕조를 중심으로 동양 근세의 연구성과를 집약하고 중학교 역사과 교육과정과 교과서를 분석하였다. 필자는 '서양 중심—중국 부중심'의 서술 패러다임을 극복하고, 교류사와 비교사를 중심으로 학계의 새로운 시각과 사회의 요구를 반영하려는 그동안의 노력을 긍정적으로 평가하고 있다. 하지만 이러한 시각에서 이루어진 국내학계의 연구성과가 교과서 서술에도 미흡할 정도로 부족하다는 문제를 제기하고, 아울러 외국학계의 성과를 수용하는 경우 다양한 주체의 입장에서 다각적인 비판이 전제되어야 함을 지적하고 있다.

한국사의 경우는 4편의 논문으로 정리하였다. 이렇게 좀 더 세밀히 배분할 수밖에 없는 이유는 연구성과와 업적이 상대적으로 많고 논점도 다양하며 국사교과서를 둘러싸고 그동안 많은 논쟁이 있어 온 탓이다. 자국사의 이해가 역사연구에서 중심을 이루는 것은 자연스러운 현상이다.

5장에서는, 먼저 한국의 국사교육과정을 학급별로 분석하고 있다. 그동안 교과서 검토에서 소홀히 하였던 초등의 과정을 소개하고 중학교와 고등학교의 것을 비교하면서 국사교육의 체계를 제시하고 있다. 이어서 한국고대사의 성과를 분석하였는데, 특히 국가의 성격 문제, 그리고 중세사회와 국가의 형성에 초점을 두고 있다. 그러면서도 특히 동아시아사의 서술과 관련해서는 대외문제나 교류의 문제를 국사 중심의 관점에서 놓칠 수도 있다는 우려를 표하고 있다. 세계화시대에 넓은 관점으로 우리의 역사를 보아야 한다는 제안은 더 나은 역사교육을 위해서 경청할 필요가 있다.

한국중세사를 다룬 6장에서는 교과서의 고려사 내용과 기준안을 검토하면서 기존의 이해와는 다른 두 가지의 관점을 제시하였다. 한국사의 서술이 민족주의적인 관점에 경도된 결과 이해체계의 문제점이 있음을 지적하고 국제적인 관계에 대한 인식도 같이 제시될 필요를 보여주고 있다. 또 하나는 그동안 역사학계가 자기 전공시대에 천착한 부작용으로 시대와 시대를 연결하는 설명이 부족했음을 지적하고 있다. 특히 수십 년 전 통사체계의 서술이 나온 후 이를 대신하는 것이 없었다는 지적은 시의적절하다.

한국근세사에 대해 분석한 7장은 해방 이후의 연구성과를 크게 세 시기로 나누고, 시기별로 역사교과서에 그와 같은 성과가 어떻게 반영되었는가를 분석하고 있다. 이런 방법을 택한 것은 각 시기의 특징이 연구에 지대한 영향을 미쳤고, 사실상 필자가 말하듯이 연구와 교육은 하나인 탓이다. 필자는 21세기 들어서의 한국사교육의 위기를 언급하고 있다. 그것은 이제껏 유지되어 온 패러다임에 대한 도전과 계열성을 상실한 교과서의 편성 문제에서 발견된다. 그만큼 조선시대에 대한 역사인식이 한국사에서 차지하는 비중이 큼을 의미하지만, 제대로 되지 않은 사관이 초래할 역사왜곡의 위험도 감지하고 있는 것이다.

8장에서는 근현대사의 쟁점과 주제를 나누고 이에 따라서 성과를 소개하고 교과서를 분석하였다. 그래서 각 주제의 연구가 어떻게 이루어졌고 교과서를 이를 어떻게 반영하고 있는지 잘 파악할 수 있게 배려하고 있다. 한국근현대사의 성과가 외적으로 성장하였음에도 불구하고, 두 가지를 뼈아프게 지적하고 있다. 하나는 아직 연구가 자유롭지 못하다는 것인데, 해외의 연구에 우리가 많이 의존하는 것은 이런 이념적 억압에서 비롯하는 것일지도 모른다. 또 하나는 교과서의 내용선정인데, 자세한 내용이 학생의 입장이나 필요에서 부합하는지 질문하고 있다. 서술수준의 문제는 교과서 집필자들이 언제나 따져보아야 할 것이다.

　이 책은 작은 것이지만 방법과 논점은 필자의 수만큼이나 다양하다. 그렇지만 역사연구와 역사교육의 괴리를 극복하고 하나의 역사라는 의미에서, 콘텐츠와 방법을 개발하고 나아가 서구에 편향되었던 이론과 방법의 틀에서 벗어나 좀 더 나은 모델을 찾을 수 있을 것을 희망한다는 점에서 역사교육에 대한 관심을 공유한다. 특히 필자들은 이 공동작업이 역사교육의 장에서 분투하는 현장교사들에게 시사점을 줄 뿐 아니라, 교육과정과 준거를 정하고 그에 입각하여 교과서를 만드는 데 다소나마 도움이 될 것을 기대한다. 이런 기초적인 역사대화는 절실한 것이었으나, 그동안 실시되지 못한 것은 부끄러운 우리의 모습이다. 늦었지만 이런 대화를 통해서 더 나은 역사교과서가 만들어져야 할 것이다.

　이 책은 2012년에 웅진사학회, 역사교육연구회, 역사교육학회, 한국역사교육학회가 공동으로 개최한 학술대회에서 발표된 논문을 수정·보완하여 책으로 묶은 것이다. 이 기획의도를 높이 평가하고 책으로 간행해준 책과함께의 류종필 사장에게도 감사를 표한다.

2013년 5월
필자 일동

1장

서양고중세사의 연구성과와 역사교육의 방향

정기문

1. 머리말

모든 학문의 연구목적은 궁극적으로 지식을 창조하고, 전파함으로써 세상을 발전시키는 것이다. 특히 우리가 역사를 공부하는 것은 개인의 호기심 충족을 넘어서 사회 전체의 역사인식에 기여하기 위한 것이다. 이렇게 생각한다면 역사가는 자신의 전문 영역을 세밀히 천착하는 데 만족하지 않고, 연구성과를 널리 전파하는 데 힘써야 한다.

자신의 연구를 세상에 알리고 공유하는 방법에는 여러 가지가 있을 것이다. 강연이나 저술, 대학에서의 수업 등을 생각할 수 있다. 그러나 가장 파급 효과가 크고 효율적인 것은 역시 중고등학교 교육이다. 중학교가 의무교육이기에 모든 학생이 제도권하에서 의무적으로 역사를 배워야 한다. 더군다나 고등학교 입학고사나 대학수학능력 시험에도 역사가 상당한 몫을 차지하고 있기 때문에 '좋은' 인생을 살고자 한다면 역사를 열심히 공부해야 한다.

그렇다면 역사학의 연구성과를 알리는 의무가 연구자에게만 있는 것일까? 그렇지 않다. 일선 현장에서 교육을 담당하는 교사들은 그 본연의 임무 자체가 역사학의 연구성과를 학생에게 전파하는 것이라고 할 수 있다. 따라서 교사는 연구성과를 부단히 흡수하고, 잘 가르치기 위해서 노력해야 한다.

이렇게 역사연구자는 그의 연구를 세상에 알려야 하는 의무를, 역사교사는 연구성과를 충실히 파악하고, 전파해야 하는 의무를 지고 있는데 양자의 작업이 얼마나 잘 수행되고 있을까? 또한 양자 간의 유기적인 연계와 협력은 얼마나 잘 수행되고 있을까? 이를 측정해볼 수 있는 매우 좋은 지표가 중학교 역사교과서라고 생각된다. 그것은 학계의 연구자들과 현장의 뛰어난 교사들이 합동하여 만들어낸 작품이며, 또한 국가의 공적인 검정을 거친 공인품이고, 사회 전체에 공개되어 끊임없이 검증되는 '공공물'이기 때문이다.

본고는 해방 이후 지금까지 이루어진 서양고중세사 연구의 성과를 간략하게 정리하고, 전문 연구자들의 연구성과가 현실 교과서에 얼마나 잘 반영되고 있는지를 살펴봄으로써 역사교육의 방향을 가늠해보고자 한다. 이 글에서 분석하려는 중학교 교과서는 2010년 7월 30일 교육과학기술부 검정을 통과한 중학교 《역사》 8종이다.[1]

---

1. 현행 교육과학기술부 검정(2010.7.30), 중학 《역사》(상) 교과서.

교과서 명	출판사	대표저자
중학 역사(상)	미래엔컬처그룹(미래엔)	정선영
중학 역사(신)(상)	교학사	신영범
중학 역사(양)(상)	교학사	양호환
중학 역사(상)	지학사	정재정
중학 역사(상)	천재교육	주진오
중학 역사(상)	대교	조승래
중학 역사(상)	비상교육	조한욱
중학 역사(상)	두산동아	이문기

2. 서양고중세 연구의 성과

한국에서 서양고중세사 연구는 해방 직후 시작되었다. 초기 서양사 연구자들이 고중세사 연구를 중요하게 여겼다는 것은 1958년 최초로 출간된 서양사 분야의 학회지인《서양사론》의 목차를 보면 쉽게 알 수 있다. 두 편의 논문이 실렸는데 그 가운데 한 편이 〈헤로도토스-역사 이해의 태도〉였고, 네 편의 서평이 실렸는데 그중에 양병우, "C. Hignett, A History of the Athenian Constitution of the End of the Fifth Century B. C."와 박성수, "B. Lyon, Medieval Real Estate Development and Freedom"이 있었다.

초기 연구자들이 이렇게 고중세사 분야에 관심을 보였던 것은 그들이 가졌던 사회의식 때문이었다. 서양사 연구자들의 상당수는 한국 사회의 후진성에 대한 깊은 문제의식을 가지고 있었고, 한국 사회를 정치적·문화적으로 발전시키기 위해서는 민주주의를 체현하고 근대화에 성공한 서구를 선진 모델로 삼아야 한다고 생각하였다.[2]

서양고대사 연구에서 가장 일찍이 이런 문제의식을 연구로 구체화시킨 사람은 양병우였다. 그는 〈Synoikismos (考)-아테네 초기의 사회구조〉[3]를 비롯한 일련의 논문을 쓰고, 연구성과를 집약하여 1976년

---

2. 서양사 연구자들의 이런 동향은 초기부터 현재까지도 줄곧 유지되고 있다. 한국 사회에서 학자들의 이념 대립이 극심했던 1980년대에도 서양사학계에는 이데올로기 문제로 갈등이 일어난 적이 없었던 것은 바로 이런 이유 때문이었을 것이다. 다시 말해서 서양사 연구자들의 다수가 민주주의와 자유주의를 지향하고 있었기 때문에 보수주의를 지향하는 연구자와 갈등이 일어나지 않았던 것이다. 이 문제에 대해서는 길현모, 〈회고와 전망: 총설(1986~1988)〉,《역사학보》124, 1989, 96쪽; 김영한,《한국의 서양사연구 60년, 서양사학회 50년》, 한국학술정보, 2011, 33~34쪽을 보라.
3. 양병우, 〈Synoikismos (考)-아테네 초기의 사회구조〉,《사총》12, 1968; 〈전 4세

에 《아테네 민주정치사》를 내놓았다. 그의 연구에서 가장 주목되는 점은 클레이스테네스의 개혁에서 민중의 역할을 부각시킨 것이다. 양병우는 아테네의 귀족 가문 출신이었고 반참주운동을 주도하면서 귀족을 옹호했던 클레이스테네스가 어떻게 민중의 지도자가 되어 민주주의 개혁을 수행했을까라고 문제를 제기하고, 클레이스테네스가 정권을 장악하기 위해서 민중에게 권력을 넘겨주고 민중을 위한 새로운 정책을 제시했기 때문이라고 주장했다. 양병우에 따르면 아테네 민중은 클레이스테네스를 지지해주는 대가로 민주적 개혁을 얻어냈다. 따라서 클레이스테네스 개혁의 진정한 주체는 민중이고, "(클레이스테네스의 개혁은) 만약 그렇게 부를 수 있다면 고대에서 민중 스스로의 힘으로 민주정치를 수립한 것이다."[4] 양병우의 이 연구는 클레이스테네스 개혁의 민주적 요소를 잘 부각시켰다.

양병우는 페리클레스시대에 대해서는 일방적으로 미화하기보다는 제국주의적 측면을 부각시켰다. 그는 델로스 동맹 체결과 그 후 이루어진 정세의 변화를 꼼꼼하게 분석하고, 아테네가 동맹국을 예속국으로 지배하게 된 계기를 아테네의 제국주의 정책으로 파악했고, 아테네의 민중, 즉 테테스 층이 제국주의 정책의 주도자임을 밝혔다. 이렇게 아테네 민주주의의 만개기인 페리클레스시대를 '민중적 제국주의'시대로 규정한 것은 아테네 민주주의를 객관적으로 보려는 그의 노력의 산물이라고 보인다.

양병우와 함께 서양고대사 연구를 주도했던 김진경은 아테네 민주주의에 관심을 기울이면서도 문화사에 초점을 맞춤으로써 민주주의

기의 아테네 민주주의─복지국가에의 지향〉, 《역사학보》 42, 1969.

4. 양병우, 《아테네 민주정치사》, 서울대학교출판부, 1976, 11쪽.

에 대한 이해를 심화시켰다.[5] 그는 아테네의 3대 비극 작가들이 민주주의 발전과 어떤 관계를 맺고 있는지, 그리스 사유의 기본 특징은 무엇이고, 그것이 사회 및 정치와 어떤 관계를 맺고 있었는지를 분석함으로써 고대 아테네인들의 사유 깊은 곳을 분석해내었다.

이렇게 민주주의를 중심으로 아테네 사회를 탐구하려는 노력은 후학들에게도 계속되었다. 최자영이 《고대 아테네 정치제도사: 아레오파고스와 민주정치》[6]를, 김봉철은 《그리스 민주정의 탄생과 발전》[7]을 내놓았다. 또한 최혜영은 〈대 디오니시아에서 비극이 상연된 배경과 의미-새로운 접근〉[8]을 비롯해서 계속해서 비극에 대한 여러 연구를 내놓으면서 김진경의 문제의식을 심화시키고 있다.

로마사 연구의 개척은 지동식과 허승일에 의해서 이루어졌다. 지동식이 〈티베리우스 그라쿠스의 농민운동 성격고〉[9]로 연구를 시작했고, 허승일 역시 그라쿠스 형제의 개혁을 집중적으로 연구하였다. 이렇게 두 사람이 그라쿠스 형제의 개혁에 관심을 기울였던 것은 이상적인 정치제도나 민주주의에 깊은 관심을 가지고 있었기 때문일 것이다. 특히 허승일은 티베리우스 그라쿠스가 '로마에 가까운 땅'을 회수해 농민들에게 분배함으로써, 라티푼디아(대규모 농장) 경영을 통해 부를 축적한 귀족 세력을 견제하여 자영농층을 복원하는 동시에 로마 시의 곡물 문제를 해결하고자 했다고 주장하였다.[10] 또한 허승일은 가이우스

---

5. 김진경, 《그리스 비극과 민주정치》, 일조각, 1991.
6. 최자영, 《고대 아테네 정치제도사: 아레오파고스와 민주정치》, 신서원, 1995.
7. 윌리엄 포레스트, 김봉철 역, 《그리스 민주정의 탄생과 발전》, 한울아카데미, 2001.
8. 최혜영, 〈대 디오니시아에서 비극이 상연된 배경과 의미 - 새로운 접근〉, 《서양고전학연구》 39, 2010.
9. 지동식, 〈티베리우스 그라쿠스의 농민운동 성격고〉, 《사학연구》 5, 1959.
10. 허승일, 〈티베리우스 그라쿠스의 로마시 곡물 수급 계획〉, 《역사학보》 142, 1994.

그라쿠스의 개혁에도 관심을 기울였는데, 이는 아직 복지 정책을 구상하지 못하고 있던 한국의 현실에 대한 '외침'이라고 생각된다.[11] 그 후 김경현이 로마 공화정 말기의 정치와 사상에 대한 심도 깊은 연구를 통해서 로마사 연구의 수준을 크게 높였다.[12] 그는 또한 그리스사와 헬레니즘시대사에 대한 여러 책을 번역하여 소개하는 열정을 보였다.

이렇게 서양고대사 연구를 개척했던 선학들은 민주주의와 사회에 대한 관심과 문제의식, 그리고 지식인으로서의 사명감을 가지고 역사를 연구하였다. 그렇지만 이렇게 연구주제가 특정 분야에 집중되었던 것은 어떻게 보면 손에 꼽을 정도밖에 연구인력이 없었기 때문이기도 했다. 1980년대 중반에 이르러 양적인 성장이 이루어졌다.[13] 1986년에 한국서양고전학회가 창립되었고, 1993년에는 한국서양고대사진흥회가 설립되었다. 두 학회가 학회지인 《서양고전학연구》, 《서양고대사연구》를 정기적으로 발행하고, 학술진흥재단의 등재학술지로 성장시켰다는 것은 그만큼 양적인, 그리고 질적인 면에서 고대사 연구가 활성화되었다는 것을 의미한다. 그 결과 여러 연구자가 서양고대사 강의의 역량과 경험을 집적하여 《서양고대사 강의》를 내놓을 수 있었다.[14] 이 책은 서양고대사의 강의집이지만 주제별로 서양고대사 연구를 정리함으로써, 우리 학계가 독자의 힘으로 서양고대사의 체계를 수립할 역량을 갖추었음을 보여주는 역작이다.

이렇게 연구인력이 풍부해지면서 특히 로마 제정사 분야의 연구가 대폭 보충되었다. 최혜영, 김덕수, 안희돈, 김경현 등 로마 제정사 연

---

11. 허승일, 〈가이우스 그라쿠스의 곡물배급정책〉, 《역사학보》 56, 1972.
12. 김경현, 〈Cicero의 Rome 共和政 守護政策〉, 《역사학보》 83, 1979.
13. 김덕수, 〈서양고대사연구 60년〉, 《서양사론》 95, 2007, 181~182쪽.
14. 김진경 외, 《서양고대사 강의》, 한울아카데미, 1996.

구자들이 배출되면서 로마 제정의 성립 과정, 통치 조직, 제정사의 발달 등이 심도 있게 다루어졌고 그 결과 《로마 제정사 연구》[15]가 출판되었다. 이 책의 출간으로 그간 공백으로 방치되어왔던 로마 제정사 연구가 비로소 그 꼴을 갖추게 되었다고 할 수 있다.

연구자들이 개인의 역량으로 뛰어난 작품을 내놓기도 했다. 김진경의 《고대 그리스의 영광과 몰락》[16]과 허승일의 《스파르타 교육과 시민 생활》[17]은 전문 연구를 대중에게 널리 알리려는 좋은 시도로 볼 수 있다. 또한 김창성의 《세계사 산책: 서양 고대》[18]는 서양고대사 연구와 교육에 필수적으로 필요한 사료를 수집하고 해설하였다. 이 밖에도 김봉철,[19] 신상화,[20] 윤진,[21] 최혜영,[22] 김덕수,[23] 신선희, 김상엽[24] 등이 일반 대중들이 읽을 수 있는 고급 교양서를 내놓았다. 특히 오흥식은 《블랙 아테나》1·2[25]를 통해서 그리스 문명의 오리엔트적 기원을 밝힘으로써 한국서양사학계가 유럽중심주의를 벗어나는 시각을 갖는데 크게 기여하였다. 이렇게 많은 연구자들이 저술 활동을 펼치고 있는 것은 대중과의 교감이라는 사회적 책무를 다하기 위한 열망의 소산으로 생각된다.

---

15. 허승일 외, 《로마제정사 연구》, 서울대학교출판부, 2000.
16. 김진경, 《고대 그리스의 영광과 몰락》, 안티쿠스, 2009.
17. 허승일, 《스파르타 교육과 시민 생활》, 삼영사, 1998.
18. 김창성, 《세계사 산책》, 솔, 2003.
19. 김봉철, 《영원한 문화도시 아테네》, 청년사, 2002.
20. 신상화, 《물의 도시, 돌의 도시, 영원의 도시》, 청년사, 2004.
21. 윤진, 《아테네인, 스파르타인》, 살림, 2005.
22. 최혜영, 《그리스 문명》, 살림, 2004.
23. 김덕수, 《그리스와 로마》, 살림, 2004.
24. 신선희·김상엽, 《이야기 그리스·로마사》, 청아, 2003.
25. 마틴 버낼, 오흥식 역, 《블랙 아테나》1·2, 소나무, 2006, 2012.

서양중세사 연구는 앞에서 언급한 《서양사론》 1집에 실린 박성수의 서평이 보여주듯이 중세의 장원제에 대한 연구로 출발하였다. 최초의 연구논문은 안종모가 쓴 영국 장원의 해체에 관한 것이었다.[26] 그는 이 글에서 봉건지대가 노동지대에서 생산물지대, 그 다음으로는 화폐지대로 옮겨간다는 고전학설을 분석하고, 고전학설에 대한 정확한 이해를 위해서는 장원구조의 분석이 필요하다고 주장하였다.[27] 서양중세사 연구의 다른 선구자들인 정만득, 고성환, 이민호도 모두 사회 경제사를 연구하였다. 이들이 사회 경제사를 연구주제로 삼았던 것은 서구가 어떻게 근대화에 성공했는지를 알고 싶은 열망 때문이었다. 다시 말해 서양이 봉건적 질서를 어떻게 극복했는지를 파악하고 싶었기 때문이었다.[28] 이렇게 본다면 서양 중세는 근대를 이해하기 위한 하나의 '전사(前史)'였던 셈이다.

그러나 이런 문제의식과 열정만으로 서양중세사 연구의 수준을 높일 수는 없었다. 중세사 연구에서 '언어와 자료의 문제'가 너무나 심각하였기 때문에 1세대 연구자들은 대부분 연구주제를 바꾸어버렸다. 특히 박성수는 '서양 학자들의 종노릇하기가 싫어서' 전공을 한국사로 바꾸었다고 했는데 이는 당시 한국의 연구현실을 단적으로 보여주는 말이라고 생각된다. 당시는 원자료를 구하기가 정말 어려웠고, 책 한 권을 구입하는 것도 결코 녹록하지 않았다.[29] 그리하여 1970년대 초반에 중세사 연구의 침체기가 찾아왔다. 가령 1971년과 1972년 2년 동

---

26. 안정모, 〈영국장원의 붕괴과정〉 (상·하), 《역사학보》 5·6, 1953~1954.

27. 황정식, 〈안정모와 사회경제사〉, 《동국사학》 42, 2006, 351~352쪽.

28. 강일휴, 〈서양중세사 연구 반세기〉, 《서양사론》 95, 2007, 211쪽.

29. 한국서양문화사학회 회장을 지낸 서정복 선생에게 들은 이야기인데, 1970년대에는 외국 연구서 한 권의 값이 대부분 시세로 쌀 한 가마니 가격을 넘었다고 한다.

안 발표된 중세사 분야의 논문은 불과 네 편에 불과하였다.[30]

1970년대 중반 이후 김동순, 박은구, 홍성표, 이기영 등이 연구를 시작하면서 서양중세사 연구가 되살아나기 시작하였다. 이들은 중세사 연구의 1세대 연구자들이 초점을 맞추었던 사회경제사를 더욱 심화시켰다. 홍성표는 금납화 문제를 다룬 이후,[31] 중세 경제사 전반에 대한 연구에 전력하였고 그 결과 중세사 전문 연구서를 내놓았다.[32] 이기영은 고전장원제가 가장 전형적으로 발전했던 프랑스 지역의 장원구조를 원사료를 분석하여 밝혔다. 그의 연구는 《古典莊園制下의 農業經營》으로 이어졌다.[33] 사회경제사에 대한 관심은 1980년대에도 계속되었는데 김유경, 김호연, 이연규 등이 계속 천착하였다. 특히 이연규는 《서양중세사: 유럽의 형성과 발전》[34]을 내놓았는데, 이는 번역서이기는 하지만 매우 상세하고 체계적인 서양중세사 개론서였고, 지금까지 오랫동안 사랑받고 있다. 중세사 연구의 전문가는 아니지만 한정숙은 《봉건사회》 1·2[35]를 내놓았다. 이는 프랑스 아날학파의 거장인 블로흐의 책을 번역한 것으로 봉건사회에 대한 이해의 지평을 넓힌 대작이다.

한편 1970년대 중반 이후에는 사회 경제사에서 벗어나 정치사와 문화사를 연구하려는 움직임이 시작되었다. 박은구는 중세에 인민주의 의식이 있었고 그것이 근대 민주주의 정치이념의 효시 역할을 했음을

30. 길현모, 〈회고와 전망: 총설(1986~1988)〉, 《역사학보》 124, 1989, 94쪽.
31. 홍성표, 〈영국에 있어서의 금납화 시기에 관한 연구〉, 《역사교육》 18, 1975.
32. 홍성표, 《중세 영국농민의 생활수준 연구》, 탐구당, 1987.
33. 이기영, 〈古典莊園制下의 農業經營〉, 서울대학교 박사학위논문, 1990.
34. 타이어니 외, 이연규 역, 《서양중세사: 유럽의 형성과 발전》, 집문당, 1986.
35. 블로흐, 한정숙 역, 《봉건사회》 1·2, 한길사, 1986.

연구하였고,[36] 장준철은 중세 교권주의 이론을 분석하여 교황권이 강력해졌던 배경을 탐구하였다.[37] 유희수는 아날 3세대의 영향을 크게 받아서 문화사 영역을 개척하였다. 그는 중세인들의 죽음과 저승, 섹스, 친족제 등을 연구하였고, 중세 사회에서 기독교화 문제, 즉 기독교가 중세인들의 삶과 사유를 얼마나 장악했는가를 깊게 천착하였다.[38] 또한 그는 지금까지도 널리 읽히고 있는 개론서인 《서양중세문명》[39]을 내놓았다.

서양중세문명의 양대 기둥이라고 할 수 있는 기독교의 발전에 대한 연구도 본격적으로 진행되었다. 일찍이 이석우가 아우구스티누스의 생애와 사상을 연구하여[40] 기독교 역사와 신학 연구의 기초를 마련하였고, 이종경은 《기독교 세계의 등장》[41]을 통해서 기독교가 유럽에 전파되는 과정을 소개하였다.

이렇듯 서양중세사 연구의 2세대 연구자들이 연구의 폭을 넓혔고, 1990년대 중반부터는 3세대 연구자들이 합류하기 시작하면서 서양중세사 학계가 단단한 진용을 갖추기 시작하였다. 1995년부터 2007년까지 박사학위자가 28명이나 배출되었고, 그 가운데 19명이 해외에서 학위를 받았다.[42] 연구자가 대폭 증가하면서 1996년에 서양중세사학회를 창립하고 《서양중세사연구》를 발행하여 한국학술진흥재단(현 한국진

---

36. 박은구, 《서양 중세 정치사상 연구》, 혜안, 2001; W. 울만, 박은구·이희만 공역, 《서양 중세 정치사상사》, 숭실대학교출판부, 2000.
37. 장준철, 〈12, 13세기 교황의 현세권 이론 연구〉, 전남대학교 박사학위논문, 1995.
38. 유희수, 〈중세 말 프랑스에서의 죽음과 저승에 대한 인식〉, 고려대학교 박사학위논문, 1992; 유희수, 《사제와 광대》, 문학과지성사, 2009.
39. 유희수, 《서양중세문명》, 문학과지성사, 1998..
40. 이석우, 《아우구스티누스》, 민음사, 1995.
41. 브라운, 이종경 역, 《기독교 세계의 등장》, 새물결, 2004.
42. 강일휴, 〈서양중세사 연구 반세기〉, 《서양사론》 95, 2007, 227쪽.

홍재단) 등재지로 성장시켰다.

　서양중세사 연구자들의 연구역량이 쌓이면서 저술 활동 또한 활발하게 진행되고 있다. 서양중세사학회의 주도로 편집된《서양중세사강의》[43]는 우리 학자들이 독자 역량으로 집필한 개설서이다. 이 책은 서양중세사 강의에 필요한 주제들을 고루, 그리고 심도 있게 다루고 있다. 중세사 연구자들은 또한 중세사 연구를 활성화시키기 위해서 서양중세사 총서를 발행하고 있다.《서양중세사회와 여성》,[44]《중세의 종교개혁》,[45]《중세의 소외집단》,[46]《중세의 정치 이데올로기》[47]를 잇달아 내놓았다. 불행하게도 이 총서는 계속 이어지지 못하고 있지만 중세사 연구자들은 전문 연구에 그치지 않고 많은 저작물을 발표하여 역사연구 결과물을 대중과 함께 나누기 위해서 계속 노력하고 있다. 홍성표는《서양 중세의 음식과 축제》,[48]《중세 영국 사회와 범죄》[49]를, 유희수는《몽타이유: 중세말 남프랑스 어느 마을 사람들의 삶》,[50] 이기영은《서양의 장원제》,[51]《프랑스 농촌사의 기본성격》,[52] 성백용은《세 위계: 봉건제의 상상 세계》[53]를 내놓았다.

　이렇게 매년 몇 편의 저작물이 발표되고 있는 것은 선진, 그리고 후

---

43. 서양중세사학회 엮음,《서양중세사강의》, 느티나무, 2003.

44. 홍성표,《서양중세사회와 여성》, 느티나무, 1999.

45. 브렌다 볼튼, 홍성표 역,《중세의 종교개혁》, 느티나무, 1999.

46. 제프리 리처즈, 유희수·조명동 공역,《중세의 소외집단》, 느티나무, 1999.

47. 이경구,《중세의 정치 이데올로기》, 느티나무, 2000.

48. 홍성표,《서양 중세의 음식과 축제》, 개신, 2003.

49. 홍성표,《중세 영국 사회와 범죄》, 느티나무, 2006.

50. 라뒤리, 유희수 역,《몽타이유: 중세말 남프랑스 어느 마을 사람들의 삶》, 길, 2006.

51. 이기영,《서양의 장원제》, 까치, 1998.

52. 마르크 블로크, 이기영 역,《프랑스 농촌사의 기본성격》, 2007, 나남.

53. 조르주 뒤비, 성백용 역,《세 위계: 봉건제의 상상 세계》, 문학과지성사, 1997.

진 연구자들의 연구의욕이 그만큼 강렬하기 때문일 것이다. 홍성표와 같은 정년 한 연구자들도 계속 연구물을 내고 있고, 수십 명의 연구자들이 중세의 다양한 분야에 대해서 연구를 발표하고 있다. 이제 도시, 결혼, 신학, 교황권, 여성사, 마녀 사냥 등등 일반적으로 관심을 기울일만한 주제들에 대해서는 거의 연구물이 나와 있다고 해도 과언이 아니다.

3. 중학교 역사교과서 서술을 통해 본 서양고대사 교육 현황

먼저 아테네의 경우 민주정치의 발달과 그것에 수반되었던 문화, 즉 비극이나 수사학의 발달이 주요한 연구성과였음을 앞에서 살펴보았다. 이런 연구성과가 교과서 서술에 어떻게 반영되었을까? 8종의 중학교 역사교과서는 거의 모두 아테네 민주주의를 이해하는 것을 학습 목표로 제시하고 있다. 이는 아테네 역사를 가르치면서 민주주의의 발달이 가장 중요한 요소임을 인지하고 있음을 의미한다.

아테네 민주주의의 핵심은 민회에 모여서 토론하고 투표로 국가의 중대사를 결정하는 것이다. 아테네인들은 이런 전통을 만들어냄으로써 인류의 정치사에 위대한 공헌을 하였다. 그런데 매우 기이하게도 8종의 교과서 가운데 이 사실을 제대로 서술한 곳이 드물다. 8종 가운데 교학사, 대교에는 민회라는 단어가 등장하지도 않고, 지학사와 미래엔은 그림 설명에서 단어를 설명했을 뿐이다. 비상교육, 두산동아와 천재교육만이 본문에 민회를 언급하고 기능을 제대로 소개하였다. 민회라는 단어가 등장하지 않은 이유가 단지 지면 부족의 이유, 혹은 학습 요소를 줄이기 위한 노력 때문일까? 설령 그렇게 해석할 여지가 있다고 해도 민회라는 단어조차 언급하지 않았다는 것은 큰 문제라고 생각된다.

이렇게 민회를 소략하게 다루었지만 8종의 교과서 가운데 7개가 도편추방제를 설명하고 있다. 이를 보면 도편추방제가 아테네 민주주의 발전에 가장 중요한 요소인 것처럼 느껴진다. 도편추방제가 민주주의 발달에 하나의 중요한 요소임에는 틀림없지만 민회를 설명하지도 않으면서 도편추방제를 자세히 설명하는 것은 어딘가 모순이 느껴진다. 도편추방제를 설명하는 지면에 민회의 실질적인 모습, 즉 민회가 권력을 장악해가는 과정, 개최 주기, 토론 모습 등을 실어주었으면 아테네 민주주의의 진면모가 좀 더 잘 살아날 수 있었을 것이다.

교과서 서술이 서로 모순적인 모습을 보이는 것도 문제이다. 미래엔은 아테네 민회에 참석 가능한 연령에 대해서 "민회는 18세 이상의 성년 남자 시민들이 직접 참석하여"라고 쓰고 있다. 그런데 천재교육과 비상교육은 "20세 이상의 남자, 정치 참여 가능"이라고 쓰고 있다. 이렇게 교과서들이 다른 진술을 하고 있는 이유는 사실 역사학계에 두 가지 설이 있기 때문이다. 다수의 학자들이 아리스토텔레스가 아테네인의 국제에서 설명한 바에 따라서 아테네의 소년들은 18세에 데모스에 등록을 하고, 2년간 훈련 과정을 겪은 후에 20세부터 민회에 나아가 정치에 참여했다고 주장하고 있는 반면, 상당수의 학자들은 18세에 데모스에 등재하는 순간 투표권을 갖게 된다고 설명하고 있다. 국내의 학자들이 쓴 저서를 찾아보았더니, 김봉철, 김창성, 김덕수는 20세설을 따르고 있다. 그런데 김진경, 윤승준은 18세설을 따르고 있다.[54] 이렇게 한 가지 사실에 대해서 이설이 있을 경우 어떻게 해야 할

---

54. 김진경, 《고대 그리스의 영광과 몰락》, 안티쿠스, 2009, 125쪽; 윤승준, 《하룻밤에

것인가? 여기에 대해서는 여러 가지 방안이 제시될 수 있을 것이다. 그런데 검인정체제라는 이유로 각기 다른 사실을 '진실'로 배우는 일은 적합하지 않을 것이다.

민주주의와 함께 발전한 비극과 수사학에 대한 서술도 실망스럽기 짝이 없다. 두 요소를 모두 기술한 교과서는 하나도 없었으며, 서술한 경우에도 매우 단편적이었다. 대신 이오니아 철학에서 아리스토텔레스의 철학에 이르기까지 그리스의 철학 발달사를 거의 모두 다루고 있다. 라파엘로의 〈아테네학당〉이라는 그림을 크게 보여주는 것보다 비극과 수사학이 발달했고, 그것이 민주주의의 발달과 깊은 연관이 있다는 것을 서술해주는 것이 좋지 않았을까?

로마사의 경우 최대의 연구성과는 공화정의 구조와 발달 과정, 공화정 말기에 진행되었던 그라쿠스 형제의 개혁, 원수정의 구조와 로마 제정기의 발달 등을 들 수 있다. 8종의 교과서들은 대체로 이런 사실이 중요하다고 인식하고 서술하기 위해서 노력하고 있다. 그러나 지면상의 한계 때문인지 대부분 너무나 비체계적인 서술로 일관하고 있다. 가령 지학사는 "그러나 평민들이 중장보병으로 정복 전쟁에 참여하면서 지위가 향상되자, 기원전 5세기 초에 평민의 대표로 호민관을 선출하여 평민의 권익을 대변하였다. 이후 로마는 카르타고와의 포에니 전쟁에서 승리하여 서지중해를 장악했으며"라고 적고 있다. 호민관의 선출이 기원전 494년이고 포에니전쟁의 발발이 기원전 264년인데 그 가운데 있었던 사건을 모두 생략하고 있다.

지면이 한정되어 있으니 그런 생략이 당연하다고 말할 수 있을 것이다. 그런데 다른 교과서들은 '평민회의 성립', '12표법 제정,' '평민도 최고 관직에 오를 수 있게 됨' '평민과 귀족의 법률상 동등해짐' 등등 이

읽는 유럽사》, 랜덤하우스중앙, 2004, 38쪽.

른바 신분투쟁에서 벌어졌던 사실들을 거의 거론하고 있다. 이렇게 서술 상의 편차가 큰 것을 어떻게 설명하고 받아들여야 할 것인가? 다양성을 인정하고 그것을 좋은 것으로 보아야 할지, 아니면 그래도 어느 정도의 통일성은 있어야 할 것인지? 진지한 고민이 필요한 대목이다. 이 문제는 다음 절에서 살펴볼 것처럼 중세사 서술에서도 마찬가지이다.

그라쿠스 형제의 개혁이 로마 사회의 전환을 가져오는 중요한 사건이라는 인식은 모든 교과서에서 공유되고 있다. 모든 교과서가 이 사건을 비교적 자세히 다루고 있다는 사실이 이를 입증한다. 그라쿠스 형제가 귀족들의 대농장 경영을 제어하고 자영농을 육성하려고 했다는 사실은 잘 알려진 것 같다. 이때 그라쿠스 형제가 분배한 토지가 사유지가 아니라 공유지임을 지적한 교과서는 하나도 없었는데, 이는 지면상의 이유 혹은 서술상의 어려움 때문이라고 생각된다.

로마 제정사 서술은 매우 실망스럽다. 대부분의 교과서가 아우구스투스 이후 수백 년간을 매우 소략하게 다루었다. 로마 제정사 연구의 성과를 반영하고자 노력했다는 흔적을 보여준 교과서는 거의 없었다. 지면상의 이유가 가장 크다는 것을 감안한다고 해도 팍스 로마나의 모습, 로마의 시민권 정책, 조세 정책 등에 대한 설명이 첨가되었다면 좋았을 것이다.

로마의 문화 특히 기독교의 탄생은 모든 교과서에서 중요 주제로 다루어지고 있다. 각 교과서들이 상식적인 서술에 그치고 있는데 이는 이 분야에 대한 연구가 매우 미진하기에 불가피한 현상이라고 생각된다. 기이하게도 6종의 교과서가 카타콤 사진을 제시하고 로마제국의 박해 때 기독교 신자들이 그곳에 모여서 비밀리에 생활하거나 예배를 보았다고 '아주 자세히' 소개하고 있다. 이는 초기 기독교 연구가 얼마나 빈약한 가를 단적으로 보여주는 사례라고 할 수 있다. 이 문제를 연구하는 전문가들은 그것이 '전설' 혹은 '신화'라고 밝히고 있다. 서구 연구자들의 연구가 소개조차 되지 않았기 때문에 이 전설이 계속 교과서에 실리고 있는 것 같다.[55] 그렇지만 이렇게 틀린 서술이 계속 교과서에 반복되고 있는 것은 교과서 집필자들이 이전에 서술된 것이 있다면 사실을 따지지 않고 모방하려는 관행을 가지고 있다는 사실을 여실히 보여준다.

4. 중학교 역사교과서 서술을 통해 본 서양중세사 교육 현황

서양중세사 연구의 최대 성과는 봉건제도의 성립과 발전, 특히 장원의 구조와 변천임을 앞에서 살펴보았다. 교과서 서술자들도 이 사실을 잘 알고 있기에 주종제도와 장원제도를 설명하기 위해서 노력하고 있다. 8종의 교과서를 살펴보면 봉건제도에 관한 연구성과가 잘 소개되어 있다는 생각이 든다. 그렇지만 교과서 서술의 편차가 너무나 큰 것에 놀라기도 한다.

가령 교학사(양)는 농노에 대해서 "농노는 영주에게 예속되어 지배를 받는 부자유 농민이었다. 농노는 다른 곳으로 이동할 자유가 없었기 때문에 평생 영주의 지배를 받으며 장원에 얽매어 살았다. 이들은 영주에게 인두세, 사망세 등 각종 세금을 바치고 부역을 제공해야 했

---

55. V. F. Nicolai etal, *The Christian Catacombs of Rome*, Schnell & Steiner, 1999, p. 13; James Jeffers, *Conflict at Rome: Social Order and Hierarchy in Early Christianity*, Fortress Press, 2007, pp. 49~50.

으며, 영주는 농노들을 재판하고 처벌할 수도 있었다. 그러나 농노는 결혼하여 가정을 이루고 집과 토지, 농기구 등의 재산을 가질 수 있었다는 점에서 고대사회의 노예와는 달랐다."고 쓰고 있다. 이렇게 길게 쓰고 있으면서 농노의 가장 중요한 의무, 즉 지대를 어떻게 납부해야 했는지를 쓰지 않았다. 그림 설명에서 "영주 직영지는 농노의 부역으로 경작되었다."고 쓰고 있어서 보충이 된다고 볼 수는 있지만 지대의 납부 방식이 중세 장원의 구조 변화에서 중요한 역할을 했다는 사실을 생각건대 서술이 잘 되었다고 생각되지는 않는다. 그런데 대부분의 교과서가 이렇게 비중 있게 다루는 요소를 미래엔은 매우 소략하게 다루었다. 농노에 대한 설명은 이른바 날개 부분에서 잠시 설명하고 스치듯 지나가버렸고, 또한 장원의 해체에 대한 설명은 전혀 하지 않았다.

주요 학습 요소에 대한 서술이 이렇게 큰 편차를 보이는 것을 교과서의 다양성으로 보아야 할 것인가, 아니면 집필자의 편향된 시각으로 보아야 할 것인가? 어느 것이 중요한 학습 요소인지에 대한 충분한 학문적 협의가 이루지지 않았기 때문일까? 교과과정을 개편할 때마다 교과부는 교과 내용을 축소하고 쉽고 재미있게 가르치는 교과서를 만들라고 요구하고 있다.[56] 특히 쉽고 재미있는 교과서는 사회 전반적인 요구이기도 하다. 아마 이런 지향에 맞추어 '역사교과서 개발 지침'의 대강화가 이루어졌을 것이다. 이 지침은 큰 기준만을 제시하고 교과서 집필자에게 자율성을 주는 것을 원칙으로 하고 있다. 그렇지만 이런 사항들은 앞에서 제기했던 문제, 즉 교과서들이 갖고 있는 편차를 더욱 크게 만들 수 있다. 모든 교과서가 획일적으로 똑같을 수는 없지

---

56. 양호환, 〈중등 역사교육과정 개발의 현안과 역사교육 개선 방안〉, 《역사교육》 120, 2011, 297쪽.

만 이렇게 강한 편차를 보이는 것도 분명 문제일 것이다. 이에 대한 심각한 논의가 있어야 할 것이다.

농노 문제를 보면 학문의 연구결과가 교과서에 얼마나 반영되어야 할지 매우 고민스럽다. 전문 연구에 의하면 중세에는 장원에 속하지 않은 자유 농민이 상당히 많았으며, 농노에도 여러 종류가 있었다. 그리고 농노와 영주 사이에도 '일종'의 계약 관계가 성립되어 있었다.[57] 장원문서라는 것이 그런 것들인데 거기에는 농노의 의무가 매우 상세히 규정되어 있기에 그것도 계약으로 볼 수 있을 것이다. 바로 이런 이유 때문에 장원제도가 발전하면서 13세기 이후에는 농촌공동체가 강력하게 성장할 수 있었고, 농촌공동체의 결합 강도가 14세기 이후 진행된 계급투쟁에서 결정적으로 중요한 역할을 하였다.

이런 연구결과들이 교과서 서술에 어느 정도 반영되어야 할 것인가? 현재 교과서 서술은 이른바 '이상형(ideal type)'으로 재구성한 봉건 장원의 모습을 그대로 전하고 있다.[58] 다시 말해서 중세의 장원과 거기에 살았던 농민들의 모습은 너무나 다양해서 일반화하기 힘들기에 하나의 이상적인 형태를 만들어 그것을 보편적인 것처럼 가르치고 있다.[59] 이렇게 역사를 일반화해서 가르치는 것이 좋은지 논의가 필요한

---

57. 이기영, 〈서유럽에서 노예제사회로부터 농노제로의 이행요인─기독교, 계약, 인구 및 노동력에 대한 검토〉, 《서양사론》 96, 2008, 125~127쪽은 이 문제를 부정적으로 검토하였다. 필자는 그의 의견에 전적으로 동의하지만 강압에 의했건 자의에 의해건 영주와 상당수 농노 사이에는 계약이 있었다는 사실을 부정할 수는 없을 것이다.

58. 월라스 클리퍼트 퍼거슨, 이연규·박순준 공역, 《서양근세사, 중세에서 근대로의 이행》, 집문당, 1989, 15쪽.

59. 중세 장원과 농민 신분의 다양함에 대해서는 타이어니 외, 이연규 역, 《서양중세사: 유럽의 형성과 발전》, 집문당, 1986, 158, 174쪽을 보라.

부분이다.[60]

중세사 서술을 검토하면서 고민이 되는 문제가 하나 더 있다. 그것은 재미있는 교과서를 추구하면서 모든 교과서들이 화보를 대폭 확대했다는 것이다. 화보를 확대하는 것 자체에 대해서는 반대할 이유가 없지만 이는 두 가지 난점을 야기한다.

먼저, 그림이 많아지면서 본문이나 내용이 소략해진다. 가량 교학사는 백년전쟁을 언급조차 하지 않았다. 전체적으로 화보를 많이 넣으려고 노력하다보니 이런 설명의 빈곤화 현상이 발생한 것이다.

두 번째, 화보를 맵시 있게 만들려다 보니 역사적 왜곡이 일어난다. 거의 대부분의 교과서들이 장원의 구조를 화보로 실었는데, 장원의 한가운데는 거대한 규모의 성을 그려 넣었다. 중세에서 석축 성은 대귀족들만이 소유할 수 있었고, 대개의 하급귀족들은 나무로 만든 거주지에 살았다. 따라서 이런 화보들은 중세 보통 장원의 모습을 왜곡하는 것이라고 볼 수 있다. 이렇게 화보를 맵시 있게 만들기 위해서 역사를 왜곡하는 현상이 일어나는데 이를 어떻게 평가해야 할 것인가?

5. 맺음말

해방 이후 지금까지 서양고중세사 분야의 연구성과를 간략하게 정리하고, 현행 중학교 역사교과서가 그 연구성과를 얼마나 반영하고 있는가를 살펴보았다. 그 결과 연구자들과 교육자들의 소통과 교류가 제대로 이루어지고 있는지에 대해서 심각한 의문을 지울 수 없었다.

---

60. 이에 대해서는 김창성, 〈역사수업에서 일반화의 문제와 '이상형'의 활용〉, 《이원순교수정년기념역사학논총》, 교학사, 1991을 참조하라.

서양고중세사 연구자들의 집단적인 연구결과물인《서양고대사강의》,《로마 제정사 연구》,《서양중세사강의》를 제대로 읽어본 교과서 집필자들이 얼마나 되는지 의심스러웠다. 지면의 한계, 또는 학습자의 수준에 대한 고려 때문일 수도 있겠지만 아테네의 민회나 희곡에 대한 서술, 중세의 문화에 대한 연구성과가 제대로 반영되지 않은 것 같다.

이런 소통의 부족에 대한 의구심을 더 키우는 것은 교과서에 오류가 매우 많다는 것이다. 교과서의 오류를 분석하는 논문이 아니기에 본문에서는 가급적 교과서의 오류를 지적하지 않았다. 그렇지만 기존의 교과서 서술에 대한 분석 글들이 제법 있고, 거기에서 교과서의 오류에 대한 상당한 지적이 있음에도 불구하고, 교과서 집필자들은 그런 글조차 읽지 않았던 것 같다. 가령 윤진은 〈중학교 사회교과서에 나오는 서양고대사 서술의 문제〉,《호서사학》50, 2008, 189쪽에서 에게해 문명이 기원전 2,000년이 아니라 기원전 3,000년에 시작되었음을 지적하며 여러 교과서가 오류를 범했다고 비판했다. 그런데 8종의 교과서 대부분은 그 오류를 그대로 반복하고 있다. 정확하게 이야기하면 두산동아는 수용했으며, 2종은 이 사실을 언급하지 않았고, 5종은 오류를 반복하고 있다. 또한 윤진은 위 논문 191쪽에서 "아테네가 다른 폴리스들과 연합하여 델로스 동맹을 맺자, 스파르타는 펠로폰네소스 동맹을 건설하였다."는 서술에 대해서 펠로폰네소스 동맹은 이미 기원전 550년경에 결성되었다고 지적하였다. 그런데 비상교육은 그 오류를 그대로 반복하고 있다. 이렇게 오류가 반복되는 것은 교과서 집필자들이 연구성과를 반영하기보다는 이전 교과서를 참고하여 가필하려는 속성을 갖고 있기 때문인 것 같다.[61]

---

61. 이 점에서 김덕수, 〈중학 역사(상) 교과서에 나타난 그리스사와 로마 서술의 몇 가

이런 소통의 부재 이외에도 역사교육의 '정상화'를 위해서 고민해야 할 점이 많다는 것을 알 수 있었다. 그중 가장 중요한 것은 집필의 다양성을 얼마나 인정할 것인가이다. 현재 검인정교과서는 교육과학기술부가 대강을 제시하고 집필자가 자율적으로 집필하는 방식을 취하고 있다. 얼핏 보면 개인과 사회의 자율성을 존중하는 아주 좋은 제도인 것 같지만, 집필자가 자율성을 넘어서 편협성에 빠졌다고 생각되는 경우도 있었다.

두 번째는 재미를 충족시키면서 어떻게 알찬 교과서를 만들 수 있는가의 문제이다. 재미를 추구하는 것을 반대할 사람은 없지만 그것을 명분으로 해서 내용은 자꾸만 축소되고, 그렇게 중요하게 생각되지 않은 요소나 화보의 분량은 갈수록 커지고 있다.

세 번째 학설상의 차이를 교과서에 어떻게 반영할 것인가이다. 이 문제는 쉽게 해결될 것 같지 않다. 그럼에도 불구하고 여러 교과서가 하나의 사실을 다르게 서술하는 것을 '바람직한 일'이라고 생각할 수는 없다. 이에 대한 진지한 고민과 논의가 있어야 할 것이다. 전문 지식을 갖고 있는 연구자들로 구성된 학회 차원에서 역사교과서 문제에 관심을 가져야 할 것으로 생각된다.

지 문제〉, 《동국사학》 51, 2011은 꼭 읽어보아야 할 논문이다. 그러나 그의 지적이 과도하다고 생각되는 부분도 있다. 가령 그는 '시민들은 민회에 참석하여'라는 표현을 '20세 이상의 성인들은'으로 수정해야 한다고 했으며, 도편추방제의 경우에도 6,000명의 정족수를 기록해야 한다고 주장했다. 그러나 그렇게 하면 학습량이 늘어나고, 흐름이 아니라 세부적인 사실이 너무 강조될 수 있다.

* 이 글은 《서양고대사연구》 제33집(한국서양고대역사문화학회, 2012.12)에 게재되었다.

■참고문헌

강일휴, 〈서양중세사 연구 반세기〉, 《서양사론》 95, 2007.

길현모, 〈회고와 전망: 총설(1986~1988)〉, 《역사학보》 124, 1989.

김경현, 〈Cicero의 Rome 共和政 守護政策〉, 《역사학보》 83, 1979.

김덕수, 〈서양고대사연구 60년〉, 《서양사론》 95, 2007.

_____, 〈중학 역사(상) 교과서에 나타난 그리스사와 로마 서술의 몇 가지 문제〉, 《동국사학회》 51, 2011.

김봉철, 《영원한 문화도시 아테네》, 청년사, 2002.

김진경 외, 《서양고대사 강의》, 한울아카데미, 1996.

김진경, 《고대 그리스의 영광과 몰락》, 안티쿠스, 2009.

_____, 《그리스 비극과 민주정치》, 일조각, 1991.

김창성, 〈역사수업에서 일반화의 문제와 '이상형'의 활용〉, 《이원순교수정년기념 역사학논총》, 교학사, 1991.

_____, 《세계사 산책》, 솔, 2003.

라뒤리, 유희수 역, 《몽타이유: 중세말 남프랑스 어느 마을 사람들의 삶》, 길, 2006.

브렌다 볼튼, 홍성표 역, 《중세의 종교개혁》, 느티나무, 1999.

블로크, 이기영 역, 《프랑스 농촌사의 기본성격》, 2007, 나남.

블로흐, 한정숙 역, 《봉건사회》 1 · 2, 한길사, 1986.

서양중세사학회 엮음, 《서양중세사강의》, 느티나무, 2003.

신상화, 《물의 도시, 돌의 도시, 영원의 도시》, 청년사, 2004.

양병우, 〈Synoikismos (考)−아테네 초기의 사회구조〉, 《사총》 12, 1968.

_____, 〈전 4세기의 아테네 민주주의−복지국가에의 지향〉, 《역사학보》 42, 1969.

_____, 《아테네 민주정치사》, 서울대학교출판부, 1976.

양호환, 〈중등 역사교육과정 개발의 현안과 역사교육 개선 방안〉, 《역사교육》 120, 2011.

왈라스 클리퍼트 퍼거슨, 이연규 · 박순준 공역, 《서양근세사, 중세에서 근대로의 이행》, 집문당, 1989.

윌리엄 포레스트, 김봉철 역, 《그리스 민주정의 탄생과 발전》, 한울아카데미,

2001.

윤승준,《하룻밤에 읽는 유럽사》, 랜덤하우스중앙, 2004.

윤 진,《아테네인, 스파르타인》, 살림. 2005.

_____, 〈중학교 사회교과서에 나오는 서양고대사 서술의 문제〉,《호서사학》 50, 2008.

이기영, 〈서유럽에서 노예제사회로부터 농노제로의 이행요인-기독교, 계약, 인구 및 노동력에 대한 검토〉,《서양사론》 96, 2008.

조르주 뒤비, 성백용 역,《세 위계: 봉건제의 상상 세계》, 문학과지성사, 1997.

지동식, 〈티베리우스 그라쿠스의 농민운동 성격고〉,《사학연구》 5, 1959.

최자영,《고대 아테네 정치제도사: 아레오파고스와 민주정치》, 신서원, 1995.

허승일 외,《로마제정사 연구》, 서울대학교출판부, 2000.

허승일, 〈가이우스 그라쿠스의 곡물배급정책〉,《역사학보》 56, 1972.

_____, 〈티베리우스 그라쿠스의 로마시 곡물 수급 계획〉,《역사학보》 142, 1994.

홍성표,《서양중세사회와 여성》, 느티나무, 1999.

_____,《서양 중세의 음식과 축제》, 개신, 2003.

_____,《중세 영국 사회와 범죄》, 느티나무, 2006.

황정식, 〈안정모와 사회경제사〉,《동국사학》 42, 2006.

V. F. Nicolai et.al., *The Christian Catacombs of Rome*, Schnell&Steiner, 1999.

James Jeffers, *Conflict at Rome: Social Order and Hierarchy in Early Christianity*, Fortress Press, 2007.

2장

서양근현대사 연구의 성과와 역사교육의 방향

김중락

1. 머리말

역사연구자는 자신이 발을 딛고 있는 현실이라는 한계를 벗어날 수도 없고, 벗어나서도 안 된다. 역사는 죽은 자들의 이야기가 아니라, 이미 죽었지만 되살아날 수도 있는 이들의 이야기이기 때문이다. 현실과 관련을 맺지 못하는 역사는 죽은 역사일 뿐이다. 이러한 의미에서 역사는 독자들의 삶에 영향을 미치도록 의도된 학문이며, 특히 자라나는 이들에게 그들이 맞이할 미래를 제시하는 학문이다. 즉, 전문 역사학자들의 연구는 대중화를 통해, 그리고 역사교육을 통해 소비되어야 한다. 소비되지 않는 역사연구는 의미가 없다.

그러면 지금까지 한국의 서양사학은 무엇을 이루었고 또 무엇을 실패하였는가? 한국의 서양사학은 한국의 서양사교육에 어떠한 도움이 되었는가? 본고는 해방 이후 지금까지 한국의 서양사학이 이룬 성과와 그것이 한국의 서양사교육에 미친 영향을 찾아보고자 한다. 그리고 서양사 연구와 관련하여 이후 바람직한 역사교육의 방향을 논의해

보고자 한다. 다만 이 논의를 시작하기 전에 본고가 지닌 몇 가지 한계를 밝히고자 한다. 먼저, 본고는 서양사 전반이 아니라 근현대사를 중점으로 살펴보고자 한다. 《서양사론》에 게재된 논문의 67퍼센트가 근현대 관련 논문으로 이는 한국의 서양사학에서의 근현대사의 위상을 보여준다.[1] 둘째, 본고는 연구능력의 한계와 시간제약상 모든 서양근현대사의 성과를 논하기보다는 주요한 흐름 중심으로 살펴보았다. 셋째, 본고는 역사교육과 연계된 흐름을 중심으로 살펴보았다. 따라서 서양사의 주요 흐름에는 있지만 역사교육과의 관련이 미약한 부분은 논의에서 제외되었음을 밝혀두고자 한다. 또한 이 글에서 거론되는 역사교육은 중등역사교육을 의미하고 있음도 밝혀둔다.

2. 시대별 한국서양사학의 동향과 성과

현재 한국서양사학의 외형적 현주소는 해방 이후 얼마나 큰 성장을 이루었는지를 단적으로 보여준다. 1957년에 창립된 '한국서양사학회'의 학술지 《서양사론》은 2009년을 기점으로 100호까지 발간하였다.[2] 99호까지의 논문 편수는 총 583편이다.[3] 여기에다 《역사학보》를 비롯하여 서양 각국별 사학회가 발간하는 여러 학술지의 논문들을 합치면 어림잡아도 1,000편 이상의 연구논문이 발표되었을 것으로 보인다. 1965년부터 2010년까지 박사학위를 취득한 연구자의 수는 총 228명

---

1. 이태숙, 〈《서양사론》 100호 역사를 수량적으로 살펴보기〉, 《서양사론》 100, 2009, 400쪽.
2. 서양사학회의 창립과 《서양사론》의 발간에 대한 배경과 과정에 대해서는 김영한, 〈《서양사론》의 어제와 오늘〉, 《서양사론》 100, 2009, 364~365쪽 참조.
3. 이태숙, 앞의 글, 394쪽.

에 이른다.[4] 그러나 이러한 외형적 성장은 시대별 내적 발전과 동반하여 이루어진 것이다. 해방 이후 지금까지 한국서양사학의 동향과 성과는 다름과 같다.

1) 1970년대까지의 서양사학

우리나라의 서양사 연구는 20세기에 들어와서 시작되었다. 구한말 또는 일제강점기의 서양사 연구자들에게 시민사회로의 전환을 일찍 마무리한 서유럽 국가들은 선망의 대상이었다. 제국주의에 대한 저항 의식의 성장을 두려워한 일제의 서양사교육 통제에도 불구하고 미국이나 일본에서 공부하고 온 인문학자들은 서양사를 개화와 계몽사상의 전파도구로 인식하였다.[5] 당시 일본이나 서양학계에서는 마르크스주의나 급진민중운동 또는 노동운동에 대한 관심이 일어나고 있었지만 여전히 봉건의식이 강하게 남아 있었던 20세기 초의 조선에서 서양사학자들의 경우에는 이러한 데까지 관심을 기울이지는 못했다.[6]

광복은 우리나라 서양사학이 진정으로 탄생한 기점이라고 할 수 있다. 해방 이전의 대학뿐 아니라 해방 이후에 나타난 대부분의 대학에서도 사학과가 만들어지고, 그 결과 서양사는 대학의 주요 강좌로 등장하게 된 것이다. 여전히 서양사 전공자들은 수적으로 적었지만 이

---

4. 설혜심, 《역사, 어떻게 볼 것인가?》, 길, 2011, 74쪽.
5. 차하순, 《서양사학의 수용과 발전》, 나남, 1988, 43~48쪽; 임지현, 〈서양사학의 반성과 전망: '시민 계급적 관점'에서 '민중적 관점'까지〉, 《역사비평》 10, 1990, 101~104쪽.
6. 일제하에 활동했던 서양사가에는 채필근, 우호익, 백낙준, 김성식, 조의설, 김성근, 조현경, 정현규 등이다. 차하순, 앞의 글, 43~48쪽.

는 가까운 장래에 크게 증가될 수 있는 기반으로 작용하였다.[7] 그러나 어떤 의미에서 서양사 연구는 진정한 해방을 맞이하였다고 보기 어렵다. 왜냐하면 해방 이후 1970년대 말까지 한국서양사 연구는 두 가지 제약 속에 있었기 때문이다. 그중 하나는 한국 사회가 처한 정치적 상황으로 인한 것이다. 남북 분단과 냉전, 한국전쟁, 그리고 반공이데올로기의 지배와 정치적 우파의 통치라는 정치적 상황은 서양사학자들로 하여금 마르크스주의 역사학과 노동운동 그리고 민중운동에 대한 관심을 가지지 못하게 만들었다. 일부 사회경제사가들에게 의해 마르크스주의적 접근이 이루어졌으나 이는 지극히 소극적인 것에 불과하였다.[8]

또 다른 하나의 제약은 학계 내부에서 기인한 것이다. 오랫동안 한국서양사학은 스스로 '근대화의 포로'가 되었다고 할 수 있다. 해방 이후 한국 사회는 근대화를 지상목표로 삼았고, 이는 자본주의화, 공업화, 민주화로 세분될 수 있으며, 한마디로는 서구화라고 할 수 있는 것이었다. 서양사학계는 서양사학이 이러한 서구적 근대화론에 기여해야 한다는 입장을 지니고 있었던 것으로 보인다. 대부분의 서양사 연구자들의 연구주제가 이러한 근대화의 범주를 벗어나지 못하고 있음은 주목할 일이다.[9] 서양고대사를 연구한 학자들의 경우에는 그리스 민주정과 로마의 공화정에 집중하였고, 근현대사를 연구한 학자들은 시민혁명과 산업혁명에 관심을 집중시켰다. 이러한 경향은 한국서양사학이 서유럽 중심적이라는 문제를 야기하였다. 사실 서양사 연구자

---

7. 이민호, 〈한국서양사학의 반성과 방향〉, 《역사학보》 68, 1975, 117쪽.
8. 이에 대한 논의는 임지현, 앞의 글, 108~109쪽 참조.
9. 임지현은 이 같은 부류의 대표적 저술로 민석홍의 두 논문 〈유럽 근대화에 대한 일고찰〉, 〈서구 근대화의 이념과 한국〉을 들고 있다. 이 두 논문은 민석홍, 《서양 근대사 연구》, 일조각, 1975에 실려 있다. 임지현, 앞의 글, 108쪽.

들은 주로 정형화된 근대화 과정을 경험한 서유럽 국가, 즉 영국과 프랑스, 독일, 이탈리아를 집중적으로 연구하였다. 물론 서유럽과 같은 근대화 과정을 거친 미국도 이 범주에 포함되었다. 1960년과 1980년 사이 《서양사론》에 게재된 68편의 논문을 국가별로 보면 독일사 15편, 영국사 11편, 미국사 11편, 프랑스사 2편, 러시아사 2편, 고중세사 11편, 역사이론 16편으로 구성된다.[10] 프랑스사를 제외하고 대부분 서유럽에 편중되어 있음을 알 수 있다. 또한 1965년 이후 2010년까지 외국 학위를 가진 서양사학자들의 대부분이 이들 서유럽국가에서 학위를 받았다.[11] 이는 결과적으로 서양사 연구가 서유럽으로 제한되고, 동유럽이나 발칸반도, 호주, 남미 등의 경우는 대체적으로 배제되는 결과를 초래하였다.

또한 이 같은 편중 현상은 한국서양사학계로 하여금 서구학계의 연구흐름에 적극적으로 동참하는 것을 방해하는 역할을 하였다. 2차대전 이후 서양의 역사학계는 다양한 연구주제와 연구방법을 도입하였다. 또한 1970년대 서양의 역사학계에서는 수정주의가 많은 역사적 주제에서 크게 유행했지만 서유럽 근대화에 매몰된 우리 서양사학계의 시각은 이를 수용할 여유가 전혀 없었던 것이다.[12]

마지막으로 이러한 경향은 연구시기에 대해서도 편중 현상을 심화시켰다. 앞에서 본 것처럼 이 시기 연구는 서양고중세사보다는 근현대사에 더 많은 관심이 집중되었다. 앞서 언급하였지만 고대사의 경우 시민사회와 민주주의라는 근대적 가치와 관련해 고전 그리스사나

---

10. 이태숙, 앞의 글, 396쪽.
11. 설혜심, 앞의 책, 75쪽.
12. 수정주의가 나타난 서양사의 대표적 주제는 '암흑시대', 봉건제도, 잉글랜드혁명, 프랑스혁명, 제1차 세계대전의 책임 등이다.

로마사는 어느 정도 주목을 받았지만 중세사의 경우는 거의 소외되었다고 할 수 있다. 반면 근현대사의 경우는 근대화론의 도움을 받아 매우 큰 관심의 대상이 되어 왔다고 할 수 있을 것이다.

2) 1980년대의 연구동향과 성과: 해방된 주제와 지역의 등장

임지현에 따르면 1970년대 시민적 민주주의에 가치를 둔 '시민적 당파성'에 입각한 연구가 주류였다면 1980년대는 민중적 민주주의를 중시한 '민중적 당파성'에 기초한 연구들의 한 주류를 차지하였다.[13] 그는 이 같은 변화의 배경으로 1980년대 한국 사회의 변화를 지적하였다. 1980년대의 한국 사회는 '민주화운동'으로 대표된다고 해도 과언이 아닐 것이다. 1980년 '서울의 봄' 이후 한국 사회는 '자유민주주의'의 탈로 위장한 권위주의와 '파이 키우기'로 상징되는 성장주의에 격심한 저항을 보였고, 정치적·경제적 민주화는 1980년대 말에 이르러 어느 정도 달성되었다고 볼 수 있다. 한국서양사학 역시 이러한 사회적 경향에 동승했다고 할 수 있다. 사실, '민중적 당파성'에 기초한 역사연구는 1970년대 민중민주운동의 일환으로 시작되었으나 1980년대에 이르러 제도권, 즉 대학으로 확대되었다는 사실을 지적할 필요가 있을 것이다. 이러한 확대 과정에서 더욱 더 실증적 연구로 발전되었음은 말할 필요도 없을 것이다. 이는 1980년대의 제도권 서양사학계가 내적·외적 제약으로부터 벗어나고 있음을 보여주는 것이기도 하다. 굴곡이 없지는 않았지만 사회가 점차 민주화되면서 서양사학자들은 주위 환경의 제약에서뿐 아니라, 서구적 근대화의 허상에서 깨어나면서 '근대화의 포로'에서도 점점 벗어나기 시작한 것이다.

---

13. 임지현, 앞의 글, 113쪽.

'민중적 당파성'에 입각한 연구의 한 현상은 러시아사 연구의 대폭적인 증가이다. 최근 통계는 1960년에서 1980년까지 《서양사론》의 논문 가운데 러시아사는 겨우 3퍼센트였으나 1980년에서 1995년까지의 통계에서는 11퍼센트로 성장했음을 보여준다. 이는 영국, 프랑스, 독일 다음으로 많은 연구가 이루어진 지역이다.[14] 이 역시 변화된 환경을 반영한 것이다. 러시아사는 1995년 이후에도 지속적으로 인기 연구주제가 되었는데 이는 설혜심이 주장했듯이 1980년대 후반이나 1990년대 전반에 유학을 떠난 러시아사 연구자들이 2000년대에 귀국하면서 그 영향이 연장된 것이다.[15]

이러한 경향이 한국서양사학계에 미친 영향은 서양 사회경제사에 대한 깊이 있는 이해이다. 이전에 무시되었던 '계급'이 중요한 분석 도구로 사용되면서 서양사회의 구조에 대한 한층 깊은 이해를 할 수 있게 된 것이다. 그러나 이러한 경향은 곧 진부한 것으로 여겨지게 되었는데 그것은 1980년대 말 한국 사회의 발전과 국제적 공산주의 몰락, 수정주의 이론의 등장, 서술식 역사의 인기 등이 그 배경이 되었다고 할 수 있다. 즉, 한국에서 마르크스주의 역사학은 그 최고조에 이미 쇠퇴를 동반하고 있었던 것이다.

3) 1990년대: 서양 각국사 연구의 심화

1990년대의 서양사 연구의 중요한 특징은 한국서양사학자들이 그

---

14. 1980년에서 1995년 사이 또 다른 주요 특징은 프랑스사가 3퍼센트에서 17퍼센트로 대폭 증가한 것과 미국사가 16퍼센트에서 7퍼센트로 크게 감소한 것이다. 이태숙, 앞의 글, 398~400쪽.
15. 설혜심, 앞의 책, 81쪽.

들의 연구국가별로 모이기 시작했다는 것이다. 1989년 한국미국사연구회를 필두로 서양사학자들은 초기에 각국별로 '연구회'라는 이름으로 모이다가 1990년대에 와서 정식 학회를 발족시켰다. 현재 영국사학회, 미국사학회, 프랑스사학회, 독일사학회, 러시아사학회, 이베로아메리카학회 등 거의 모든 국가들의 사학회가 창립되어 적극적인 활동을 벌이고 있다. 이는 서양사 연구자들의 증가와 연구분야의 세분화로 인해 서양사 연구자들 간의 대화가 점점 어려워지면서 일어난 현상으로 보인다.

각국 사학회의 성립이 가져온 긍정적 변화를 살펴보자. 우선 이 현상은 각국사 전문가들 사이에 깊이 있는 대화를 허용하였다. 그 이전까지 개설서의 수준을 크게 넘지 못했던 각국사 이해는 심화되고 실증적인 연구로 한 차원 높아졌다. 한국의 서양사학자들이 외국의 학술지에 연구논문을 발표하고, 외국학자들과의 공저에도 참여하게 된 것은 이러한 차원이 달라진 연구의 결과라고 볼 수 있다. 게다가 최근에는 실증적인 연구로 외국학계에서 상까지 받는 젊은 학자도 나타나고 있어 한국서양사학의 전망을 밝게 하고 있다.[16]

또한 각국 사학회의 성립은 최근 서양 각국의 사학계 동향을 즉시 소개하는 것을 가능하게 만들었다. 1990년대에도 실증연구에 입각한 수정주의가 서양 각국에서 유행하였는데, 이는 즉시 각국 사학회를 통해 국내에 소개되었다. 부르주아 혁명으로 받아들여진 잉글랜드 혁명(the English Revolution)은 혁명이라기보다는 종교적 파벌 간의 내전

---

16. 최근 윤영휘는 "The Spread of Antislavery Sentiment through Proslavery Tracts in the Transatlantic Evangelical Community, 1740s−1770s"라는 논문으로 미국교회사협회(American Society of Church History)에서 주는 시드니 미드 상(Sidney Mead Prize)을 수상하였다.

(civil war)이라는 실증연구를 소개하고 이를 더 발전시킨 것은 하나의 예이다.[17] 어떤 의미에서 1980년대에 나타난 민중적 접근이 긴 수명을 가지지 못한 것도 수정주의의 영향 때문이다.

각국 사학회는 개인적 차원에서 할 수 없었던 국제간의 협력 모색에도 결정적인 기여를 하고 있다. 대부분 각국 사학회는 일본이나 아시아 국가들 간의 연계를 가지고 있으며 지속적인 연합학술대회를 개최하고 있다. 가장 대표적인 예는 영국사학회이다. 영국사학회는 매 3년마다 일본의 영국사학자들과 한국과 일본을 오가며 정기적인 학술대회를 가지고 있는 것이다. 이 정례학술대회는 최근 영국학자들까지 참여하고 있어 일본을 넘어선 국제학술대회로 성장할 가능성을 보여주고 있다. 이 같은 두 나라 사이의 공조는 영국사에 대한 아시아인의 독특한 시각이 존재한다는 데 뜻을 같이하고 국제적인 영문학술지 발간도 가능하게 만들었다.[18]

일부에서는 각국 사학회의 성립과 활동이 서양사 전반에 대한 이해를 점점 더 어렵게 할 것이라고 조심스럽게 경고하고 있다.[19] 그러나 실상은 우려와는 정반대로 긍정적인 효과가 나타나고 있다. 오히려 각국사 연구의 심화는 한국서양사 연구자들 간의 대화를 증진시켰다. 1990년대 후반과 2000년대 한국서양사학의 중요한 특징은 국가적 경계를 넘어서는 주제들에 대한 공동 연구가 나타났다는 것이다. 역설적이지만 이 경향은 각국사에 대한 심화된 연구들이 기초가 되었기 때문에 가능한 것이었다. 각국사에 대한 깊이 있는 접근은 결국 그 해당

---

17. 김민제, 《영국혁명의 꿈과 현실》, 역민사, 2007; 김중락, 〈영국혁명과 잉글랜드 혁명: 수정주의의 한계와 극복〉, 《역사교육논집》 23·24, 2002.
18. 한일 양국 영국사학자들이 만든 학회는 'East Asian Society of British History'이며, 학술지는 *The East Asian Journal of British History*이다.
19. 설혜심, 앞의 책, 81쪽.

주제가 한 국가만을 배타적으로 연구함으로써 이루어지는 것이 아니라 이웃 국가들과의 관계 속에서 가능하다는 것을 인식하게 만든 것이다. 과거청산, 역사교육, 이민, 대중 독재, 다문화 등에 대한 공동 연구는 각국사에 반발한 움직임이 아니라 각국사를 기초로 나타난 것이라 할 수 있다.

4) 2000년대: 주제별 연구의 등장

1990년대 말과 2000년대 한국서양사학의 주요 특징은 주제별 연구와 공동 연구집단의 등장이라고 할 수 있다. 1990년대 말 대학사학회를 필두로 문화사학회, 서양문화사학회, 도시사학회 등이 나타나기 시작하였다. 이러한 학회들은 배타적으로 서양사 전공자만을 회원으로 하지는 않지만 서양사 전공자들이 주류를 형성하고 있다. 이러한 현상은 앞에서 언급한 것처럼 심화된 각국사 연구에서 동기를 부여받은 것으로 보인다. 이로써 각국사와 주제사 사이의 유기적 관계가 형성되었다고 할 수 있을 것이다. 이 시기 주제사들은 두 가지 특징을 지니고 있다. 그중 하나는 현실 문제에 대한 통찰력을 얻고자 한 것이요, 두 번째는 대중과의 호흡을 겨냥한 것이다.

공동 연구의 주요 연구주제 중 하나는 도시사이다. 도시사는 서양에서 이미 한 세대 전에 시작된 연구분야지만 한국에서는 최근 현실적 필요성에 의해 자극되었다. 민유기, 박진빈 등의 연구자들은 도시사를 국가주의와 민족주의적 역사연구를 극복하는 한 방편으로 보았다. 아직은 본격적인 궤도에 오르기 전이지만 이 연구경향은 역사가 대중과 호흡할 수 있는 주제라는 점에서 한국서양사학의 중요한 한 줄기로 자랄 것이 분명해 보인다.[20] 앞에서 언급했듯이 유럽의 과거청산과 역사교육, 이민과 다문화 정책, 대중 독재, 유럽연합 등의 공동 연구주제도 현실 문제와 관련이 깊고, 대중적 관심을 끌 수 있는 주제들이다. 이러한 현실적 주제의 등장은 현실적 문제와 밀접한 주제를 선호하는 한국연구재단의 지원에도 큰 도움을 받았다.[21] 이 같은 연구주제들은 유럽 국가들의 당면 문제에 대한 것이었지만 우리 사회의 문제해결에도 실제적인 도움이 될 것으로 보인다. 특히 서양의 과거청산과 역사교육에 대한 연구는 일본과 마찰을 빚고 있는 우리에게 큰 통찰력을 제공해주고 있다.

5) 1990년대와 2000년대: 탈유럽중심주의와 비교사, 교류사, 지구사의 등장

동서양을 막론하고 유럽중심주의의 극복에 대한 화두는 오래되었고 여전히 거세다. 유럽중심주의는 서유럽의 근대화와 체제를 모델로 하는 세계사상(世界史像)을 제시한다는 점에서 역사연구의 문제점으로 인식되어왔다. 강철구의 지적처럼 한국의 서양사 연구 역시 이에서 자유롭지 못하다.[22] 우리의 시각에서 서양을 바라보지 못하고 오히려 서양적 시각에서 우리 사회를 비판하고 바꾸려고 한 것이다. 그러나 이는 1990년대 이후 서서히 극복되고 있는 실정이다.

---

20. 도시사학자들의 대표적인 대중서로는 이영석 · 민유기 외,《도시는 역사다》, 서해문집, 2011; 김중락 외,《세계도시의 역사》, 경북대학교출판부, 2012 등이 있다.
21. 이영석, 〈한국의 서양사학 2007-8: 연구의 새로운 지평을 찾아서〉,《역사학보》 203, 2009, 112쪽.
22. 강철구, 〈한국에서 서양사를 어떻게 보아야 하나: 유럽중심주의의 극복을 위한 제언〉,《서양사론》 92, 2007, 327쪽.

서양사에서 탈유럽중심주의는 크게 각국사에서 근대화 과정에 대한 연구의 감소와, 비교사와 교류사의 증가로 나타나고 있다. 서유럽 중심주의는 여전하지만 대부분 각국사에서 근대화의 주요 시기로 분류되는 19세기에 대한 연구가 줄어들고 있다. 영국사에서는 18세기와 탈식민시기 연구가 증가하고 있으며, 프랑스사 역시 프랑스혁명을 벗어나 현대사에 관심이 모아지고 있는 실정이다. 독일사의 경우 19세기보다는 20세기 바이마르시대, 전후 시대로 무게 중심이 이동하고 있다는 것이다. 이제 서구의 근대화는 모델로서 비추어지는 것이 아니라 이후 서구 사회의 인과응보로서 비추어지고 있는 것이다.[23]

그러나 서양사에서 유럽중심주의를 근본적으로 극복하는 방법은 유럽과 비유럽 지역 간의 교류나 비교를 등가적 가치와 시각으로 보는 것이라 할 수 있다.[24] 특히 유럽은 식민주의와 제국주의적 팽창을 통해 비유럽지역과 관계를 맺어왔다는 점에서 비유럽지역의 경험을 통해 바라본 서양사 연구가 필요하다고 할 것이다. 그러나 이러한 연구 성과는 아직도 미미한 수준으로 남아 있다. 일부에서는 이민이나 다문화주의와 같은 서유럽국가들 간의 공통된 경험을 비교하는 연구가 있었으나 이러한 비교사는 진정한 의미에서 유럽중심주의의 극복과는 거리가 멀다. 여전히 서양인의 시각으로 본 서양사이기 때문이다.

탈유럽중심주의는 서양사를 전지구적 교류의 일부분으로 보려는 지구사 연구에서 가장 분명히 보여진다.[25] 지구사는 근대국가의 경

---

23. 이는 1980년대의 상황과는 엄청난 변화를 보여주는 것이다. 임지현은 1980년대 서양사학의 문제 중 하나로 '현대사의 절대적 빈곤'을 들고 있다. 임지현, 앞의 글, 116쪽.
24. 강철구는 유럽중심주의의 극복 방안으로 '세계사적, 비교사적 연구'를 제안하고 있다. 이에 대한 구체적 논의는 강철구, 앞의 글, 229~335쪽 참조.
25. 이 글에서는 아직 정확한 정의가 확립되지 않았다는 전제에서 '새로운 세계사'와

계를 넘어 세계가 어떤 네트워크 속에서 발전해왔으며, 어떠한 환경적·생태적 문제가 인간의 삶을 규제해왔는가를 살펴보자는 동기에서 시작되었다. 동시에 유럽중심주의를 탈피해보자는 것도 중요한 동기이다.[26] 지구사학자들에게 유럽은 일방적인 문화 전달자가 아닌 철저히 통시성을 가진 네트워크의 일부일 뿐이고, 다른 지역과 동일한 지구적 현상을 경험하는 공간일 뿐이다. 지구사에 대한 국내 학자들의 연구는 주로 국외 지구사 연구자들의 연구를 소개하는 데 그치고 있다. 환경과 생태를 포함한 지구사는 간학문적 협동이 필요한 연구 분야라는 점에서 우리나라에서는 더 많은 역구역량의 축적이 필요하다고 여겨진다.

3. 교육과정과 서양근현대사 연구성과의 반영

1) 교수요목에서 5차 교육과정까지: '근대화의 포로'

한국에서 서양사교육은 1895년 소학교령 이후 시작되었다. 8세에서 15세 사이의 교육을 규정한 소학교령은 심상과(尋常科)와 고등과(高等科)로 나누고 고등과에서 외국역사를 배우도록 하였다. 그러나 본격적으로 서양사교육이 이루어진 것은 해방 이후부터라고 할 수 있다. 지

'지구사'의 구분을 하지 않았다. 서로가 서로의 강조점을 포함하는 광의 개념으로 보았고, 상호호완이 가능한 용어로 사용한다. '새로운 세계사'와 '지구사'의 구분에 대해서는 조지형, 〈새로운 세계사와 지구사: 포스트모던시대의 성찰적 역사〉, 《역사학보》 173, 2002, 335~369쪽 참조.

26. 지구사에 대한 종합적인 연구사는 파멜라 카일 크로슬리, 강선주 역, 《글로벌 히스토리란 무엇인가》, 휴머니스트, 2008 참조.

금까지 서양사교육은 총 9차례에 걸쳐 세계사교육과정의 일부로서 변화, 발전되어왔다. 그러나 세계사교육과정의 변화는 주로 사회과의 다른 교과목과의 역학관계와 학년별 분배 문제에 휘둘려왔고 온갖 비상식적인 실험으로 고통을 받아왔다. 세계사의 목표와 내용 구성에 대한 고민이나 제안은 거의 수용되지 못한 채 주로 형식 문제에 시달려왔다고 할 수 있을 것이다. 그러면 역대 세계사교육과정에서는 서양사연구의 성과가 어떻게 반영되어 왔을까?

먼저 5차 교육과정까지 중학교 서양사 부분의 지도 내용이 어떻게 변화되어왔는지 살펴보자. 1차 교육과정(1955년 8월 1일 제정·공포)은 다음과 같이 질문 형식으로 내용을 제시하고 있다.

> 1-5 메소포타미아 문명은 어떻게 이루어졌는가?
>
> 1-6 이집트 문명은 어떻게 이루어졌는가?
>
> 1-7 에게 문명은 어떻게 이루어졌는가?
>
> 2-3 그리스 문명은 어떠하였는가?
>
> 2-4 로마 문명은 어떠하였는가?
>
> 2-5 서양 고대의 변천은 어떠하였는가?
>
> 3-4 유럽은 어떻게 형성되었는가?[27]
>
> 3-5 중세 서양의 문화는 어떠하였는가?
>
> 4-1 근세 서양은 어떻게 일어났는가?
>
> 4-2 근대 국가는 어떻게 발전하였는가?
>
> 4-3 근대 정치혁명은 어떠하였으며 여러 나라의 민주주의 발전은 어떠하였는가?
>
> 4-4 산업혁명은 어떻게 일어났으며 그것은 어떻게 세계에 번졌는가?

27. 1차 교육과정에서 '유럽'은 '유롭'이라고 표기되고 있다.

4-5 근세 문명은 어떠하였는가?(19세기까지)

6-1 제국주의는 어떠하였는가?

6-2 두 차례의 세계전쟁은 어떠하였는가?

6-3 전후 민주주의와 국제주의는 어떻게 발달했는가?

6-4 현대세계의 문명은 어떠한가?

이러한 내용 구성은 서양을 근대화의 모델로 보는 시각이 어느 정도 깔려 있다. 특히 4장은 독립적으로 서양근대사를 다루면서 그 목표를 "1. 서양세력의 팽창의 원인과 과정을 이해시킨다. 2. 민주주의와 국가주의의 발전을 이해시킨다. 3. 산업혁명과 근세 문명과의 관계를 이해시킨다"로 제시하고 있다. '민주주의'와 '산업혁명'이라는 용어 앞에 '서양'이라는 수식어가 빠진 것은 이를 보편적 가치로 수용하고자 한 의도적 조치로 보인다. 이러한 모습은 2차 교육과정(1963)에서 5차 교육과정(1988년)에 이르기까지 큰 변화를 보이지 않는다. 비록 고대에서는 헬레니즘, 중세에서는 기독교, 봉건제도, 근세에서는 르네상스, 종교개혁, 유럽의 팽창, 절대주의 등 세분된 주제의 등장이 변화라고 볼 수 있으나 서양을 근대화의 모델로 보는 시각에는 크게 달라진 것이 없었다. 5차 교육과정까지는 앞에서 언급했듯이 해방 직후 서양사 학계의 분위기였던 '시민적 당파성'이 반영된 것으로 보인다.

2) 6차 교육과정: 각국사 및 민중적 당파성의 반영

그러나 6차 교육과정(1992)에서는 내용상의 변화가 분명해진다. 6차 세계사교육과정의 서양사 부분은 다음과 같다.

(1) 유럽문화권의 형성

가. 고대 지중해 세계-고대 그리스 사회와 문화, 알렉산더 제국과 헬레니즘, 로마인의 세계 정복, 크리스트 교회의 발전

나. 유럽세계의 성립-게르만민족의 이동과 프랑크 왕국, 프랑스·독일·이탈리아의 기원, 비잔틴 제국과 문화

다. 중세 유럽의 사회와 문화-봉건제도, 도시의 자유, 로마 가톨릭과 그리스 정교, 대학과 고딕 건축

라. 중세 유럽의 변화-십자군 전쟁과 교황권의 쇠퇴, 무역의 발달과 도시의 성장, 장원의 해체와 농촌의 변화, 중앙집권적 국가의 출현

(2) 서양 근대사회의 발전

가. 서양 근대사회로의 전환-르네상스와 인문주의, 종교개혁, 신항로의 개척과 유럽 세력의 확대

나. 절대주의시대-절대왕정과 중상주의 정책, 각국의 발전과 계몽전제군주, 17·18세기 유럽의 문화

다. 시민혁명과 시민사회의 성장-영국의 시민혁명, 미국의 독립혁명, 프랑스의 혁명과 인권선언, 나폴레옹시대

라. 산업혁명과 자본주의의 발달-영국의 산업혁명, 산업혁명의 확대, 자본주의의 발달

(5) 19세기 사회

가. 19세기 유럽의 자유주의와 민족주의-7월혁명과 2월혁명, 영국의 개혁과 의회정치, 이탈리아의 통일운동, 19세기 유럽의 문화

(6) 현대세계의 전개

가. 제1차 세계대전과 전후의 세계−제국주의와 서구 열강의 식민지 분할, 제1차 세계대전, 베르사유체제, 러시아혁명, 아시아 각국의 민족운동

나. 제2차 세계대전과 전후의 세계−경제공황, 전체주의의 대두, 제2차 세계대전, 동서 냉전체제의 형성과 붕괴, 새로운 세계질서의 모색

다. 현대사회와 문화−과학기술 문명과 인간 소외, 이데올로기 지배와 퇴조, 인간주의 회복을 위한 노력

가장 눈에 띄는 변화는 이전의 교육과정과 비교하여 서양사의 주제가 매우 세분되었다는 것이다. 이는 이후의 7차 교육과정이나 개정 교육과정과 비교해도 더 세분화된 내용 구성이라고 할 수 있다. 세분화 가운데 가장 분명한 현상은 각국별 주제가 많이 수용되었다는 것이다. 예를 들면 5차 교육과정에서 '시민혁명'으로 나타난 주제는 '영국의 시민혁명, 미국의 독립혁명, 프랑스의 혁명'으로 각국별로 세분화된 것이다. 이러한 변화는 1980년대 말과 1990년대 한국서양사학의 변화와 무관하지 않은 것으로 보인다. 앞에서 언급하였듯이 이 시기에는 서양사 연구자들이 급증하였고 각국 사학회의 성립 등으로 각국사에 대한 연구가 심화되었다. 즉, 6차 교육과정의 주제 세분화는 당시 서양사 연구경향과 깊은 관련이 있다고 여겨진다.

1980년대 후반의 또 다른 경향인 '민중적 당파성'의 등장도 6차 교육과정에 반영된 듯하다. 이전의 교육과정에서는 언급조차 없었던 '러시아혁명'이 주제로 등장하였는데 이를 우연의 일치로 보기는 어렵다. 그리고 '이데올로기 지배와 퇴조'가 하나의 주제로 등장한 것은 한국서양사학계에서 '민중적 당파성'을 가진 연구가 수명이 길지 못하였음

을 반영한 것이기도 하다.

3) 7차 교육과정: 수정주의의 반영의 실패

자율성 강화라는 목표를 가진 7차 교육과정(1997)은 서양사 내용 부분에서 약간의 축소를 가져왔지만 그 변화는 미미하였다고 할 수 있다. 그럼에도 불구하고 서양의 근대화 과정에 대한 부정적 해석이 강화된 것은 근대화의 포로에서 해방되고 있던 한국서양사학의 흐름이 반영된 것으로 보인다. 서양의 노예무역이 아프리카에 미친 영향을 학습하도록 한 것이나, 산업혁명의 긍정적 · 부정적 결과를 같이 살펴보고자 한 것은 이러한 경향을 보여주는 예이다.

그러나 각국사 연구의 심화와 수정주의 해석의 등장이라는 90년대 서양사학의 경향은 제대로 반영되지 못한 것으로 보인다. 6차 교육과정에서 보였던 주제들은 7차 교육과정 내용 체계표에서 그 명칭이 더 포괄적으로 변했지만 주제와 학습목표가 어우러진 하나의 문장형식으로 제시되어 있는 세부영역에서는 6차 교육과정의 주제들이 거의 그대로 포함되었다. 대부분의 경우에 문장들은 하나 이상의 해석을 제시하고자 한 흔적이 보인다. 예를 들면 '근대의식의 각성'이라는 단원에서는 르네상스, 종교 개혁, 신항로의 주제를 다음과 같은 문장으로 제시하고 있다.

> ① 근대 의식의 바탕이 되는 요소들을 파악하고, 르네상스, 종교 개혁,
> 신항로의 개척이 각기 근대 의식의 성장에 어떻게 기여했는지를 분
> 석한다.
> ② 르네상스 시기의 대표적인 작가나 예술가들의 작품에 나타난 기본

정신을 파악하고, 르네상스의 성격을 이해한다.

③ 종교개혁의 배경과 결과를 파악하고, 신교의 성립이 가지는 역사적 의미를 추론한다.

얼핏 보면 이러한 형식은 관련 주제에 대한 학계의 논쟁을 인식하고 어느 쪽에도 무게를 두지 않기 위한 조치로 보일 수도 있다. 그러나 자세히 보면 이는 사실과 거리가 멀다. 소단원이나 중단원의 제목이 사실상 역사적 해석을 규정하고 있기 때문이다. 예를 들면 '영국혁명'은 '시민혁명'이라는 중단원 아래 미국혁명과 프랑스혁명과 함께 '원인, 전개 과정 및 결과를 파악'하도록 되어있다. 이는 영국혁명을 여전히 시민혁명으로 보아야 한다는 시각을 전제하고 있는 것이다. 영국혁명 (the English Revolution)이 '시민혁명'이라는 시각은 영국사학계에서 사라진 지 오래이며, 새로운 정설로 수용된 주장은 영국혁명을 종교동란의 일부로 여기고 있다.[28] 2007년 개정 교육과정 '역사'와 '세계역사의 이해'에서는 명시적으로 영국혁명과 시민혁명을 연결 짓지 않았지만 여전히 2011년 발간된 검정 세계사교과서들은 영국혁명을 시민혁명으로 서술하고 있는 실정이다. 이는 1990년대 서양사학의 연구성과가 제대로 반영되지 못하고 있음을 보여준다.

4) 2007년 개정 교육과정: '유럽중심주의' 극복을 위한 바른 방향의 제시

앞서 1990년대와 2000년대 사양사학계에서 탈유럽중심주의가 영

---

28. '영국혁명'의 연구경향에 대해서는 김중락, 〈크리스토퍼 힐과 잉글랜드 혁명 그리고 시민혁명론〉, 《영국연구》 10, 2003을 참조.

향을 미쳤음을 살펴보았다. 사실 우리나라 세계사교육에서 유럽중심주의 극복 문제는 오래전부터 제기되어 왔고 지금도 여전히 유행하는 하나의 담론이다. 유럽중심주의의 문제점과 세계사교육에서 탈유럽중심주의의 중요성은 이미 많은 학자들에 의해 지적되어왔다. 이러한 담론이 우리의 세계사교육의 발전에 종국적으로 크게 기여했음은 분명하다. 그러나 이 담론이 2007년 개정 교육과정이 나오기까지 우리나라 세계사교육에 악영향도 함께 미쳤다는 사실도 지적할 필요가 있다. 강선주와 송요후의 지적처럼 우리는 1970년대 이후 교육과정 개편이 있을 때마다 유럽중심주의의 극복을 강조해왔다.[29] 그러나 그 결과는 기형적인 경우가 대부분이었다.

3차 교육과정 이후 동양인의 주체의식을 강조하기 위해 중국 중심의 동양사가 세계사교과서의 상당부분을 차지하였고, 비서구 지역에 대한 존중이라는 명분으로 제3 세계, 서남아시아, 아프리카 등의 지역이 7차 교육과정에서 한 단원 이상을 차지하게 되었다. 이러한 접근은 진정한 유럽중심주의의 극복이라고 보기는 어렵다. 유럽중심주의는 서유럽의 근대화와 체제를 모델로 하는 세계사상(世界史像)에 그 근본 문제가 있다. 단순히 유럽에 대한 분량을 줄이고 비유럽지역을 추가한다고 해서 극복되는 것이 아니다. 또한 구체적인 연구업적이 보완되지 않고, 학습자에게 동기부여를 하지 못하는 피상적 사실만으로 구성된 비유럽지역의 추가는 세계사를 '모든 곳의 역사(history everywhere)'로 만드는 결과를 초래하기도 하였다. 즉 7차 교육과정까지는 소위 '역사적 망라주의'가 우리의 세계사교육을 왜곡시키는 데

---

29. 이 부분에 대한 자세한 설명은 강선주, 〈세계사교육의 '위기'와 '문제': 역사적 조망〉, 《사회과교육》 42, 2003, 73~81쪽; 송요후, 〈2007년 개정 교육과정에서 "서구중심주의"의 극복론에 관하여〉, 《역사교육논집》 39, 2007, 87~128쪽.

큰 역할을 담당하였던 것이다.[30]

그러나 2007년 개정 교육과정은 탈유럽중심주의 담론이 그 어느 때보다도 크게 그리고 바람직한 방향으로 반영된 것으로 보인다. 2007년 개정 교육과정의 주요 특징은 교류사의 대폭적인 반영이라고 할 수 있다. 중학교 '역사'나 고등학교 '세계역사의 이해' 모두 문명 간의 교류를 강조하고 있으며, 이 교류에서 동양의 주도적 역할을 강조하고 있다. 특히 '세계역사의 이해'의 교과목 목표는 모든 항목에서 모두 문화권 간의 교류를 강조하고 있음을 볼 수 있다. 이는 1990년대 이후 지구사에 대한 강조와 이를 세계사교육에 적용시키려했던 노력의 작은 결실이라고 말할 수 있을 것이다. 그리고 고질적인 망라주의적 접근도 조금씩 개선되고 있음을 보여주고 있다.

4. 서양사 연구와 교육을 위한 제언

지금까지 한국서양사학의 연구동향과 성과가 무엇인지, 그리고 그것이 한국 역사교육에 어떠한 영향을 주었는지에 대해 살펴보았다. 한국서양사학과 한국 역사교육은 같은 배를 타고 있다고 할 수 있다. 어느 한쪽도 다른 쪽 없이는 온전하지 못할 것이다. 서로 간의 올바른 관계 설정을 위해 몇 가지 제언을 하고자 한다.

---

30. 7차 교육과정까지의 세계사교육의 문제에 대해서는 구난회, 〈세계사교육과정의 현황과 개선방향〉,《역사교육》93, 2005 참조.

1) 역사교육계의 담론 주도와 기다림의 미학

"한국에서 '외국사'는 '연구'영역으로 정착하였지만, '세계사'는 '연구'의 분야로서가 아니라 '교육'영역으로 도입되고 정착되었다." 강선주는 한국에서 외국사 연구성과가 세계사교육의 방향과 시각을 결정하기 어려운 상황을 이렇게 지적하였다.[31] 이 지적은 그동안 우리의 세계사교육이 왜 방향 없이 흔들려 왔는가를 잘 설명해주는 부분이다. 그럼에도 불구하고 한국의 역사교육계는 서양사나 동양사학계에 역사교육을 위한 쟁점을 제시하였고 이를 담론화하는 데 성공하기도 하였다. '유럽중심주의'의 극복과 지구사의 필요성은 역사교육계가 동서양사학계에 담론으로 제시한 것이다.

그러나 이에 대한 비용은 적지 않은 것이었다. 우리의 세계사교육과정의 역사에서 볼 수 있는 고질적 망라주의는 지구사와 관련한 학계의 연구성과가 충분히 나타날 때까지 기다리지 못하는 조급증 때문이라고 할 수 있다. 유럽중심주의를 극복하고 교류사나 지구사의 입장에서 세계사를 교육해야 한다는 명제는 충분한 여건이 마련되지 못한 상황 속에서 3차 교육과정과 그 이후의 교육과정에 반영되었다. 결국 이러한 조치는 다른 문명과 연결고리를 제시하지 못한 채 다양성의 반영이라는 명분하에 이루어졌기 때문에 망라주의를 벗어나지 못하는 결과를 초래하였다.[32] 아무리 당위성이 강하다 해도 연구성과의 축적이 없는 주제의 도입은 아무런 도움이 되지 못한다. 물론 망라주의는 우리가 달성해야할 올바른 방향을 위한 비용이었다고 볼 수도 있을 것이다. 그러나 그 비용은 너무나 큰 것이었다.

---

31. 강선주, 앞의 글, 69쪽.
32. 이민호, 앞의 글, 141쪽.

영국 역사교육의 예는 우리에게 교훈을 주고 있다. 영국의 역사교육에서는 전통적으로 보수주의자, 진보주의자 모두 영국사는 '백인 주류의 역사'라는 인식을 공유해왔다. 이러한 이유로 보수주의자는 영국사의 확대를, 그리고 진보주의자들은 문화적 다양성을 위해 영국사의 축소와 세계사의 확대를 강조해왔다. 그러나 1980년대 초부터 영국의 역사교육계는 영국사가 '백인 주류'의 역사가 아니라 다양한 인종의 역사로 볼 수 있다는 입장을 제기하였다. 물론 이 같은 입장은 영국 내 소수민족 배경을 가진 학생들을 역사수업에 '포함(inclusion)'시키기 위한 것이었다. 이를 위해 많은 실증적 연구가 시작되었고, 20세기 말에는 근대영국사에서 흑인 및 아시아인의 존재를 확인하는 데 있어 중요한 진전을 이루었다.[33] 이러한 연구성과를 바탕으로 1998년 흑인 및 아시아인 연구협회(the Black and Asian Studies Association)는 역사교과서 분석을 통해 '로마제국', '영국 1750~1900' 그리고 '빅토리아시대의 영국'에 관한 부분에서 흑인의 존재와 공헌에 대한 기술이 불만족스럽다는 점을 지적하였다. 또한 그들은 16세기 잉글랜드의 종교개혁, 19세기 선거법 개혁, 여성 투표권 획득 운동, 워털루 전투 등 전통적으로 백인들의 역사라고 여겨져온 분야에서 흑인이나 타 인종이 활동했다는 점을 지적하였다.[34]

---

33. C. A. Bayly, ed., *The Raj: Indian and the British 1600~1947*, London, 1990; P. Edwards and J. Walvin, *Black Personalities in the Era of the Slave Trade*, London, 1983; P. Fryer, *Staying Power: the History of Black People in Britain*, London, 1984; N. Newington-Irving, "The Cumbrian (Whitehaven) Slave Trade," *Black and Asian Studies Association Newsletter*, No. 29, January 2001; J. Oldham, "New Light on Mansfield and Slavery," *Journal of British Studies* 27, 1988; F. Shyllon, *Black People in Britain 1555~1833*, London, New York, Ibadan, 1977; R. Visram, *Asians in Britain: 400 years of History*, London, 2002.

34. M. Sherwood, "Sins of omission and commission: History in English schools and

영국의 2008년 교육과정은 이러한 연구결과의 산물이라고 할 수 있다. 영국의 2008년 역사교육과정은 역사적 사고력의 하나로서 '다양성(diversity)의 이해'를 넣고, 영국사를 '역사적으로 영국제도 내외에서 온 다양한 인간의 활동과 정착이 가져온 결과'라고 규정하였다. 즉 2008년 교육과정은 영국사 그 자체도 백인주류의 역사만은 아니며, 다문화적 시각으로 볼 수 있다는 것이다. 즉, 영국의 경우 역사교육의 필요가 학계의 연구를 자극하였고 이는 충분한 연구성과 축적 후에 교육과정에 반영된 것이다.

2) 역사교사들의 연구참여 확대

3절에서 우리는 서양근현대사학계의 연구성과가 충분히 축적되었음에도 불구하고 제대로 역사교육에 반영되지 못하는 경우를 살펴보았다. 여기에는 수많은 이유들이 작용하고 있을 것이다. 아마도 법적 구속력을 가진 교육과정이 가진 제약과 같은 구조적 문제들이 가장 큰 요인일 것이다. 그러나 다른 문제들이 해결된다 해도 현장을 책임지고 있는 역사교사들이 학계의 흐름을 읽어내지 못한다면 최근 연구성과의 반영은 어려울 것이다. '외국사 연구'와 '세계사교육'의 분리담론이 극복되기 위해서는 역사학자들의 역사교육에 대한 관심을 요구하기보다는 세계사 교사들이 연구자가 되는 방법이 용이하다. 결국 연구성과의 교육적 활용은 교육자의 몫이기 때문이다.

전국역사교사모임이나 각지의 다양한 역사교사들의 연구모임이 있고, 그 연구결과물이 적지 않지만 역사교사 개개인이 연구자가 되지 않으면 연구성과를 제대로 반영한 역사교육은 불가능하다. 다시

struggles for change", *Multicultural Teaching* 16.2, 1998, pp. 14~20.

한 번 영국의 예에서 교훈을 찾아보자. 영국의 역사교육에서 학계의 연구성과를 가장 잘 볼 수 있는 곳은 영국 역사협회가 발간하는 *Teaching History*이다. 이 잡지는 연 4회 발간하며 역사교육 관련 연구와 실험 서평 등을 담고 있다. 한 호당 5~6편의 연구논문을 싣고 있어 역사교육 연구경향을 볼 수 있는 중요한 학술지이다.

2000년부터 2006년까지 발표된 167편의 연구논문을 저자별로 분석하면 아래 표와 같다.[35]

〈표 1〉 *Teaching History* 논문 저자별 분석(2000~2006)

교사 단독 연구	81
교수 단독 연구	55
교사 교수 공동 연구	8
행정직 연구	21
기타	2
계(편)	167

〈표 1〉에서 보듯이 역사교사들의 연구활동이 매우 왕성함을 알 수 있다. 이는 교수들 중심으로 논문이 발표되는 우리의 역사교육 관련 학술지와는 매우 대조적이라고 할 수 있다.

또한 영국에서 A레벨 교재와 대학의 교양서적으로 사용되는 소책자 시리즈 'Access to History'나 'Seminar Studies in History' 그리고 'Cambridge Perspectives in History'의 상당수 단행본들이 중등학교 교사 단독 집필이거나 교수들과의 공동 집필이다. 이는 영국의 역사교사들이 상당한 연구자임을 보여주는 증거이다. 이러한 저서들은 주로 연구사와 주제별 개요를 담고 있다는 점에서 고학년 역사교육을 위한

---

35. 이 통계는 김중락, 〈영국 역사교육 연구의 동향〉, 《역사교육논집》 38, 2007, 113
쪽 참조.

것임을 알 수 있다. 즉 이렇게 영국의 역사교사들은 학계의 연구성과를 적극적으로 반영하고 있는 것이다. 이제라도 한국의 역사교사들이 적어도 한 주제에 대해서는 전문가가 될 수 있도록 여건을 허락하고 격려할 때 연구와 교육의 분리 담론도 조금씩 극복될 수 있을 것이다.

3) 현재와의 대화가 가능한 주제 중심의 역사교육

우리나라 세계사교육의 위기는 공교육이 도입된 이래로 계속되어 온 현상이다. 그러나 여기에는 세계사교육 관련자들 스스로 초래했다고 볼 수 있는 부분이 적지 않다. 세계사교육에서 무엇을 가르칠까에 대한 논의는 충분히 이루어져 왔지만, 일부 논의는 앞에서 언급한 것처럼 성급한 수용과 부작용이라는 결과를 초래하기도 하였다. 세계사에서 망라주의는 탈유럽중심주의 담론의 성급한 적용이 초래한 것이다. 오늘날 학생들의 세계사 외면은 이러한 고질적 망라주의 때문이라고 보아도 크게 틀린 것은 아닐 것이다. 지역권이나 동질적인 문화권 균형이론에 따라 세계사의 내용을 구성하자는 것 역시 망라주의의 또 다른 이름일 뿐이다. 지역권이나 문화권의 균형이론은 세계는 넓고 학습자에게 주어진 시간과 능력은 한정되어 있는 상황을 고려하면 쉽지 않은 대안으로 여겨진다.[36]

우리의 세계사교육이 안고 있는 또 하나의 고질적 문제는 통사적 접근이다. 이에 대해서는 무수한 비판이 있어왔으나 실제 교육에서는 거의 변하지 않은 구조로 남아 있다. 모든 지역의 역사가 세계사가 될

---

36. 윤세철, 〈세계사와 아시아사: 세계사 내용 선정상의 몇 가지 문제〉, 《역사교육》 32, 1982; 김한식, 〈고등학교 세계사교육에서 '문화권' 학습을 위한 구상〉, 《역사교육논집》 12, 1988.

수 없듯이 모든 시대의 역사도 세계사가 될 수 없다. 어린 학습자들에게 '빙하시대에서 냉전시대까지(from the Ice Age to the Cold War)'를 짧은 기간에 학습하게 하는 것은 역사교육을 피상적으로 만드는 주범이다. 통사와 망라주의는 해결책이 될 수 없다.

그러면 어떻게 할 것인가? 무엇이 바른 해결책인가?

가장 올바른 방법은 서양과 동양이라는 지역에 대한 관념을 지우고 우리에게 필요한 주제별로 접근하는 것이다. 에드워드 카의 '역사는 과거와 현재의 끊임없는 대화'라는 말을 다시 한 번 생각해보자. 역사학은 현실에 종속되어 있고, 또 종속되어야 한다. 이는 역사교육 역시 현실에 따라 변해야 함을 말해주는 것이다. 이는 우리 현실에 관련성을 가진 주제로 세계사 내용을 채워야 한다는 것이다. 그것이 동양에서 시작된 것이든, 사양에서 시작된 것이든 관계없이, 그리고 지역적 배분의 고려 없이 우리에게 필요한 가치와 제도 그리고 문화를 다룰 때 진정으로 우리는 특정 지역중심주의를 벗어날 수 있을 것이다.[37]

앞에서 살펴본 바와 같이 지난 한 세대 동안 한국서양사학 연구는 주제별로 이루어져왔다. 현재 한국의 서양사학은 이제 그 범주를 헤아리기도 쉽지 않을 정도로 많은 주제로 분화되고 있다. 따라서 이 주제들 가운데 우리 삶에 중요한 영향을 미치고 있는 주제들로 역사교육 내용을 정해야 할 것이다. 역사교육이 살아 있는 교육이 되게 하기 위해서는 현재와의 관련성 확보에 더욱 치중해야 할 것이다. 또한 역사교육에서 현대적 사건들을 중시하여 과거사건과 유비(類比, analogy)

---

37. 최근 탈유럽중심주의에 반발해서 서양의 가치를 재정립하여 세계사교육에 도입하자는 주장이 나타나고 있음도 주목할 일이다. Jacob Neusner, "It is time to stop apologizing for western civilization and start analyzing why it defines world culture", *The New World History*, ed, by Ross E. Dunn, Bedford/St. Martin's, 2000, pp. 104~106.

를 만들고 학습자들이 역사를 좀 더 진지하게 수용할 수 있게 해야 한다.[38]

또한 지구사나 교류사에 더 집중하는 모습을 보여야 할 것이다. 오늘날 대부분의 세계사교육학자들은 세계사 내용으로 문화권 간의 교류와 상호관련성을 강조하고 있다.[39] 지구적 현상을 일상의 경험에서 체험하고 있는 현대인들에게 무엇보다도 이 같은 현상이 오래전부터 인류의 경험이었다는 사실을 제시할 필요가 있을 것이다. 그리고 그 경험의 교훈을 통해 우리는 우리가 직면한 지구적 현상에 대처할 수 있을 것이다.

4) 대중을 위한 역사교육

현재 한국의 역사학계와 역사교육학계의 문제점 중 하나는 역사의 소비자를 극소수의 학자와 학생들로만 보고 있다는 것이다. 역사학자들은 소수의 동료학자들을 위해 연구하고 글을 쓰고, 역사교육학자들의 모든 관심은 초중등 학생들에게만 맞추어져 있다. 우리 사회 구성원의 3분의 2를 역사에서 소외시키고 있는 것이다. 주지하다시피 역사는 '문학'의 한 장르로서 오랫동안 대중과 호흡해왔으나 '랑케' 이후

---

38. Tom Laichas, "Conversations between Past and Present: Thoughts on Teaching Current Events in a World History Classroom", in Teaching World History in the Twenty-first Century ed. by Heidi Roupp, M. E. Sharpe, 2010, p. 27.

39. 강선주, 〈세계화시대의 세계사교육-상호관련성을 중심으로 한 내용 구성〉,《역사교육》82, 2002; 김원수, 〈글로벌 역사란 무엇인가?: 새로운 세계사에 관한 담론〉,《사회과교육》41-2, 2002; 정선영, 〈지구적 시각에 기초한 세계사교육에의 접근 방안〉,《역사교육》85, 2003; 이영효, 〈세계사교육에서의 '타자읽기'-서구중심주의와 자민족중심주의를 넘어〉,《역사교육》85, 2003; 강선주, 〈상호작용의 세계사〉,《역사교육》92, 2004.

그 정체성이 '과학'으로 바뀌었다. 역사는 '역사학'이 되었고 역사가는 '역사학자'로 변신하였다. 그 결과 역사학은 거대한 시장을 잃어버린 것이다. 그렇다고 해서 다시 문학의 위치로 되돌아가자는 뜻은 아니다. 오히려 역사학자들이 역사가의 역할을 겸하자는 뜻이다. 아마추어 사가들에게 맡겨져 있는 대중을 위한 역사쓰기는 이제 역사가들이 담당해야 한다. 대중 역시 흥미만을 추구하는 것이 아니며, 그들의 현실과 관련성(relevance) 있는 과거에 대해 바로 알기를 원한다. 그리고 한국 역사학자들은 이것에 대한 의무를 지고 있다. 학자적 전문성만을 추구하는 미국 역사학의 경향에 대한 윌리엄 맥닐의 경고를 들어보자.

아마도 의사들은 아주 좁은 분야의 전문가가 되어도 문제없을 것이다. 왜냐하면 적어도 그들은 그들의 전문적 기술을 통해 한 사람의 환자라도 치료할 수 있기 때문이다. 이러한 의사들도 그들의 전문성 때문에 보통 환자들과의 접촉을 상실하고 있다고 비난 받고 있는데, 우리 역사가들은 이러한 비난에 얼마나 더 취약한가? 우리가 그들에게 할 말이 없는데 왜 미국의 대중이 우리의 봉급을 지불해야 하는가? 왜?[40]

특히 한국의 서양사학자들은 이 부분에 더 큰 관심을 기울일 필요가 있다. 텔레비전 드라마나 다큐멘터리 등을 통해서 좀 더 쉽게 접할 수 있는 국사나 동양사와는 달리 서양사는 언어적 제약으로 대중들의 접근이 제한되어 있다. 게다가 한국의 대중은 세계화와 지구화의 현실을 피부로 접하고 있으며, 서양사적 교양서에 목말라하고 있다.

---

40. William H. McNeill, "Beyond Western Civilization: Rebuilding the Survey", *The New World History*, ed, by Ross E. Dunn, Bedford/St. Martin's, 2000, p. 86.

앞에서 대중과 호흡을 같이하려는 서양사의 공동 연구 노력을 언급하였다. 그러나 다양한 대중의 기호에 호응하자면 모든 서양사학자들이 개인적으로 역사학자와 역사가의 이중적 기능을 감당해야 한다. 일부 서양사학자들이 이러한 접근의 필요성을 느끼고 조심스러운 시도를 하고 있지만, 이는 여전히 빙산의 일각에 불과하다.[41] 이영석에 따르면 서양사학계의 동의는 어느 정도 이루어진 듯하다.[42]

역사교육학계 역시 이에 대한 관심이 더 필요하다. 최근 인문학 대중화를 위한 한국연구재단의 지원이 강화되고 있는 것은 매우 바람직한 일이다. 역사교육학계는 대중을 위한 역사교육이 어떠한 형태로 이루어지는 것이 효과적인지에 대해 진지한 논의를 시작해야할 시점이다.

5. 맺음말

강선주는 한국의 세계사교육이 쇠퇴한 원인 중의 하나로 '민족 담론'을 지적하고 있다.[43] 해방 이후 '민족'이라는 단어는 다양한 기회를 통해 강조되었고 그때마다 해결은 국사교육의 강화로 나타났다. 특히 중국의 동북공정과 일본의 역사왜곡과 독도에 대한 영토욕심 등은 국사교육의 강화로 나타났다. 한국의 한 역사학자로서 국사교육의 강화

---

41. 대표적인 대중서로 이영석, 《근대의 풍경》, 푸른역사, 2003; 김응종, 《서양의 역사에는 초야권이 없다》, 푸른역사, 2005; 박지향, 《영국적인, 너무나 영국적인》, 기파랑, 2006; 설혜심, 《지도 만드는 사람: 근대 초 영국의 국토, 역사, 정체성》, 길, 2007 등이 있다.
42. 이영석, 앞의 글, 117~119쪽.
43. 강선주, 앞의 글, 〈세계사교육의 '위기'와 '문제': 역사적 조망〉, 59~62쪽.

72 역사학의 성과와 역사교육의 방향

에 시기심은 없다. 그러나 문제는 한국에서 역사교육은 사회과 교육의 일부로 존속하는 한 제로섬 게임을 벗어날 수 없다는 것이다. 즉 역사 지분에서 국사가 많이 가져갔으니 세계사에서라도 양보해서 사회과의 균형을 맞추어야 한다는 논리이다. 역사가 사회과에서 벗어나야 하는 중요한 이유이다.

한국동서양사학의 운명 역시 세계사교육의 처지와 크게 다르지 않다. 특히 한국서양사학은 '사양사학'이라 칭해도 될 만큼 그 위상을 잃어가고 있다. '민족 담론'의 문제는 학계에서도 작동한다. 동북아재단은 '민족 담론'에 의해 만들어진 것이며 그 수혜는 국사학자와 동양사학자들에게 돌아갔다. 이 때문에 서양사학이 손해를 입었다는 것은 아니다. 단지 상대적 빈곤을 느끼고 있다는 뜻이다. 신자유주의 물결이 휩쓸면서 대학의 서양사 교수 자리는 한국연구재단 후원의 임시직 자리로 대체되어가고 있는 실정이다.

이러한 상황에서도 한국서양사학은 끊임없이 한국 사회의 담론을 이끌어왔고 한국 사회에 방향을 제시해왔다. 이 같은 능력이 한국서양사학의 마지막 보루이다. 한국은 세계화와 지구적 현상의 한복판에 서 있다. 한국서양사학은 이러한 한국 사회가 길을 물을 때 대답할 수 있는 능력을 길러야 할 것이다. 적어도 한국의 세계사교육에는 그 길을 제시할 수 있어야 할 것이다. 이것이야말로 한국서양사학이 외부의 지원 없이도 생존할 수 있는 비결이다.

진재관의 연구에 따르면, 2007년 개정 교육과정은 '과거의 고질적인 망라주의적 구성 방식을 벗어나 주제 중심 제시 방식으로 변화를 시도'하고 있다.[44] 앞서 본고는 2007년 교육과정이 한국서양사학의 성

---

44. 진재관, 〈'세계역사의 이해'의 특징과 새로운 변화〉, 《역사교육》 104, 2007, 167~168쪽.

과를 반영한 것이라고 보았다. 이것으로 외국사 연구와 세계사교육의 분리 담론이 어느 정도 극복되고 있으며, 한국서양사학과 역사교육이 같은 방향으로 가고 있다고 본다면 지나친 낙관론인가?

* 이 글은 《역사교육논집》 제50집(역사교육학회, 2013.2)에 게재되었다.

■참고문헌

강선주, 〈상호작용의 세계사〉, 《역사교육》 92, 2004.

_____, 〈세계사교육의 '위기'와 '문제': 역사적 조망〉, 《사회과교육》 42, 2003.

_____, 〈세계화시대의 세계사교육—상호관련성을 중심으로 한 내용 구성〉, 《역사교육》 82, 2002.

강철구, 〈한국에서 서양사를 어떻게 보아야 하나: 유럽중심주의의 극복을 위한 제언〉, 《서양사론》 92, 2007.

구난희, 〈세계사교육과정의 현황과 개선방향〉, 《역사교육》 93, 2005.

김민제, 《영국혁명의 꿈과 현실》, 역민사, 2007.

김영한, 〈《서양사론》의 어제와 오늘〉, 《서양사론》 100, 2009.

김원수, 〈글로벌 역사란 무엇인가?: 새로운 세계사에 관한 담론〉, 《사회과교육》 41-2, 2002.

김응종, 《서양의 역사에는 초야권이 없다》, 푸른역사, 2005.

김중락 외, 《역사가 만든 도시》, 경북대학교출판부, 2012.

김중락, 〈영국 역사교육 연구의 동향〉, 《역사교육논집》 38, 2007.

_____, 〈영국혁명과 잉글랜드 혁명: 수정주의의 한계와 극복〉, 《역사교육논집》 23 · 24, 2002.

_____, 〈크리스토퍼 힐과 잉글랜드 혁명 그리고 시민혁명론〉, 《영국연구》 10, 2003.

김한식, 〈고등학교 세계사교육에서 '문화권' 학습을 위한 구상〉, 《역사교육논집》 12, 1988.

민석홍, 《서양 근대사 연구》, 일조각, 1975.

박지향, 《영국적인, 너무나 영국적인》, 기파랑, 2006.

설혜심, 《역사, 어떻게 볼 것인가?》, 길, 2011.

_____, 《지도 만드는 사람: 근대 초 영국의 국토, 역사, 정체성》, 길, 2007.

송요후, 〈2007년 개정 교육과정에서 "서구중심주의"의 극복론에 관하여〉, 《역사교육논집》 39, 2007.

윤세철, 〈세계사와 아시아사: 세계사 내용 선정상의 몇 가지 문제〉, 《역사교육》 32, 1982.

이민호, 〈한국서양사학의 반성과 방향〉,《역사학보》68, 1975.

이영석, 〈한국의 서양사학 2007-8: 연구의 새로운 지평을 찾아서〉,《역사학보》 203, 2009.

_____,《근대의 풍경》, 푸른역사, 2003.

_____, 민유기 외,《도시는 역사다》, 서해문집, 2011.

이영효, 〈세계사교육에서의 '타자읽기'-서구중심주의와 자민족중심주의를 넘어〉, 《역사교육》85, 2003.

이태숙, 〈《서양사론》100호 역사를 수량적으로 살펴보기〉,《서양사론》100, 2009.

임지현, 〈서양사학의 반성과 전망: '시민 계급적 관점'에서 '민중적 관점'까지〉,《역사비평》10, 1990.

정선영, 〈지구적 시각에 기초한 세계사교육에의 접근 방안〉,《역사교육》85, 2003.

조지형, 〈새로운 세계사와 지구사: 포스트모던시대의 성찰적 역사〉,《역사학보》 173, 2002.

진재관, 〈'세계역사의 이해'의 특징과 새로운 변화〉,《역사교육》104, 2007.

차하순,《서양사학의 수용과 발전》, 나남, 1988.

Bayly, C. A., ed., *The Raj: Indian and the British 1600~1947*, London, 1990.

Edwards, P. and Walvin, J., *Black Personalities in the Era of the Slave Trade*, London, 1983

Fryer, P., *Staying Power: the History of Black People in Britain*, London, 1984.

Laichas, T., "Conversations between Past and Present: Thoughts on Teaching Current Events in a World History Classroom", *Teaching World History in the Twenty-first Century*, ed. by Heidi Roupp, M. E. Sharpe, 2010.

McNeill, W. H., "Beyond Western Civilization: Rebuilding the Survey", *The New World History*, ed, by Ross E. Dunn, Bedford/St. Martin's, 2000.

Neusner, J., "It is time to stop apologizing for western civilization and start analyzing why it defines world culture", *The New World History*, ed, by Ross E. Dunn, Bedford/St. Martin's, 2000.

Newington-Irving, N., "The Cumbrian (Whitehaven) 'Slave Trade'," *Black and Asian Studies Association Newsletter*, No. 29, January 2001.

Oldham, J., "New Light on Mansfield and Slavery", *Journal of British Studies* 27, 1988.

Sherwood, M., "Sins of omission and commission: History in English schools and struggles for change", *Multicultural Teaching* 16.2, 1998.

Shyllon, F., *Black People in Britain 1555~1833*, London, New York, Ibadan, 1977.

Visram, R., *Asians in Britain: 400 years of History*, London, 2002.

Yoon, Y. H., "The Spread of Antislavery Sentiment through Proslavery Tracts in the Transatlantic Evangelical Community, 1740s−1770s", *Church History* 81, 2012.

3장

동양고대사의 연구성과와
세계사교과서 서술

김병준

1. 머리말

절대적 사실(史實)이 있을 수 있는지, 그리고 우리가 그러한 사실을 확인할 수 있는지 여부는 아직도 논쟁 중이다. 그러나 절대적 사실의 존재에 회의적인 사람이라도, 아니 나아가 지금 우리가 이해하는 역사란 우리가 처한 현재의 지적 지형의 반영일 뿐이라고 주장하는 사람이라도 많은 사람들이 타당하다고 여기는 사실을 인정하고, 또 그것을 향해 더 적합한 자료와 논리적 해석을 개발하는 것이 역사학의 임무라고 생각할 것이다. 이런 '사실'을 향해 많은 역사학자들은 오래전부터 노력해왔으며, 그 과정에서 지나간 과거를 이해하는 방식이 부단히 수정되어 왔다. 그 결과가 최종적인 절대적 사실이라고 할 수는 없어도 지금 현 단계에서 과거를 이해하는 최종 결과라는 점은 틀림없다. 앞으로 어떻게 바뀔지는 모르지만 지금 우리는 많은 논의를 거쳐 오래전에 사실이라고 믿었던 것과는 다른 사실을 찾아내고 있다. 역사학자들의 탐색 과정과 그 결과는 모든 사회 구성원과 공유되어야 하며, 이를 위해 역사교육이라는 방법이 필요한 것이고 교과서는 이 시대 역사학에 도달한 최종적 사실을 전달하는 매개물의 기능을 해야 한다고 생각한다.

그렇다면 과연 역사학의 최근 연구성과가 교과서에 잘 반영되어 있을까? 본고는 고등학교 세계사교과서와 동아시아사 교과서를 대상으로 이 점을 검토해보고자 한다. 만약 잘 반영이 되지 않았다면 그 원인은 무엇인지를 살펴보고, 마지막으로 앞으로 나아가야 할 방향을 제안하고자 한다. 교과서는 《세계사》교과서 중 중국고대사 부분과 《동아시아사》의 고대사 부분, 그중에서도 전국(戰國)시대 이전을 대상으로 했다. 진한시대나 위진남북조시대 부분도 응당 포함하는 게 맞지만, 전체적인 경향은 그 앞선 시기와 크게 다르지 않다고 판단했기 때문에 제외했다. 연구성과의 반영 여부가 개별 교과서에 따라 어느 정도 차이를 보이기 때문에 교과서별로, 특히 세계사교과서와 동아시아사 교과서의 차이에 주목한다. 한편 연구성과와 관련해서는 20세기 후반 이후의 국내외 연구경향[1]을 최대한 포함하여 소개한다.

---

1. 최근 동양사학계의 새로운 연구동향을 대략적으로 알기 위해서는 〈회고와 전망〉을 참조하면 편리하다. 국내의 연구동향은 《역사학보》에 격년으로 발표되는 〈동양사 회고와 전망〉을, 일본에서의 연구동향은 《史學雜誌》에 매년 발표되는 〈동양사 회고와 전망〉을 참조하면 되고, 중국에서의 연구동향은 정기적으로 정리되지는 않지만 《中國史研究動態》를 참조하거나 《復印報刊資料》에 선별된 논문을 일별하면 전체적 경향을 어렵지 않게 확인할 수 있다.

2. 중국고대사 연구성과와 교과서 기술

1) 신석기문화의 성립과 발전

　신석기문화의 성립과 관련한 최근까지의 전반적 연구경향은 다음과 같이 정리할 수 있다. 20세기 초 섬서성(陝西省) 앙소(仰韶)에서 채도(彩陶)가 발견되고, 곧이어 산동성(山東省) 용산(龍山)에서 흑도(黑陶)가 발견된 이래 이곳 황하 중하류가 중국 신석기문화의 중심지로 인식되었다. 수천 년 동안 하상주(夏商周) 왕조를 중심으로 한 중국의 고대 역사가 황하 중하류를 중심으로 발전했다고 믿었기 때문에 이보다 선행하는 중국 신석기문화도 역시 황하를 중심으로 설정되지 않으면 안 된다고 믿었다. 그 때문에 1970년대까지의 고고학 발굴 역시 이곳을 중심으로 시행되었으며, 그 결과 황하 문명이 고고학적 증거를 겸비하게 되면서 황하 문명 개념의 타당성을 의심하지 않게 되었다. 그러다 1980년대 중국의 개혁개방 정책과 더불어 황하 이외의 지역에서 의도치 않은 구제발굴이 개시되면서, 황하 문명은 더 이상 중국의 유일한 그리고 선진적인 문명을 대표할 수 없게 되었다. 장강(長江) 유역이나 요하(遼河) 지역에서 발견된 고고학자료는 황하 지역의 그것보다 훨씬 선진적이며 그 시기도 황하 지역에 뒤지지 않기 때문이다. 그리하여 1980년대 말에 들어서면, 이미 중국 신석기문화를 "항상 창조적이고 선진적인 중원문화와 그 영향을 받아 후발되는 주변문화"로 이해해왔던 전통적 도식에서 벗어나 "기원과 계통이 다른 여러 문화의 병행, 발전에 의한 중국의 선사문화"라는 인식으로 전환되었다.[2] 이 인식은

---

2. 이성규, 〈중국 문명의 기원과 형성〉, 서울대동양사학연구실 편, 《강좌 중국사》 1, 지식산업사, 1989.

1990년대에 들어서면 중국의 소위 '다민족일체격국(多民族一體格局)'의 논리와 '중화민족(中華民族)의 형성'이라는 목표와도 적절하게 부합되면서 학계의 정설로 굳건히 자리 잡았고, 중국의 교과서 서술은 물론 일반 대중서적에 이르기까지 모두 다양한 신석기문화를 강조하게 되었다. 더 이상 황하 중심의 설명은 찾아보기 힘들게 된 것이다.

그런데 주의해야 할 점은 다원적 신석기문화를 어떻게 표현하느냐에 따라 미묘한 차이가 발생한다는 사실이다. 첫째는 '중국문명'으로 부르는 방식이다. 황하 이외의 지역에서 다양한 문화가 발견되지만 그 신석기문화의 발생 지역이 오늘날 중국의 영토 내이므로 이를 '중국문명'이라고 호칭해야 한다는 것이다. 현재의 영역 내에 위치하는 모든 역사를 자국사로 이해하는 입장이라면 별 문제가 되지 않을 수도 있다. 그러나 많은 연구자들이 지적한 바와 같이 과연 근대국민국가 개념의 '중국'을 수천 년 전에 적용시킬 수 있는지 의문이다. 그 당시에는 황하 중류 유역만을 '중국'이라고 불렀으며 기타 주변 지역은 자신들의 '중국'과는 상이한 문화를 갖고 있는 별개의 종족이라는 인식이 뚜렷했다. '중국문명'이라고 부르는 것은 고대인들의 기준이 아닌 현대인의 기준에 의한 것이며, 이 경우 자칫 '중화민족'이라는 개념을 긍정하는 것이 될 수도 있다. 둘째는 '동아시아문명'으로 호칭하는 방식인데, 지리적 개념인 동아시아를 사용한다는 점에서 정치적 가치를 배제할 수 있으나 아직 오늘날 중국의 영역 바깥에서 중국 내에서 발견되는 신석기문화만큼 시기가 소급되는 사례가 발견되지 않기 때문에 문제의 소지가 있을 수 있다. 셋째는 과거의 '황하문명'과 함께 '장강문명', '요하문명'이라는 구체적 지명을 사용하는 방식이다. 사실 신석기문화 사이에 아직 충분한 교류가 없었기 때문에 지역적 특성이 강하게 남아 있었던 상황을 표현하기에 적절하고, 이러한 지역적 구분은 이후 춘추전국시대까지 지속된다는 점에서 역사 용어로서의 효용성도 갖추고 있으며 또한 역사분쟁을 최소화할 수 있다는 장점이 있지만, 설명이 번잡해지는 문제 등을 지적할 수 있다.[3]

한편 신석기문화의 성립과 문명의 성립은 구분해야 한다. 따라서 신석기문화의 성립이 다원적이며 그 발전도 병행적인 것은 맞지만, 최종적으로 신석기문화가 문명 단계로 접어드는 상황은 다른 양상을 보인다는 것이다. 현재까지 발견된 고고학자료에 의하는 한, 신석기문화의 최종 단계에 들어서면서 황하 중하류에서 다른 지역에서는 찾아볼 수 없는 선진적 청동기 문명이 탄생한 것도 명백한 사실이다. 예컨대 장강 하류의 양저(良渚)문화는 황하 중하류 지역의 신석기문화보다 훨씬 발달된 사회조직을 갖추고 있었다. 그들은 오래전부터 쌀을 생산하고 있었고, 이들의 제사 조직과 각종 옥기 또한 다른 곳에서 예를 찾기 힘들 정도로 발전된 모습이었다. 최근에는 전체 길이가 7킬로미터에 달하는 성벽과, 인공 축조된 제사유적인 막각산(莫角山)이 발견되기도 했다.[4] 그러나 양저문화는 더 이상 청동기 문명 단계로 이어지지 못하고 급격히 쇠락하고 말았다. 흥미로운 것은 양저문화만이 아니라, 황하 중류 지역을 제외한 거의 모든 신석기문화가 기원전 2000년을 전후한 시점에 쇠락했다는 것인데, 지금까지는 이 시기를 전후한 기후변동이 주요 원인으로 꼽히고 있다. 반면 황하 중류 지역에서는 이러한 기후 변동을 견뎌내고 나아가 서방을 비롯한 주변의 문화적 요

---

3. 김병준, 〈長江文明의 재검토〉,《중국학보》51, 2005에서는 '장강문명'이라는 개념이 성립하기 위해서는 장강 주변 유적의 지속성, 장강의 여러 지역을 관통하는 문화적 공유성 등의 문제가 보완되어야 한다고 지적한 바 있다.
4. 浙江省文物考古研究所, 〈余杭莫角山遺址1992-1993年的發掘〉,《文物》2001-12; 張立・劉樹人, 〈浙江余杭市瓶窯・良渚地區遺址的遙感地學分析〉,《考古》2002-2.

소들을 흡수하면서 청동기 문명 단계로 이어졌다. 다시 말해 다양한 신석기문화가 결국 청동기 문명 단계로 이어지는 단계에서 황하 중하류를 중심으로 재편되었다는 사실도 간과해서는 안 된다는 것이다.

이상과 같은 학계의 연구경향이 교과서에 어떻게 반영되었는지 살펴보자. 일단 항목 구성을 보면 중국문명이라는 상위 항목을 설정하고 있고, 이는 이집트 문명, 메소포타미아 문명(양자를 합하여 오리엔트 문명), 인도 문명과 함께 사용되고 있다.[5] 그런데 '중국문명의 성립'이라는 상위 항목을 둔 경우는 예외 없이 그 하위 항목에 황하문명을 두어, 황하문명이 곧 중국문명의 성립이라는 도식을 설정한다. 20세기에 출판된 교과서에서 이러한 경향이 두드러지지만,[6] 21세기 이후의 교과서도 이런 경향이 지속되는 경우가 많다.[7] 2000년 이전의 서술에

5. 2000년대 이전 모든 교과서와 2000년대 이후의 대부분 교과서에서 이를 채용하고 있고, 《세계사》(2012b)만 동아시아 문명권, 인도 문명권, 서아시아 문명권이라고 항목을 분류하고 있다.

6. 표현이 조금씩 다르기는 하다. 《세계사》(1984)는 "중국문명은 황하 유역에서 일어났다. 기원전 5000년경부터 신석기문화가 발달하였는데 …… 기원전 2000년경 중국 문명은 산둥, 허난, 산시 지방은 물론 멀리 요동 지방과 양자 강 유역까지 확산되었다."고 되어 있고, 《세계사》(1985)에서는 "중국 문명은 기원전 3000년경에 황하의 위수 분지에서 시작되었다."고 한 뒤 "기원전 2000년경 중국의 신석기 후기 문화는 흑색 토기를 특색으로 하는 룽산 문화이며, 이 흑도는 산둥, 허난, 산시 등 넓은 지역에 본포되어 있고, 특히 산둥반도의 룽산이 대표적 유적지로 알려져 있다."고 되어 있다.

7. 최신 《세계사》(2012a)도 기원전 6000년에서 기원전 5000년경에 시작한 황하 문명을 중국 문명의 대표적 문명으로 간주하고, 그 까닭을 비옥하고 무른 황토에서 구하고 있다. "비슷한 시기에 양쯔 강 유역에서도 벼농사를 짓는 농경문화가 생겨났다."고 하여 황하 이외의 지역에서의 신석기문화를 상정하고는 있지만, '다원적 신석기문화'를 설명하고 있다는 생각은 들지 않는다. 《세계사》(2012c) 역시 "중국에서는 기원전 6000년에서 5000년경 사이에 황하 유역에서 신석기시대가 시작되었다"고 한 뒤 "이후 황하 일대를 비롯하여 만주 서부와 창장 강 유역 등에서 신석기시대가 발달하였다."고 하였다.

비해 타 지역에서의 신석기문화를 약간 부각시키고 있기는 하지만 황하 문명을 중국문명의 시작으로 보고, 또 대표적 신석기문화로 간주한 것은 그 이전과 크게 다르지 않다.

일부 세계사교과서에 신석기문화의 다양성을 반영하는 기술이 간단하게 나타나지만,[8] 동아시아사 교과서가 최근의 입장을 잘 반영하고 있다. 그런데 두 종류의 동아시아사 교과서가 모두 여러 지역에서 신석기문화가 동시다발적으로 나타났다는 점을 명기하고 있지만,[9] 다양한 신석기문화가 결국 최종 단계에서 이르러 대부분 쇠락하고 황하 중류 지역에서 선진적 청동기 문명이 선도적인 역할을 했다는 것을 언급하지 않고 있다. 신석기문화의 초중기 단계 동아시아의 다원성이 강조된 점은 평가되어야 하지만, 다음 시기로의 전개 과정에 대한 학계의 연구성과가 반영되지 않았다는 문제를 지적할 수 있다.

한편 대부분 교과서에서는 '중국문명'이라는 용어가 그대로 사용되고 있다. '동아시아문명'을 사용하는 경우는 '중국문명'이라는 용어의 문제점을 의식했던 결과이겠지만 그럴 경우 오늘날의 중국을 벗어난 지역, 즉 한반도와 일본, 베트남에서의 신석기문화를 같은 수준으로 설정하게 된다는 문제가 남는다.

---

8. 《세계사》(1997)은 "기원전 6000~5000년경부터 오늘날 중국 본토의 거의 전 지역에서 동시 다발적으로 신석기문화의 단계로 진입하였다."고 하고 그중의 황하 문명은 황하의 중하류 유역의 황토 지대를 중심으로 해서 탄생하게 되었다고 서술하였다. 《세계사》(2012b)는 신석기문화의 시작을 기원전 8000~6000년경으로 잡고 "동아시아 각지에서 다양한 신석기가 발달했다"는 점을 강조하고 있는데, 황하 이외에 양쯔 강 유역과 랴오허 유역에서의 신석기문화를 그 예로 들고 있다.

9. 《동아시아》(천재교육)는 구체적으로 어떤 측면에서 다른 모습이 나타났는지를 명시하고 있는 반면,《동아시아》(교학사)는 간단한 언급에 그치고 있다.

2) 하 왕조의 존재

일찌감치 갑골문과 은허의 발굴로 인해 그 실재를 인정받은 상(商)
과는 달리, 하(夏) 왕조의 실재에 대해서는 오랫동안 논의가 끊이지 않
았다. 일찍이 사마천은 그때까지 남아 있는 여러 기록을 참조하고 분
석한 결과 육예(六藝)를 가장 신뢰할 만한 자료로 판단하였고, 이에 근
거하여 하(夏) 왕조의 실재를 의심하지 않았다. 더 거슬러 올라가 서주
시대로 편년되는 청동기 명문에서도 하 왕조를 창시한 우(禹)의 치수
(治水)에 대해 언급하고 있는 것을 보면, 하 왕조와 우에 대한 전승은
의외로 빠르다고 해야 할 것 같다.

그러나 후대인들의 기억과 실제로 하 왕조가 존재했느냐는 별개의
문제이다.[10] 지금도 갑골문에 '상(商)' 자가 출현함으로써 상의 존재가
확실히 해결된 것처럼, 하의 실재를 증명하기 위해서는 하로 읽혀지
는 문자가 발견되어야 한다는 매우 엄격한 잣대를 대는 연구자들이 있
다. 이런 입장에 설 경우 아직까지 하의 실재를 인정할 수 없다. 그러
나 1959년 이래 계속 발굴되고 있는 이리두(二里頭) 유적을 하문화와
연결시키는 시도가 점차 대세를 이루고 있다. 적어도 이리두 문화 전
체는 아닐지라도 그중 초기에 해당되는 문화는 하문화로 보아도 무방
하다는 견해가 학계의 다수를 차지하고 있다. 경우에 따라서는 하문
화 범주 안에 이리두 문화의 초기와 그에 선행하는 용산(龍山)문화 말
기의 도사(陶寺) 유적, 배리강(裴里崗) 유적, 신채(新蔡) 유적을 포함시
키기도 한다. 이들 고고학 유지가 발견되는 지역이 문헌에 전하는 하

---

10. 후술하듯이 하 왕조의 존재가 고고학자료에 의해 확인된다고 해서,《사기》하본
    기의 내용을 사실이라고 할 수 없다는 점에 주의해야 한다. 김병준, 〈국가의 성립
    과 발전〉, 동북아역사재단 편,《동북아시아의 역사》Ⅰ, 2011.

왕조의 위치와 대략 일치하고 있다는 점, 그리고 이 고고학 문화가 국가의 성립을 보여주는 청동기와 도성 등 중요 지표를 내포하고 있다는 점으로 보아 하를 인정해도 좋다는 것이다. 가령 이리두유적에서는 도성을 둘러싼 환호, 판축(版築) 방식으로 건축된 여섯 개의 궁전, 2천여 개의 녹송석(綠松石)이 상감된 용의 모습을 갖춘 지팡이, 작(爵)으로 대표되는 청동예기, 대형 옥기가 발견되었다.[11] 또 이리두 문화보다 앞선 시기에 해당되는 그 주변의 도사 유적에서는 태양의 관측을 통해 한 해의 천체 움직임을 판단하고 나아가 달력을 만들었을 것이라고 추정되는 천체관측 시설이 발견되었다고 보고되기도 했다.[12] 이 추정이 맞다면 이는 농경의 획기적 발전을 가져왔을 뿐 아니라, 공간과 시간에 대한 상당한 지식을 축적한 셈이기도 하다. 요컨대 최근의 활발한 고고학 성과는 20세기까지의 회의적 입장에서 크게 벗어나, 하 왕조의 실재를 적극적으로 인정하고 나아가 그 문명의 수준이 상당히 발전되었다는 사실까지 확인시켜주고 있는 것이다.

그런데 세계사교과서의 서술을 보면, 아예 하를 언급하지 않거나 언급하더라도 문헌상의 기록일 뿐이라는 기술에 그친다.[13] 오로지 한 교과서만 하 왕조에 해당하는 고고학 유적을 언급하였다.[14] 동아시아사

---

11. 杜金鵬 · 許宏 編,《偃師二里頭遺址研究》, 科學出版社, 2005.

12. 解希恭 編,《臨汾陶寺遺跡研究》, 科學出版社, 2006.

13. 《세계사》(1984)와 《세계사》(1985)의 경우에는 아예 하를 언급하지도 않고, 2012a 는 "문헌에 전하는 최초의 왕조이나 유물이나 유적지가 명확하게 드러나지 않는다."고 하는가 하면 《세계사》(2012b)와 《세계사》(2012c)는 중국 기록상의 최초 왕조라는 점만을 기술하고 있다.

14. 《세계사》(1997)에서는 "기원전 2100년경부터 하 왕조로 추측되는 문명이 발견되었으며 이는 非殷문화일 것이다."라는 좀 더 구체적인 서술이 확인된다. 그 내용과 표현으로 보아 이 부분은 그 당시 출간된 《강좌 중국사》(1989)의 하 왕조 관련 부분을 적극적으로 수용한 결과라고 판단된다.

교과서도 고고학 증거를 언급하지 않는다는 점에서는 동일하다.[15]

3) 상대의 신정정치와 주변 청동문명

상대[16] 연구는 자료 성격에 따라 크게 갑골문 연구와 고고학자료를 사용한 연구로 나뉜다. 갑골문은 한자의 기원으로 알려져 있지만, 이미 가차(假借)와 같은 형식이 보이는 등 문자가 처음으로 만들어졌던 단계라고는 생각되지 않을 정도로 상당히 발전한 단계로 판단된다. 그 때문에 갑골문 이전으로 소급되는 문자를 찾으려는 노력이 지속적으로 이루어져왔고, 산동성 정공촌(丁公村)에서 발견된 도편에 새겨진 기호에 주목하기도 했다. 아직까지는 갑골문의 전신이라고 할 만한 명백한 자료를 찾지 못한 형편이지만, 한자의 기원을 갑골문으로 고정할 수 없다는 것이 학계의 기본적 입장이다.[17]

한편 갑골문이란 신에게 길흉을 묻는 점복 행위를 기록한 것이므로 다량의 갑골문이 발견되었다는 것 자체가 점복행위가 빈번하게 이뤄지는 상대의 주술적 정치를 의미하는 것이다. 또 갑골문에 기록된 점

---

15. 《동아시아》(천재교육)는 황하를 중심으로 한 초기국가 성립을 언급하지만, 하 왕조는 전설의 영역으로 처리한다. 《동아시아》(교학사)도 하를 《사기》의 기록일 뿐이라고 하고, 그 고고학적 증거를 언급하지 않는다.

16. 하를 멸망시키고 황하 중하류를 차지했던 왕조는 상(商)이다. 다만 오랫동안 상(商) 대신 은(殷)이라고 불러왔는데, 은(殷)은 그 왕조의 자칭이 아니라 다음 왕조인 주(周)가 이전 왕조의 마지막 수도 이름을 빌어 불렀던 이름이다. 다만 《사기》에 은본기(殷本紀)라고 지칭하면서 상 대신 은이라고 불러왔다. 그러나 최근 학계에서는 다시 해당 왕조의 자칭이었던 상으로 부르는 것이 일반적이다. 교과서에서도 1980년대까지는 은이라고 칭하였고, 1990년대에는 은과 상을 병칭하였으며, 2000년대에는 모두 상이라고 칭하고 있다.

17. 阿辻哲次, 《漢字文化の源流》, ちくま學藝文庫, 2009.

복 내용 중에는 최고의 신인 제(帝)를 비롯한 자연신, 조상신에 대해 어떤 종류의 제사를 어떤 규모로 올려야 하는가가 집중적으로 언급되어 있으므로, 이를 통해 상대에 거행되었던 제사의 빈도와 그 제사에 소요되는 희생의 규모를 추정할 수 있다. 그런데 엄청난 양이 소모되는 제사 희생물을 확보하기 위해서는 상의 정치적 중심지를 벗어나 그 물자가 생산되는 먼 곳까지 영향력을 넓혀야 했었다. 즉 제사 체계를 유지하기 위해 희생물의 생산지와 제사 중심지 사이의 수급체계가 갖추어지게 되었다는 것, 그리고 그 과정에서 행정적 장치들이 고안되었을 것이라는 가능성이 제기되었다.[18] 주술적 신권정치가 제도와 행정 체계로 전환되는 과정을 확인할 수 있을 뿐 아니라, 정치적 영향력의 범위가 점차 넓어진다는 점에서 고대사의 중요한 전환점이라고 할 수 있다.

이렇게 제사체계를 유지하기 위해 절대적으로 필요한 각종 물자를 획득하려고 상의 중심지에서 점차 바깥으로 영향력의 범위를 확대해 갔다는 사실은 고고학자료에 의해 더욱 분명하게 뒷받침되었다. 예컨대 상대의 청동기의 성분을 분석해보면 그 청동기의 원료를 어디에서 어떻게 구입하는지 알 수 있는데, 초기 청동기의 재료가 대부분 상의 중심지에서 확보되었으나 중기 이후가 되면 중심지 바깥에서 획득한 정황을 파악할 수 있다. 즉 청동기 원료 중의 하나인 납 성분이 장강 중상류 지역의 광산에서만 채굴할 수 있는 것이었다는 것인데, 비슷한 시기에 장강 중상류 지역에 상의 군사거점지인 반룡성이 중심지로부터 멀리 떨어져 갑자기 설치되었다는 사실도 결국 이곳의 납을 구입하

---

18. 이성규, 〈中國古代 抑商政策의 사회적 배경 – 賈와 祭儀의 관계를 중심으로〉, 《고대중국의 이해》 3, 지식산업사, 1997.

기 위한 것으로 풀이된다.[19] 영역 확장을 가져온 원인으로 소금 확보가 지적되기도 한다.[20]

갑골문을 통해서 상대의 친족구조, 그리고 상대 왕과 친족, 주변 연합 부족 및 그 바깥의 방(方) 사이의 정치적 관계에 대한 연구도 심도 있게 진행되었다. 특히 장광직(張光直)의 연구는 연구의 질적인 발전을 가져왔다고 평가된다. 그중 십간(十干)으로 표현된 10개의 친족 집단이 2조로 나뉘어 격세 계승한다는 사실은 은허(殷墟)의 왕묘(王墓)가 이분된다는 고고학적 사실과 연결되어 매우 설득력 있는 학설로 받아들여지고 있다.[21]

한편 1985년 사천성(四川省) 광한시(廣漢市) 삼성퇴(三星堆)에서 다량의 청동기가 발견되었다는 사실은 기존의 상대의 역사는 물론 고고학 설명방식을 근본적으로 뒤흔들어 놓았다. 그동안에도 중국의 각 지역에서 지방의 특색을 담은 청동기가 발견되지 않았던 것은 아니지만, 그저 중원의 영향을 받은 변형에 불과하다고 치부되었을 뿐이다. 그런데 이곳 삼성퇴에서 출토된 다량의 청동기는 일단 조형부터 상 왕조의 청동기와는 본질적으로 다른 것이었다. 상대에 중원의 상 왕조와는 별도의 계통을 갖는 청동기 문명이 사천 지역에 존재했다는 것을 웅변해주고 있는 것이다.[22] 강서성(江西省) 신간(新干) 대양주(大洋州)에서 발견된 청동기도 마찬가지로 그 지역에서 성장한 별도의 청동기

19. 金正耀,〈商代靑銅器高放射成因沿原料的産生問題〉,《中國文物報》, 2003.1.17; 김병준,〈지역문화에서 주변문화로─중국고대 巴蜀文化와 中原文化의 관계〉,《四川文化》2, 2006.

20. Li Liu & Xingcan Chen, *State Formation in Early China, Duckworth*, 2003(심재훈 역,《중국고대국가의 형성》, 학연문화사, 2003).

21. Kwang─Chih Chang, *Shang Civilization*, Yale University Press, 1982(윤내현 역, 《상문명》, 민음사, 1989).

22. 김병준,《中國古代 地域文化와 郡縣支配》, 일조각, 1997.

문명으로 간주해도 좋다.

이상과 같이 상대 연구는 매우 활발하게 진행되고 있는 편이며, 갑골문의 전신으로서의 기호에 대한 관심, 주술적 신권(神權)이 세속적 행정 권력으로 이행해가는 과정, 중심지에서의 왕과 기타 족속 간의 세력 다툼, 세력 범위의 확장과 그 원인 등 그 관심의 범위를 확장해가고 있다.

한편 교과서의 서술은 학계에서의 활발한 연구분위기와 사뭇 다른 느낌이다. 모든 교과서에 "상대의 읍락 간접지배, 계급분화, 신정정치, 조상숭배, 달력 사용, 은허 발굴, 갑골문자, 형제상속에서 부자상속으로, 농업과 목축"이라는 내용이 똑같이 되풀이되고 있다. 20세기 초에 발굴된 은허 발굴이 특기(特記)되었다는 것에서도 알 수 있지만, 형제상속에서 부자상속이라는 이해를 비롯해 계급분화, 신정정치 등 모든 내용은 지금으로부터 100여 년 전의 이해 수준에 그치고 있다. 《세계사》(2012b) 한 곳에서 유일하게 삼성퇴 유적을 언급하며 상 이외에 다른 청동기 문명도 성장하고 있었다는 점을 언급했지만, 나머지 연구결과는 전혀 반영되지 않았다. 신석기문화 부분에서 상대적으로 학계의 연구동향을 반영했던 《동아시아사》 교과서가 상 부분에서는 다른 세계사교과서와 동일하거나 더 적은 분량을 할애하고 있을 뿐이다.

4) 주의 봉건제

20세기 초 왕국유(王國維)는 은주혁명론(殷周革命論)을 제창했다. 그 내용은 상과 주의 근본적인 차이를 강조한 것이었다. 사실 그의 주장은 사마천의 《사기》에 기초한 것이었다. 과연 사마천이 지적한 대로 상을 '경(敬)·귀(鬼)', 즉 신정(神政) 정치로 단정하고, 주를 상과는 상이한 '문(文)·사(僿)', 즉 법제와 행정의 정치로 규정할 수 있을까. 갑골문과 청동기를 통해 복원한 상대의 모습은 제사가 중심이었음에 틀림없고, 금문과 전래문헌을 통해 드러난 주의 모습도 제도와 행정이 두드러졌다. 그러나 이는 분석 자료가 갖고 있는 성격이 근본적으로 다르다는 데에서 비롯되었을 수도 있다. 갑골문이 점복의 결과를 기록한 것이고, 청동기도 제사를 거행할 때 사용한 것인 반면, 금문은 왕이 제후를 봉건할 때나 기타 계약이 이루어질 때 그 내용을 오랫동안 기억하기 위해 기록한 것이기 때문이다. 전래문헌도 행정체계가 발달한 후대의 윤색을 피할 수 없었다. 그러므로 갑골문과 청동기를 통해 얻어낸 상대의 모습은 제사가 중심이 될 수밖에 없고, 금문과 전래문헌으로 추정한 주대의 모습 또한 행정적 측면이 강조될 수밖에 없었다. 사실 상대에도 봉건이 행해지고, 주대에도 제사는 지속되었다. 이상과 같은 사료비판에 근거하여, 상과 주의 차이를 지나치게 과장하기보다는 양자의 연속성에 주목하는 연구가 등장하게 되었다.

그리하여 주대의 가장 특징적인 정치제도로 알려져 있는 봉건제의 문제가 금문을 중심으로 다시금 자세히 분석되었다. 금문에서는 문헌에 기록되어 있는 것과 같이 왕과 제후, 제후와 가신 사이의 봉건적 관계가 중요한 정치적 기제로 나타난다. 또 이러한 봉건적 관계에 의해 상에 비해 넓게 분포된 지역의 정치세력을 주 왕조하에 통합시킬 수 있었다는 점도 확인할 수 있다. 그러나 이 봉건적 관계는 문헌에서 나타나듯 주 왕조가 영유하고 있는 토지와 인민의 일부를 제후에게 사여하고 제후는 그 대신 주 왕조에게 군사적·경제적 공납을 바친다는 전형적인 형태와는 다르다. 주 왕조의 토지를 제후에게 사여한 것이 아니라 제후에게 특정 지역의 점령과 통치를 단지 위임한 것에 불과한 것이다. 다만 초기 정착을 위한 약간의 군사와 인민이 주어졌던 것이다. 이렇게 이해할 경우 주의 봉건제는 상의 지배형태와 격절된 새로운 제도가 아닌 것으로서 파악된다. 즉 중심지와 멀리 떨어져 있는 군사거점지의 연결로 이해되는 상의 지배형태를 계승, 발전시켰다는 것이다.

봉건제는 일종의 인위적인 인적 관계이며, 이 인적 관계를 다음 세대로 계승시키고 반복함으로써 주 왕조를 지속시키려는 장치로 규정할 수 있다.[23] 이 때문에 일부 연구자들은 주대의 봉건제를 관념적인 제도로 평가절하하기도 한다. 봉건적 관계가 혈연적 종법 관계에 의해 유지되었다는 것도 후대의 이념형에 가까울 뿐, 실제로 적용되었다고 보기 힘들다. 봉건관계를 확인시켜주는 청동기를 주왕실이 아니라 각 제후국에서 자체적으로 제작하였다는 사실도 밝혀졌지만, 이것도 주왕실과 제후의 관계가 수직적인 종법적 봉건제라는 기존의 설명 틀 안에서는 쉽게 이해할 수 없는 부분이다. 아울러 봉건이 실시된 곳도 모든 지역을 아우르는 것이 아니었는데, 황하 및 회수, 장강 주변에는 이적 혹은 방(邦)으로 칭해지는 정치세력이 주 왕조와 대결하면서 훨씬 많은 규모로 존재하고 있었다는 사실도 주목해야 한다.[24]

결국 기본적 연구경향은 전래문헌에 적혀져 있는 주 왕조 관련 사실을 1차 자료인 금문으로 새롭게 점검하는 것이며, 그 과정에서 전래문헌에 포함된 유가적 윤색이 분명하게 밝혀졌다. 주지하듯이 유가는 주대를 가장 이상적인 시대로 규정하였기 때문에, 주대를 이상화하려는 의도가 문헌에 반영될 수밖에 없었다. 대표적인 사례가 정전제(井田制)인데, 맹자에 기록된 정전제는 그 규정대로 주대에 실시된 것이

---

23. 松井嘉德, 〈周の國制 - 封建制と官制を中心として〉, 松丸道雄 等編, 《殷周秦漢時代史の基本問題》, 汲古書院, 2001.

24. 김정렬, 《서주 국가의 지역정치체 통합 연구》, 서경문화사, 2012.

아니라, 주대에 존재했던 공전(公田)을 이상화한 형태이다. 또 '막비왕토(莫非王土)'라는 전제 위에 주왕이 각 지역에 제후를 봉건했다고 기록한 것이나, 주에 적대하는 정치세력의 규모를 최소화해서 기록한 것도 유가의 이상화 작업에 근거한 것이라고 판단된다. 《주례(周禮)》에 기재된 주대의 관료제 역시 많은 연구의 대상이 되었는데, 《주례》에 기재된 관명이 금문에서 확인되었던 것은 사실이지만 주대의 관료기구는 통치의 종속적 지위를 담당하는 데 그쳤을 뿐이라는 점도 밝혀졌다.[25]

그런데 주대와 관련한 교과서 기술은 이러한 연구경향을 전혀 고려하지 않은 오래전의 상식이 반복되고 있을 뿐이다. 상대와 관련해서는 한두 세계사교과서에서 약간이나마 최근 연구동향이 소개되기도 했지만, 주대 부분은 1980년대부터 2012년까지 서술 항목이 전혀 변함없이 똑같은 내용으로 채워져 있다. 종법적 봉건제도, 천명사상, 덕치주의, 촌락공동체가 그것이다.[26] 동아시아사는 주대에 대해서는 세계사교과서보다도 적은 분량을 할애하고 있고, 그 내용도 역시 봉건제와 천명사상을 언급하는 데 그친다.

서술 내용은 각 개념에 대한 가장 기본적인 정의에 그치고 있을 뿐이다. 짧은 분량밖에 할애할 수 없는 상황을 충분히 감안하더라도, 그 내용은 그동안 학계에서 오랫동안 축적해 온 연구성과와는 너무 동떨어져 있다. 위에서 설명한 대로, 학계의 기본 연구경향이 전래문헌에

---

25. 吉本道雄, 《周代國制の研究》, 汲古書院, 2002.

26. 《세계사》(1984)는 주대를 종법적 봉건제도, 천명사상과 덕치주의라고 간단히 개괄하고 있고, 《세계사》(1985)도 종법적 봉건제도, 천명사상을 언급할 뿐이며, 《세계사》(1997) 역시 봉건제와 천명사상, 덕치주의를 설명하고 여기에 평민의 사회공동체의 존재를 추가하는 정도이다. 《세계사》(2012a)는 천명사상과 봉건제에 정전제에 대한 설명이 덧붙여져 있다. 《세계사》(2012b) 역시 봉건제, 종법제, 천명사상을 설명하고 있으며, 《세계사》(2012c)도 봉건제와 천명사상, 덕치주의가 전부이고, 《세계사》(2012d) 역시 봉건제, 천명사상, 덕치주의, 촌락공동체의 설명뿐이다.

기술된 내용을 1차 자료인 금문에 의해 다시금 점검하여 그 사료적 한계를 지적하는 것인데 정작 교과서에는 수십 년간의 연구경향이 전혀 반영되지 않았던 것이다. 봉건제가 상대와는 질적으로 다른 제도적 장치인 것처럼, 또 정전제를 설명하면서 마치 실시된 것처럼 서술하는 것은 학계의 연구성과와는 정반대의 방향이기까지 하다.

5) 전국시대 개혁

춘추전국시대는 전근대 중국사의 소위 3대 변혁기 중 하나로 알려져 있다. 하상주로 이어져 온 초기국가의 모습이 크게 바뀌어가는 격변기인 만큼, 연구방향 역시 변혁의 내용과 원인에 집중되었다. 그 주요 내용은 주대까지 초기 국가를 지탱해온 질서, 예컨대 주술적 권력, 씨족제적 공동체 질서에 입각한 읍제국가(邑制國家), 왕과 제후 사이의 봉건 질서, 그리고 그 상징적 존재로서의 왕권 등이 무너지고 판이하게 다른 새로운 질서로 대체되어가는 과정이었다. 그러나 변혁기라는 성격상, 기존의 특징과 새로운 특징이 공존할 수밖에 없다는 점 때문에 전국시대는 항상 과도기적 시기로 규정되곤 했다. 더욱이 춘추전국시대를 마감하고 전국을 통일한 진한제국을 하나의 완성체로 보게 되는 경향, 그리고 춘추전국시대에 격렬한 전쟁이 끊임없이 연속되며 정치적으로도 매우 혼란한 시기였다는 점이 작용하였기 때문에, 전국시기는 진한제국이라는 통합적 완성태로 가는 과정으로 이해되곤 했다. 그런데 이러한 연구경향이 20세기 후반에 들어서서 큰 전환점을 맞이했다. 이제 전국시대 자체를 중앙집권적 군주지배체제가 제도상으로 완비된 시기이며, 진한제국 이후는 오히려 제국의 규모가 급격하게 팽창하게 됨에 따라 이러한 지배체제가 현실과의 조정 국면에 들어가는 과정으로 볼 수 있게 되었다.

　사실 이러한 연구방향의 질적인 전환이 가능해진 것은 출토 문자자료 때문이었다. 1975년 발견된 운몽수호지(雲夢睡虎地)에서 출토된 진간(秦簡)이 대표적이다. 이 진간에는 전국시대 말 진(秦)의 법률이 다량 포함되어 있는데, 이 진률을 통해 전국시대 각국이 지향했던 변혁의 목표가 제민지배체제(齊民支配體制)였음이 밝혀졌다. 이를 간단히 설명하면, 군주가 정치적·사회적·경제적으로 균질(均質)한 제민(齊民)을 권력의 기반으로 창출하고 이들을 효과적으로 지배하기 위하여 일련의 이념적·제도적 장치와 그 운영 방법을 고안해내었는데, 이러한 체제를 총합하여 제민지배체제라고 부른다. 구체적인 분석 과정에서, 그동안 토지 사유제가 실시된 것처럼 이해했던 것을 수정하여 당시 토지의 국유를 전제로 한 전격적인 수전제(授田制)가 실시되고 있었음을 확인할 수 있었다.[27] 이 수전제는 당대(唐代)의 균전제(均田制)의 이념과 연결된다는 점에서 중국사에서의 고대적 지배이념의 전개를 이해하는 데 매우 중요하다. 또 신분 상승의 욕구를 군공작(軍功爵)과 연결시켜 전투력 향상을 꾀하고, 동시에 하급 신분으로의 하강 가능성을 세밀히 규정하여 법질서의 준수를 보장하기도 했다.[28] 부국강병을 위해 국가가 농민의 생산활동에 적극 간여하여 최대한의 생산량을 확보하려고 했다거나, 민간상업을 크게 제약하고 관영 수공업과 상업을 통해 백성의 잉여생산을 국가재정으로 흡수하려고 했다는 것, 그리고 국가가 화폐를 강제적으로 유통시키는 등 국가가 사회·경제 전반에 적극적으로 개입하여 중앙집권적 군주지배체제를 확립하려고

---

27. 이 점은 최근 장가산(張家山)에서 출토된 전한 초기의 율령(二年律令)에서 더욱 분명하게 확인되었다.
28. 이성규, 〈秦의 身分秩序 構造〉, 《東洋史學研究》 23, 1986.

했다는 점이 지적되었다.[29]

이러한 전국시대 진의 개혁이 성공적으로 진행되어 전국시대 다른 여러 나라들에 비해 우월한 지위를 유지할 수 있었고, 이를 바탕으로 전투력도 향상할 수 있었다. 결국 진이 다른 여섯 나라를 멸망시키고 통일을 이룰 수 있었던 배경도 여기에 있었다고 판단된다. 다만 진의 성공 원인으로는 이밖에 진의 외교와 전반적 통일여론도 중요한 역할을 했다. 전국시대 진의 외교는 상세한 정보를 바탕으로 다른 여섯 나라의 이해득실을 동시에 계산하는 고도의 전략을 구사하며 명분보다 냉혹한 현실을 중시하였던 것으로 판단된다.[30] 또 수백 년간 지속되어 온 전쟁에 대한 염증으로 말미암아 사회 전 계층에 통일 여론이 크게 확산된 것도 진의 통일을 촉진하였다.[31]

《사기》를 비롯한 전래문헌이 진의 기록을 중심으로 편찬될 수밖에 없는 까닭에 진 중심의 편향적 역사 서술이 두드러졌던 것이지만, 현재까지 발견된 출토자료도 역시 진이 중심이었다. 그런데 얼마 전부터 진 이외의 지역에서도 많은 자료들이 출토되었다. 그중 대표적인 것이 초간(楚簡)이다. 율령에 해당되는 부분이 매우 적어서 아직은 명확한 초국 지배체제의 청사진이 드러나지 않고 있지만, 행정체제와 사법 관련 기록들이 확인되면서 명칭의 차이는 있지만 기본적으로는 진과 전반적인 개혁의 방향을 같이 하는 것으로 이해되고 있다.

신석기문화의 지역적 차이가 춘추전국시대에 이르기까지 이어져 오면서 각 지역의 문화적 특수성은 여전히 강고했다. 전국시대 7개국

---

29. 이성규, 《中國古代帝國成立史硏究》, 일조각, 1984.
30. 이성규, 〈戰國時代 秦의 外交政策〉, 서울대동양사학연구실 편, 《고대중국의 이해》 2, 지식산업사, 1995.
31. 이성규, 〈戰國時代 統一論의 形成과 그 背景〉, 《東洋史學硏究》 8·9 合輯, 1975.

의 영역은 대체적으로 이러한 문화적 구분과 일치한다. 다만 동시에 전국시대의 잦은 전쟁과 빈번한 문화 교류는 이들 사이의 문화적 일체감을 증진시키기도 했는데, 중원의 여러 나라는 물론 진과 초까지 스스로를 화하(華夏)의 후예로 자처했던 것은 그러한 결과라고 할 수 있다.[32]

　반면 세계사교과서의 기술은 이러한 연구경향과는 전혀 상관없이 아주 오래된 지식을 반복하고 있을 뿐이다. 모두 서주시대까지의 씨족적 결합이 분해되고 그로 인해 소가족 중심의 소농경제와 가부장권이 촉진되고, 철기 사용으로 인해 생산력이 발전하였으며, 상업과 화폐경제가 발전하고 대상인이 성장했다는 내용을 언급하고 있을 뿐이다.[33] 이러한 내용은 20세기 초반 유물사관에 의해 중국사의 사회발전단계를 구분하려는 경향이 유행했을 때 매우 적은 문헌자료에 기초해

32. 平勢隆郎, 《〈史記〉二二00年の虛實—年代矛盾の謎と隱された正統觀》, 講談社, 2000.

33. 《세계사》(1985)에서는 씨족적 결합 분해, 가부장권 촉진과 경제적 측면으로 잉여농산물의 발생, 상업발달, 화폐 경제체제, 상업도시, 대상인 자본을 언급하고, 《세계사》(1997)에서는 도시국가에서 영토국가, 군현제, 관료제, 전쟁 개념의 변화, 그리고 경제적 측면으로 철기 사용과 생산 증가, 화폐경제, 대도시와 대상인, 대토지 경영 가능이 기록되어 있다. 2012년도의 세계사교과서도 기본적으로 동일하다. 《세계사》(2012a)에서는 서주와 동주의 개념, 춘추5패, 존왕양이, 철기사용, 소농경영, 정전제 붕괴, 사전(私田)의 소유 그리고 여기에 변법 시행으로 소농민의 군대동원과 직접 세금징수가 가능해졌다는 부분이 추가되었다. 《세계사》(2012b)에서는 철기보급, 우경 보급, 농업생산력 향상, 상업발달, 수공업, 전쟁방식 변화, 군현제 실시가, 《세계사》(2012c)에서는 영토국가로, 군현제, 주문화의 확장, 철기 사용, 우경보급, 생산량 증가, 대도시와 상인 출현, 화폐 경제, 소농경제, 전쟁방식의 변화가, 《세계사》(2012d)에서는 영토국가, 존왕양이, 패자, 철제농구, 생산력 향상, 대토지, 상업발달, 화폐 유통, 전쟁확대, 중앙집권적 관료제와 제도, 문화권의 확대가 언급되었다. 동아시아사 교과서 중 《동아시아》(교학사)는 부국강병, 우경과 철기 사용, 생산력 증가, 전쟁의 격화, 상업의 발달을 언급한다는 점에서 세계사교과서와 다를 바 없다. 《동아시아》(천재교육)에서는 하극상과 전쟁의 시대로 규정하고 전국시대 군주권 강화를 위해 각국의 개혁을 언급했다는 점이 추가되어 있다.

서 주장했던 내용에서 크게 벗어나지 않는다. 상술한 바와 같이, 역사학계에서는 새롭게 발견된 문자자료에 의해 그 어느 시기보다 활발한 연구가 진행되어 전국시대의 전체 성격을 둘러싼 진지한 논의가 진행되었지만, 정작 교과서에는 한 세기 전 논의를 답습하고 있는 것이다. 단지 오래전의 주장을 적었다는 것이 아니라, 그러한 주장이 잘못되었다는 연구결과와는 정반대로 기술하고 있는 셈이다. 예컨대 교과서에서는 생산력의 발전으로 인한 사유제의 발달, 민간 상업의 발전, 대상인의 성장을 기술하고 있지만, 학계에서는 새로운 자료에 근거하여 이러한 민간 상업을 최대한 억제하고 국가에 의해 주도되는 관영 산업이 위주였음을 증명했다는 것이다. 크게 보면 학계에서는 그러한 요소가 정비되어 군주 중심의 중앙집권체제가 완비된 시기로 재규정하고 있음에도 불구하고, 교과서는 여전히 전국시대를 새로운 요소가 서서히 나타나는 과도기로서 이해할 뿐이다.

6) 제자백가

춘추전국시대 제자백가에 대한 연구 역시 최근 학계의 집중적인 주목을 받고 있는 부분이다. 그중 기존 텍스트를 대상으로 한 각 사상 유파별 혹은 사상가별 특징에 대한 철학적 연구는 줄곧 지속되어 왔지만, 철학적 접근이라는 성격상 근본적인 시각의 변화를 가져왔다고 보기는 어렵다. 하지만 제자백가의 사상적 분류에 대한 근본적인 질문이 제기되었는데, 제자백가의 전통적 분류방식이 전한 시기 사마담(司馬談)과 유향(劉向)에 의한 것이었으며 사상가의 분류가 애매할 뿐 아니라 전국 후기 여러 사상 사이의 교류와 융합 현상이 두드러진다는 점에서 그 타당성 여부를 다시 검토할 필요가 있다는 것이다.

이러한 지적이 설득력을 갖게 된 것은 역시 새로운 자료가 출토되었기 때문이다. 초(楚)지역에서 출토된 곽점초간(郭店楚簡)과 상해박물관(上海博物館) 소장 초간 및 청화대학교(靑華大學校) 소장 간독 등 사상사 관련 간독들이 쏟아지고 있으며, 이러한 간독들은 기존의 사상사를 다시 쓰게끔 하고 있다.[34] 이 중 곽점초간은 공자와 맹자 사이에 해당되는 자사학파(子思學派)의 저작으로 판정되었으며, 유가사상과 도가사상이 함께 출토되어 전통적 분류와는 달리 유가와 도가의 결합 양상을 보여주기도 한다. 또 함께 출토된 《노자》 텍스트도 현전 《노자》와는 약간의 차이가 발견되는데, 당시의 텍스트에 따르면 《노자》 사상이 유가 사상과 양립할 수 있었다. 상해박물관 소장 초간이나 청화대학교 소장 간독에도 현전하는 유가 문헌의 일부가 포함되어 있는데, 이 자료에 대한 분석을 통해 현전하는 문헌의 성립 과정을 추적하는 연구도 주목된다.

새로운 출토자료 연구는 이처럼 텍스트 자체의 변동을 가져온 만큼 사상이 성립되어 여러 지식인들에게 유전되고 정립되어가는 과정, 이른바 역사적 전개에 주목한다. 또한 자연스럽게 그러한 변동을 가져온 역사적 배경에 대한 연구도 중요한 경향의 하나이다.

한편 개별적인 사상을 넘어서 제자백가 전체를 역사적으로 총합하는 연구도 적지 않다. 전국시대 사상가가 새로운 전국시대의 질서를 배경으로 성장하고, 그 과정에서 인간 중심의 합리적 측면을 강조하였는가 하면, 동시에 그 이전 시기의 유산으로서의 주술적 사유가 이러한 합리적 사유 체계 속에 잔존하면서 어떻게 기능했는지를 살펴봄으로써 제자백가의 균형 잡힌 이해에 접근하기도 했다.

한편 세계사교과서에는 대부분 각 사상의 유파별 혹은 사상가별에

---

34. 淺野裕一 編,《古代思想史と郭店楚簡》, 汲古書院, 2005.

따른 간단한 소개에 머무른다. 일부 교과서에서 개인의 능력에 따른 인재 등용이라는 점이 언급되기도 하지만,[35] 대부분은 개별 사상에 대한 철학적 특징이 언급될 뿐이다. 그러나 새로운 자료가 추가되면서 제자백가의 전통적 분류보다 각 사상 간의 영향과 융합이라는 점이 중요하며 아울러 그러한 변화를 가져오는 전국시대의 사회적 배경을 설명한 학계의 연구성과는 전혀 반영이 되어 있지 않다. 역사교과서에서 사회교과서의 내용을 간추려 정리했다고 보아도 좋을 정도이다.

3. 교과서의 서술 원칙 분석

20세기 중반 이래 축적되어온 중국고대사 관련 학계의 연구성과는 놀라울 정도로 교과서 서술에 반영되지 않았다. 상당 부분은 현재 역사학계에서 인정하고 있는 내용과 정반대의 서술을 계속 고집하기까지 한다. 이렇게 수십 년 전의 오래된 상식이 교과서에 그대로 답습되어 왔다. 본고에서 살핀 것만 보더라도 1980년대 이래 2012년 교과서에 이르기까지 내용상의 변화는 거의 없다. 2012년부터 새롭게 채택된 동아시아사 교과서는 적어도 중국고대사와 관련하여 기존의 세계사교과서에 비해 훨씬 많은 지면을 할 수 있고, 또 기존의 편집 체계를 벗어나 비교적 자유롭게 서술할 수 있음에도 불구하고, 최근 경향을 약간 언급하는 것을 제외하곤 여전히 연구성과가 반영되지 않았다. 지나칠 정도로 학계의 연구성과를 무시한 교과서 서술이 이토록 오랫동안 변하지 않은 까닭은 어디서 비롯된 것일까.

---

35. 《세계사》(2012b), 《세계사》(2012c)에는 부국강병을 위한 인재 등용, 능력에 의한 출세라는 시대배경이 일부 언급되어 있다.

1) 역사적 사실과 담론

지나간 과거의 팩트[史實]가 변할 수는 없다. 교과서에서 수십 년 간 서술 내용이 바뀌지 않았다면 그것은 아마 교과서를 집필했던 저자들이 자신들이 기술한 내용의 상당 부분을 역사적 팩트라고 생각했기 때문인 것 같다. 한걸음 물러나, 교과서 기술 내용이 모두 역사적 사실이라고는 생각하지 않아도, 적어도 이 정도의 해석은 아무리 시간이 지나가도 변하지 않을 것이라고 생각했던 것 같다.

여기서 역사에서 과연 움직일 수 없는 역사적 사실이 본질적으로 존재할 수 있는지 여부를 일일이 따질 여유는 없다. 하지만 만약 세계사 교과서 저자들이 그들이 적은 내용을 역사적 팩트라고 믿었다면 그것은 매우 섣부른 판단이다. 가령 20세기 중반까지만 해도 황하 중하류를 중심으로 하여 신석기문화가 발생했고 그것이 단선적으로 중국의 초기국가로 이어졌다는 사실은 누구도 부정하지 못하는 역사적 사실이었다. 그러나 20세기 후반 고고학자료가 증가하면서 이제는 학계에서 어느 누구도 이를 역사적 사실로 인정하지 않는다. 과거의 역사적 사실이 중원 중심적 사고에서 비롯된 편향된 지식이었다면서 과거의 인식을 부정하고 있다. 얼마 전까지만 해도 하 왕조를 인정하지 않았던 외국의 학계에서도 이제 이리두 문화를 그 하 왕조의 문화로 보는 데 주저하지 않는다. 과거에는 서주의 봉건제가 '막비왕토(莫非王土)'를 전제로 주왕이 실제로 주왕의 토지를 사여한다는 것을 어느 누구도 의심하지 않았지만, 이제는 서주의 봉건제가 관념적인 인적 관계의 성격이 강하다고 이해한다. 더 이상 역사적 팩트, 즉 사실(史實)이라고 할 수 없다.

또 시대에 따라 역사를 바라보는 입장이 달라지며, 따라서 현재의 시각으로 보면 과거의 사실이 무의미해지는 경우가 많다. 서주의 봉건제가 서양의 봉건제와 다르다는 사실은 20세기 초 동양의 역사를 서양의 역사 체계 속에 맞추려는 연구경향에서는 중요한 결론이지만, 이제는 더 이상 의미 있는 주장이 되지 못한다. 마찬가지로 1930년대 유물사관에 의거해 중국사를 시대구분하려는 입장에서는 전국시대의 민간 상업의 발전과 화폐경제가 의미를 갖겠지만, 이제 전국시대를 통일 제국으로 이어지는 과정에서 이해해야 할 필요가 더 크다는 입장에서 보자면 민간 상업의 성장보다는 이를 억제하여 관영 상업으로 수렴하려는 국가의 개혁 방향이 더 중요하다. 그럼에도 불구하고 수십 년, 경우에 따라서는 100년 전에 주장된 사실을 변함없이 역사적 사실이라고 믿고 이를 교과서에 기술한다는 것은 대단히 중대한 문제가 아닐 수 없다. 그저 오랫동안 인정해온 설명방식을 역사적 사실로 오해해서는 안 된다.

2) 학계 연구성과의 신뢰성

또 다른 이유가 있다면, 학계에서 많은 연구성과가 쏟아져 나오지만 그것들이 하나의 정설로 자리 잡기에는 많은 시간이 걸리기 마련인데 아직 국내외 학계에서 정설로 완전히 인정받지 못한 사실을 교과서 내용으로 기록하기에는 적절치 않다는 것일 수도 있다.

사실 학계에서 진행되고 있는 연구 사이에는 끊임없이 논쟁이 이어진다. 기존 연구의 문제를 정확히 짚어내어 이를 명쾌하게 뒤집는 연구가 나와도, 역시 자료가 완전하지 않다거나 또는 논리 전개에 일정한 하자가 발견되는 문제 등이 지적된다. 따라서 학계의 정설로 인정받는 것은 결코 쉬운 일이 아니다. 설령 정설로 인정받았다고 하더라도, 이 또한 조만간 새로운 설명 방식에게 그 자리를 내줘야 한다. 그러나 이러한 논쟁이 이어지는 것 자체가 그 주제가 중요하다는 것을 의미한다.

또 학계의 연구에 대한 불신도 작용한 것 같다. 즉 학계의 많은 연구가 시대 전반을 설명하는 기존의 학설을 그대로 둔 채, 이미 잘 알려져 있는 사실의 사례를 추가하거나 혹은 사람들의 관심에서 벗어난 자잘한 세부사항을 다루는 것이 많기 때문에 굳이 학계의 연구성과에 주목하지 않아도 된다고 생각할 수 있다. 하지만 대다수의 연구자는 언제나 자신의 연구가 어떤 역사적 의미를 갖고 있는지 고민한다. 적어도 기존의 연구성과에 대한 충분한 검토와 그 문제점을 교정하려는 입장에서 시작하기 때문에 매우 세부적이거나 전문적인 연구도 그 근저에는 중요한 역사적 함의를 띠고 있는 경우가 많다.

적어도 고대사의 많은 경우는 새로운 출토자료가 추가되면서 역사적 사실이 새롭게 추가되거나, 기존의 역사적 사실을 완전히 대체하기도 한다. 때로는 새로운 시각의 도입과 사고의 전환을 유도하게 된다. 그리고 그것이 새로운 것인 만큼 많은 연구자들의 집중적인 토론을 거치는 경우가 많다. 고대사의 설명방식의 유효기간은 새로운 자료에 의해 대체될 때까지일 뿐이다.

3) 교과서 집필 기준

교과서를 집필하는 저자의 내적 요인이 아니라, 외적 요인도 생각해 볼 수 있겠다. 주지하듯 교과부는 교과서가 교과서 집필 기준에 근거해 작성될 것을 권장한다. 따라서 집필자의 의도보다는 타율적으로 제약될 수 있다는 것이다. 더구나 지면이 제한될 경우 이러한 집필 기준은 집필자에게 큰 굴레가 된다. 이 점에서 새롭게 시작하는 동아시아사 교과서는 기존의 세계사 서술에 비해 매우 자유로울 수 있지만, 동아시아사 역시 몇 가지 집필 기준을 정함으로써 다른 주제에 대한 부분을 자유롭게 서술하기에 많은 제약을 준다. 그러나 집필 기준이라는 제도 자체를 버릴 수 없어서 교과서의 내용이 집필 기준을 따라 쓰일 수밖에 없다면, 집필 기준을 바꾸어 여기에 학계의 연구성과를 수용하도록 조정할 필요가 있을 것 같다.

4. 맺음말–학계의 연구성과와 역사교육의 방향

움직일 수 없는 객관적 사실이라고 믿고 있는 것 중 많은 것은 수십 년 심지어 백여 년 이전에 갖고 있었던 선입견에서 비롯된 경우가 많다. 더욱이 새로운 자료가 발견되면서 기존의 설명은 크게 뒤바뀌고 있다. 학계에서는 이러한 새로운 자료를 바탕으로 더 정확한 사실을 추구한다. 또 학계의 연구는 해당 시대의 역사적 성격을 어떻게 규정할 것인가를 늘 염두에 두며 진행된다. 학계의 정설이 정해지기 어렵다고 하더라도, 학계의 연구경향만큼은 그 시대 역사를 이해하는 핵심적 부분과 직접적으로 연결되어 있다. 이처럼 학계에서 새로운 자료를 바탕으로 기존의 설명방식을 바꾸었고, 또 연구주제도 이 시대를 살아가는 학자들의 관심이 집중되어 있는 것이라면, 그것이 곧 이 시대의 역사적 사실로 간주되어야 한다. 그러므로 이러한 학계의 연구경향과 성과는 교과서를 통해 학생들에게 전달이 되고 토론 대상이 되어야 한다.

좀 더 나아가면, 학계의 연구결과가 충분한 합의에 도달하지 않았더라도 그 주제와 토론 과정이 역사교육에 반영될 필요가 있다고 생각한다. 가령 동아시아사 교과서에는 조공과 책봉이라는 단원이 포함되어 있다. 이 주제는 세계사교과서에는 보이지 않았던 항목이다. 그런데 조공과 책봉은 니시지마 사다오(西島定生)가 동아시아세계를 지탱하는 정치구조로서 강조했던 것이라서 그 개념의 정당성 여부가 논란거리가 될 수 있다. 더구나 조공과 책봉은 그 자체가 중국을 중심으로 한 체제를 전제로 한 것이기도 하다. 그 때문에 조공책봉체제가 과연 역사상 한중관계를 설명하는 데 이론적 틀이 될 수 있는지에 대해 심도 있는 논의가 진행되고 있는 중이다. 즉 시공간을 초월한 보편적 현상인 조공과 책봉을 역사 개념으로 보기 힘들다거나, 실제 역사적 현실과 괴리되어 있다는 지적이 있는가 하면, 형식상 수직적 개념이지만 내용상 실질적으로 대등한 관계였다고 보는 입장, 오히려 조공과 책봉 관계를 적극적으로 적용해야 한다는 입장까지 큰 편차를 보이고 있다.[36] 따라서 객관적·역사적 사실만을 기록해야 한다거나 학계의 정설이 정립될 때까지는 관련 내용을 서술할 수 없다든가 하는 입장이라면, 조공과 책봉이라는 주제는 교과서에 싣기에 부적합할 것이다. 어쩌면 이런 이유 때문에 세계사 교과과정에서는 제외되었을지 모른다. 그러나 동아시아사 교과서에서 이를 실었던 것은 그것이 최근 전근대 동아시아세계를 둘러싼 한국 학계의 중요한 화두였기 때문이라고 생각한다. 해당 주제의 중요성과 함께 논의의 위험성, 그리고 이를 둘러싼 다양한 학계의 의견이 반영되지 못하는 점은 여전히 아쉬운 점이지만, 학계의 정설로 정립되지 않아도 혹은 주제 자체에 논쟁거리가 있어도 얼마든지 동아시아사처럼 조공과 책봉을 넣어 학계의 성과를 수

---

36. 이익주 외, 《동아시아 국제질서 속의 한중관계사 – 제언과 모색》, 동북아역사재단, 2010.

용할 수 있을 것이다.

이 경우 교과서 집필 기준이 탄력적으로 바뀌지 못한다면 이러한 연구경향 혹은 성과를 담기 어렵기도 하다. 어느 특정한 개인의 입장에 따라 기준이 달라진다면 문제겠지만, 학계의 지향을 담아 집필 기준으로 삼는다면 큰 문제는 없으리라 본다. 집필 기준이 너무 자주 바뀌는 것도 문제겠지만, 일정한 시간 동안 학계의 경향과 성과를 지켜본 이후 이를 집필 기준에 반영할 수만 있다면, 세계사교과서의 기술 또한 자연스럽게 바뀌지 않을까. 설령 학계에서 정리한 역사적 사실이 미래에 또 다른 자료에 의해 수정되더라도 그것이 이 시대에 도달한 최종적 · 역사적 사실인 이상, 교과서에 최대한 반영되어야 하기 때문이다.

교과서의 본문에 학계의 성과를 집약적으로 설명하는 데 어려움이 있는 것도 사실이다. 하지만 이런 문제도 교과서 편집을 적절히 활용하면 해결될 수 있을 것 같다. 이미 교과서에는 심화학습, 사료로 읽기 등 다양한 항목을 개설하여 본문에서 처리할 수 없는 사항을 담을 수 있게 되어 있다. 학계의 경향과 성과 역시 이러한 방식으로 충분히 교과서에 서술할 수 있을 것이라고 생각한다. 사실 이러한 고민은 역사가들이 사서(史書)를 쓰면서 오랫동안 고민했던 문제와 맥을 같이하는 것이기도 하다. 단지 시간에 따른 편년체(編年體)만으로는 부족했기 때문에 기전체(紀傳體), 기사본말체(紀事本末體) 등의 형식이 나왔다면, 교과서에도 편년에 따른 설명 외에 기사본말(記事本末)의 형식 혹은 표(表), 지(志)의 방식을 동원해도 가능하지 않겠는가.

■참고문헌

김병준, 〈長江文明의 재검토〉, 《중국학보》 51, 2005

_____, 〈지역문화에서 주변문화로−중국고대 巴蜀文化와 中原文化의 관계〉, 《四川文化》 2, 2006.

_____, 《中國古代 地域文化와 郡縣支配》, 일조각, 1997.

김정렬, 《서주 국가의 지역정치체 통합 연구》, 서경문화사, 2012.

서울대학교동양사학연구실 편, 《강좌 중국사》 1, 1989.

서울대학교동양사학연구실 편, 《고대중국의 이해》 2·3, 지식산업사, 1995.

이성규, 〈戰國時代 統一論의 形成과 그 背景〉, 《東洋史學研究》 8·9 合輯, 1975.

_____, 〈秦의 身分秩序 構造〉, 《東洋史學研究》 23, 1986.

_____, 《中國古代帝國成立史研究》, 일조각, 1984.

이익주 외, 《동아시아 국제질서 속의 한중관계사−제언과 모색》, 동북아역사재단, 2010.

Kwang-Chih Chang, 윤내현 역, 《상문명》, 민음사, 1989.

Li Liu·Xingcan Chen 공저, 심재훈 역, 《중국고대국가의 형성》, 학연문화사, 2003.

吉本道雄, 《周代國制の研究》, 汲古書院, 2002.

金正耀, 〈商代靑銅器高放射成因沿原料的産生問題〉, 《中國文物報》, 2003.

杜金鵬·許宏 編, 《偃師二里頭遺址研究》, 科學出版社, 2005.

松井嘉德, 〈周の國制−封建制と官制を中心として〉, 松丸道雄 等編, 《殷周秦漢時代史の基本問題》, 汲古書院, 2001.

阿·哲次, 《漢字文化の源流》, ちくま學藝文庫, 2009.

張立·劉樹人, 〈浙江余杭市瓶窯·良渚地區遺址的遙感地學分析〉, 《考古》 2002−2.

浙江省文物考古研究所, 〈余杭莫角山遺址1992-1993年的發掘〉, 《文物》 2001−12

淺野裕一 編, 《古代思想史と郭店楚簡》, 汲古書院, 2005.

平勢隆郎, 《〈史記〉二二〇〇年の虛實−年代矛盾の謎と隱された正統觀》, 講談社, 2000.

解希恭 編, 《臨汾陶寺遺跡研究》, 科學出版社, 2006.

4장

동양근세사 연구의 성과와 역사교육의 방향

– 현행 중학교 역사교과서의 요·금·청 왕조 서술을 중심으로

홍성구

1. 머리말

사실 21세기에 접어들면서 역사학계와 역사교육계 모두 매우 중요한 전환기를 맞이하였다. '역사교육 강화'를 강조하는 사회 분위기가 그 어느 때보다 고조된 것이다. 그 중요한 계기는 역시 중국 정부의 '동북공정' 추진이었다. 여기에 더하여 반복되는 일본의 역사교과서 왜곡과 독도 영유권 주장은 동아시아의 '역사 전쟁'을 더욱 악화시켰다. 이러한 상황에서 정부는 두 차례에 걸쳐 이른 바, '역사교육 강화 방안'[1]을 발표하였고, 이것이 역사학계의 연구경향과 역사교육계에 끼친 영향은 지대하였다.

우선 역사교육의 근간이 되는 역사과 교육과정 개정에 심대한 영향

---

1. '역사교육 강화 방안'(이하 '방안'으로 약칭)은 2005년, 2011년 두 차례 발표되었다. 두 '방안'은 같은 명칭을 사용하고 있으면서도 그 내용과 함의, 그리고 영향은 사뭇 다르게 평가받고 있다. 이에 관해서는 양정현, 〈역사교육 강화 방안, 역사과 교육과정, 자유민주주의〉, 《역사와 교육》 5, 2012를 참고.

을 끼쳤다. 3차 교육과정 이래 중등 교육과정에서 '국사'가 교과로 독립하면서 분리되었던 한국사와 세계사를 2007년 개정 교육과정에서는 중학교과정에서 '역사' 과목으로 통합하여 독립적으로 운영할 수 있게 되었고, 고등학교과정에서는 선택과목으로 '한국문화사', '동아시아사', '세계역사의 이해'가 개설되었다. 2007년 개정 교육과정은 학교급별 계열성까지도 고려한 교육과정으로, '역사교육 강화'의 사회 분위기 속에서 역사학계와 역사교육계의 기대가 일정 부분 반영된 것이었다. 특히 '역사' 과목의 독립과 선택과목 '동아시아사' 개설은 단순한 '과목'의 독립과 신설을 넘어서 역사연구와 교육에서 중요한 의미를 갖는 것이었다.[2]

그리고 그동안의 역사연구의 관행에 대해서 경종을 울리는 의미도 적지 않았다. 지금까지 역사학계의 연구풍토는 한국사, 동양사, 서양사 영역을 엄격하게 분리하여 서로 간섭하지 않는 것이 마치 불문율인 듯 지켜져 왔고, 역사교육에서도 한국사와 세계사의 분리가 당연한 듯이 지속되어온 것이 현실이다. 그리고 동양사, 서양사의 구분도 유럽

---

2. 2007년 개정 교육과정의 개정 과정과 구성의 특징, 개정 논리 등에 관해서는 방지원, 〈새 교육과정 '역사'의 다원적 관점의 역사이해와 검정 중학교 교과서 서술〉, 《역사교육연구》 12, 2010; 양정현, 〈2007, 2011 역사과 교육과정 개정 논리와 계열성〉, 《역사교육》 120, 2011을 참고. 2007년 개정 교육과정은 이후 정권 교체로 인하여 다시 수정되는 운명을 맞았다. 소위 '미래형 교육과정'이라는 이름으로 2009년 총론이 개정되어 2010년 고등학교 11학년 필수과목 '역사'가 폐지되고 선택과목 '한국사'로 대체되었고, 이에 따라 기존의 선택과목 '한국문화사'가 폐지되었고, '세계역사의 이해'는 '세계사'로 과목명이 변경되었다. 또 2011년 '방안'이 발표된 이후 고등학교 선택과목 '한국사'가 필수과목으로 변경되어, 현재 중등 역사과 교육과정은 중학교 '역사', 고등학교 필수과목 '한국사', 선택과목 '동아시아사', '세계사'로 편성되어 있다. 이러한 변화 과정에는 정치적, 사회적 맥락이 내포되어 있지만 이에 관해서는 선행 연구가 있을 뿐 아니라(양정현, 앞의 글, 2011), 본고의 목적에서 벗어나므로 상세히 언급하지 않는다.

중심적인 시각을 벗어나지 못하여 유럽과 비유럽의 구도, 그리고 유럽 및 유럽과 밀접한 관련을 맺고 있는 아메리카와 아프리카 이외의 지역을 '동양'이라는 범주로 포괄하는 관행이 지속되었다. 한국과 지리적 · 문화적 · 역사적으로 더 밀접한 관련을 맺고 있는 유라시아 대륙의 동부 지역, 특히 중국, 일본의 역사와 한국 역사와의 관련성에 대한 배려와 관심은 매우 약했다. 중학교 '역사'와 고등학교 '동아시아사' 과목의 개설은 이러한 역사학계와 역사교육계의 문제를 실천적으로 개선하려는 노력의 일환이라는 점에서 그 의의가 크다.

　다만 노력이 기대를 충족시켰는가는 또 다른 문제이다. 역사교육의 목표는 고정 불변의 유일한 것이 아니라 시대와 사회의 요구에 따라 다양하게 변화할 수 있는 것이고, 가변적이고 다양하게 설정되는 역사교육의 목표를 달성하기 위해서는 그것을 뒷받침할 수 있는 충분한 학문적 성과가 축적되어야만 한다. 하지만 2007년 개정 교육과정에서 신설된 '역사'와 '동아시아사' 과목이 이러한 측면에서 충분한 학문적 성과를 바탕으로 제시된 과목이라고 하기는 어렵다.[3] 아직은 목표가 먼저 제시되고 이에 맞추어 연구가 심화되기를 기대되는 상황인 것이다. 이러한 시점에서 역사학계의 학문적 성과와 역사교육의 연계에 대해 검토하는 작업은 시의적절하고 유의미하다고 생각한다.[4] 이러한

3.　이러한 상황은 '동아시아사'의 경우 특히 두드러지는데, 이를 두고 유용태는 '역사교육이 역사연구를 앞질러 가는 형국'(유용태, 〈한국의 동아시아사 인식과 구성〉, 《역사교육》 107, 2008, 123쪽)이라고 지적하였다. 한국 역사학계의 수준에 대한 뼈아픈 비판이라고 생각한다. 사실 이러한 상황은 정도의 차이는 있을지언정 '동아시아사'에만 국한된 문제는 아니다. 교육과정 개정 당시 추구했던 한국사와 세계사의 통합이라는 '역사' 과목의 취지를 생각할 때, 현재 사용되고 있는 역사교과서도 이를 실현하기에 충분하지 못하다는 점에서는 이러한 지적으로부터 자유롭지 못하다.

4.　2012년 10월 12일 공주대학교에서 개최된 2012년 역사교육 4개 학회(웅진사학회,

작업을 통해서 연구와 교육의 관계를 다시금 되새길 수 있는 기회가 될 뿐 아니라, 역사교육의 방향을 모색하는 가운데 역사연구도 새로운 길을 찾을 수 있는 계기가 되기 때문이다.

일반적으로는 학문적 성과를 바탕으로 교육과정을 편성하고 이를 근간으로 교과서를 편찬하는 것으로 이해되기 쉽다. 하지만 우수한 학문적 성과가 아무리 많이 축적되어 있다고 하더라도 그것이 교육적 요구와 괴리될 수 있고, 교육적 요구가 아무리 이상적이라도 학문적 성과가 그에 미치지 못하는 경우는 얼마든지 있을 수 있다. 다만 교과서는 교육적 요구를 반영할 뿐 아니라 학문적 성과에 근거해야 하고, 거꾸로 학문적 성과가 설령 부족하다고 하더라도 교과서는 교육적 요구에 부합하도록 서술하려는 노력을 게을리할 수 없다. 그러므로 학문적 연구성과와 교육과정, 그리고 교과서 서술의 삼자 관계가 서로 균형을 맞추지 못한다면 교과서는 학문적 근거를 찾을 수 없는 왜곡된 교과서가 되거나 혹은 충분한 교육적 효과를 기대할 수 없는 부실한 교과서가 될 수밖에 없다. 이러한 점에서 역사연구와 역사과 교육과정, 역사과 교과서는 한쪽이 한쪽으로 일방적인 영향을 미치는 관계가 아니라, 톱니바퀴처럼 맞물려 돌아가야 하는 관계, 발이 세 개인 그릇처럼 조화로운 균형을 이루어야만 하는 관계라고 할 수 있다. 따라서 역사학의 학문적 성과가 역사교육에 얼마나 반영되었는가를 검토하기 위해서는 학계의 성과와 교육과정, 교과서를 각각의 논리에 따라 개별적으로 검토하여 서로에게 얼마나 수용되었는가를 검토하는 데 그쳐서는 큰 의미가 없다. 그보다는 그 시대, 그 사회가 역사교육에 대

역사교육연구회, 역사교육학회, 한국역사교육학회) 연합학술대회의 주제는 '현대 한국 역사학의 성과와 역사교육의 방향'이었다. 본고는 이 기획의 일환으로 준비한 원고를 전면적으로 개고(改稿)한 것이다.

해 무엇을 요구하는지 읽어내고, 그것이 역사학계의 학문적 성과와는 어떻게 연계되어 있는지, 그리고 교과서는 앞의 두 요소를 얼마나 조화롭게 반영하면서 교육 목표를 달성하는 데 기여하고 있는지를 검토해야 할 것이다.

이에 본 연구에서는 현재 한국 사회에서 요구하는 역사교육의 목표와 내용 요소에 대한 최소한의 요구가 역사과 교육과정에 반영되었다고 이해하고 이를 바탕으로 역사학계의 학문적 성과와 교과서의 연계성에 대해 분석하고자 한다. 구체적으로는, 현재 중등 교육 현장에서 사용되고 있는, 2010년 검정을 통과한 중학교 역사교과서를 분석 대상으로 삼고, 그 집필의 준거가 되었던 2007년 역사과 개정 교육과정과 집필 기준에 반영된 역사교육의 요구를 중심으로 역사학계의 연구 성과와 이를 반영한 새로운 교과서의 내용을 검토하고자 한다.[5] 그리고 내용 검토의 범위는 필자의 능력의 한계로 인하여 필자가 전공하는 중국의 근세, 그중에서도 정복왕조에 대한 서술로 대상을 제한하기로 한다.

---

5. 본고는 논의 전개의 편의상 우선 2007년 역사과 개정 교육과정의 주요 성과인 중학교 '역사' 과목에 초점을 맞추어 논의를 전개하기로 한다. 그리고 역사과 교육과정에 대한 검토는 중학교 역사교과서의 내용과 직접 관련되는 2007년 개정 교육과정에 따른 사회과 교육과정(교육인적자원부 고시 제2007-79호)의 중학교 '역사' 교육과정(이하 '2007 과정'으로 약칭)을 중심으로 논의를 전개하되, 2007 과정의 특징을 부각시키기 위해 2009년 개정 교육과정에 따른 사회과 교육과정(교육과학기술부 고시 제2011-361호)의 중학교 '역사' 교육과정(이하 '2011 과정'으로 약칭)과의 비교를 시도하였다.

2. 2007, 2011 역사과 교육과정과 집필 기준의 세계사 관련 주요 특징

앞서 언급한 바와 같이, 2007 과정[6]은 3차 교육과정 이래 분리되었던 한국사와 세계사를 통합한 '역사' 과목을 개설했다는 점에서 각별한 의미가 있다. 교육과정에도 이 점은 충분히 강조되었다. 2007 과정은 '역사' 과목의 성격을 설명하면서 "우리나라와 세계를 연관시켜 체계적이고 전반적으로 이해할 수 있도록 구성"하고, "우리나라와 세계를 서로 고립된 별개의 주체로 파악하는 시각을 지양"한다고 하였다. 중학교과정에서는 "우리나라와 세계의 역사와 문화를 서로 관련지어 이해하는 데 주안점을 둔다."고 강조하였고, 고등학교과정에서는 "세계사의 흐름 위에서 한국사를 주체적으로 파악하도록 한다."고도 하였다. 또 '역사' 과목의 목표를 설명하면서도 "우리나라와 세계의 역사를 종합적이고 체계적으로 이해하는 것을 지향한다."고 밝혔다. 세부적인 목표에서도 가~마의 5가지 중 가에서는 "우리나라와 세계의 역사를 체계적이고 종합적으로 파악한다.", 나에서는 "현대 세계와 우리 국가와 사회에 대한 통찰력을 확대한다."고 언급하였고, 마에서도 "다양한 삶의 방식에 대한 이해를 기초로 다른 문화와 전통을 존중하는 태도를 기른다."고 하여 한국사와 세계사의 통합 서술과 함께 이문화(異文化)에 대한 존중을 강조하였다. '역사' 과목 개설의 취지와 의도를 가늠하고도 남음이 있다.

이러한 기조는 2011 과정[7]에도 그대로 계승되었다. 2011 과정도 '역

---

6. 교육과학기술부 고시 제2007-79호 [별책 7] 사회과 교육과정. 이하 '2007 과정'의 내용은 별도의 주기가 없는 한 모두 이 문건에서 인용한 것이다.

7. 교육과학기술부 고시 제2011-361호 [별책 7] 사회과 교육과정. 이하 '2011 과정'의 내용은 별도의 주기가 없는 한 모두 이 문건에서 인용한 것이다.

사' 과목의 목표 서술에서 "우리나라와 세계를 연관시켜 체계적으로 이해하는데 주안점을 둔다"는 점을 강조하면서 "우리나라와 세계의 역사를 상호 관련시켜 종합적, 체계적으로 파악하는 것을 목표로 한다."고 밝히고 있다. 그리고 구체적인 목표 ①~⑤ 중 ①, ②, ③에서 "우리나라와 세계 역사"라는 표현을 사용하였고, ⑤에서도 2007 과정과 마찬가지로 "시간과 공간 속에서 달라지는 인간의 삶에 대한 이해를 기초로 다른 문화와 전통을 존중하는 태도를 기른다."고 하여 2007 과정과 마찬가지로 한국사와 세계사의 통합 서술과 함께 이문화 존중을 강조하였다.

이처럼 2007, 2011 두 과정 공히 중학교 '역사' 과목 개설의 취지가 한국사와 세계사의 통합 서술에 있음을 알 수 있다. 그리고 이러한 역사교육은 궁극적으로는 다른 문화와 전통을 편견 없이 이해하고 존중하는 태도의 함양을 지향하고 있다. 하지만 2007, 2011 과정이 추구하는 한국사와 세계사의 통합 서술이 당초의 취지처럼 '우리나라와 세계'의 역사를 연관시켜 체계적이고 종합적으로 이해하여 '우리나라와 세계'의 역사를 고립된 별개의 주체로 파악하는 시각을 지양할 수 있도록 이루어졌는지는 의문이다. 두 과정에서 제시한 내용체계만을 보더라도 "우리나라와 세계"라는 표현처럼, 특히 근대 이전의 서술은 한국사 영역과 세계사 영역을 나누어 한국사와 세계사를 단지 병렬적으로 서술하는 방식에서 크게 벗어나지 못하고 있는 느낌이다.

2007, 2011 과정의 학습 내용과 성취 기준을 살펴보면, '(1) 문명의 형성과 고조선의 성립' 단원에서는 두 과정 공히 한반도와 세계 여러 지역의 선사문화의 발전 과정을 도구의 변천을 중심으로 파악하고, 세계 여러 지역에서 출토되는 유물을 비교하여 선사문화의 발전 단계와 농경 사회의 모습을 이해할 수 있도록 하여 다른 단원과 비교하여 상

<표 1> 2007, 2011 과정의 내용 영역

교육과정 내용영역	2007	2011
한국사 영역	〈8학년〉 (1)문명의 형성과 고조선의 성립 (2)삼국의 성립과 발전 (3)통일 신라와 발해 (4)고려의 성립과 발전 (5)고려 사회의 변천 (6)조선의 성립과 발전 〈9학년〉 (1)조선 사회의 변동 (2)근대 국가 수립 운동 (3)대한민국의 발전 〈10학년〉 (1)우리 역사의 형성과 발전 (2)조선 사회의 변화와 서구 열강의 침략적 접근 (3)동아시아의 변화와 조선의 근대 개혁운동 (4)근대 국가 수립 운동과 일본 제국주의의 침략 (5)일제의 식민지 지배와 민족운동의 전개 (6)전체주의의 대두와 민족운동의 발전 (7)냉전체제와 대한민국 정부의 수립 (8)대한민국의 발전과 국제 정세의 변화 (9)세계화와 우리의 미래	〈근대 이전〉 (1)문명의 형성과 고조선의 성립 (2)삼국의 성립과 발전 (3)통일 신라와 발해의 발전 (4)고려의 성립과 변천 (5)조선의 성립과 발전 (6) 조선 사회의 변동 〈근대 이후〉 (1)근대 국가 수립 운동과 국권 수호 운동 (2)민족 운동의 전개 (3)대한민국의 발전
세계사 영역	〈8학년〉 (7)통일 제국의 형성과 세계 종교의 등장 (8)다양한 문화권의 형성 (9)교류의 확대와 전통사회의 발전 〈9학년〉 (4)산업화와 국민 국가의 형성 (5)아시아·아프리카 민족운동과 근대 국가 수립 운동 (6)현대 세계의 전개	〈근대 이전〉 (7)통일 제국의 등장 (8)지역세계의 형성과 발전 (9)전통사회의 발전과 변모 〈근대 이후〉 (4)산업 사회와 국민 국가의 형성 (5)아시아·아프리카 세계의 변화와 민족운동 (6)현대 세계의 전개

대적으로 성공적인 통합 서술을 하였다고 보인다. 하지만 곧바로 고조선부터 조선까지 6개 단원에 걸쳐 한국사 영역의 서술이 이어지고, (7)~(9) 단원에서 다시 근대 이전의 세계사를 다루고 있다. 이는 한국사와 세계사를 통합하여 서술한다는 '역사' 과목의 취지에도 불구하고 근대 이전의 내용을 내용 체계의 차원에서 통합하여 서술하기는 어렵다는 현실을 반영한 것이라고 생각된다. 따라서 실질적인 통합 서술은 실제 교과서 내용 서술에서 다양한 방법과 형식을 통해 실현할 수밖에 없었다.

(7)~(9) 단원의 근대 이전 세계사 서술은 2007 과정과 2011 과정이 서로 약간의 차이를 드러내고 있다. 우선 (7) 단원의 제목을 보면, 2007 과정은 '통일 제국의 형성'과 함께 '세계 종교의 등장'을 강조하였지만, 2011 과정에서는 '세계 종교의 등장'이라는 제목이 사라졌다. 2007 과정은 제국의 형성과 세계 종교의 대두를 관련시키면서 (8) 단원에서 다룰 '다양한 문화권의 형성'과 내용적으로 연결시키려는 의도를 엿볼 수 있다. 그리고 6개 내용 요소를 서아시아 1, 인도 1, 중국 2, 그리스·로마 2의 순서와 비중으로 구성하여 그동안 세계사교육의 고질적인 문제점으로 지적된 '유럽 중심-중국 부중심'의 구조에서 벗어나서 유럽과 중국 이외의 다른 지역을 균형 있게 배려하려는 의식적인 노력이 있었음을 확인할 수 있다. 이에 비해 2011 과정은 4개의 내용 요소를 중국 1, 인도 1, 서아시아 1, 그리스·로마 1의 순서와 비중으로 구성하여 '유럽 중심-중국 부중심' 구조에서 탈피하면서도 상대적으로 중국을 강조하는 방향으로 내용 구성이 바뀌었음을 알 수 있다. 그리고 유교, 불교, 기독교만을 특정하지 않고 '~등'으로 표현한 것은 이 밖의 다양한 종교를 배려할 수 있는 여지를 제공한 것으로 이해할 수 있겠다. 또 2011 과정에서 내용 요소가 6개에서 4개로 줄어든 것은

'유럽 중심-중국 부중심' 구조의 탈피와 유럽·중국 이외의 지역에 대한 배려가 오히려 내용 요소의 증가를 불가피하게 만들어 학생들의 학습 부담 증가로 이어질 수 있다는 우려를 고려한 조정인 듯하다.

(8) 단원의 경우 2007 과정과 2011 과정의 차이가 좀 더 크다. 우선 제목이 크게 바뀌었다. 2007 과정의 키워드는 '문화권'이고, 2011 과정의 키워드 '지역세계'이다. '문화권'에서 '지역세계'로 바뀐 이유를 짐작해보면, 우선 '문화권'과 '지역세계'는 비슷한 듯하면서도 사뭇 다른 뉘앙스를 드러낸다. '문화권'이라 하면, 4대 고대문명을 중심으로 하는 '문명권', 불교, 기독교, 이슬람 등 '종교 문화권'을 연상시켜 그 기원과 발상을 중심으로 하는 '중심론'에 가까운 시각이 포함된 반면, '지역세계'의 개념은 지리적 공간에 따른 구분으로 상대적으로 중심론적 시각이 희석된 듯 느껴진다. 2011 과정은 2007 과정에서 중점을 둔 '유럽 중심-중국 부중심' 구조에서의 탈피와는 다른 방식으로 중심주의를 극복하려고 시도한 것으로 이해된다.

내용 요소에서도 2007 과정은 7개 요소가 이슬람 1, 유럽 2, 인도 1, 동남아 1, 중국 2의 순서와 비중으로 구성되어 (7) 단원과 마찬가지로 '유럽 중심-중국 부중심' 구조의 극복이 크게 의식되고 있음을 확인할 수 있고, 또 '제국'과 '국가' 형성이 역시 강조되고 있다. 2011 과정은 5개의 내용 요소가 중국 2, 인도·동남아 1, 이슬람 1, 유럽 1의 순서와 비중으로 구성되어 역시 중국을 강조하고 있다. 그리고 2007 과정과 비교해보면, 2011 과정은 정치적 변천을 중시하면서도 '제국'과 '국가'의 형성에 관한 표현을 자제함으로써 '문화권'처럼 '지역세계'가 특정 국가나 세력을 중심으로 형성되었다는 의식을 갖지 않게 하려는 지향이 엿보인다. 특히 동아시아 지역세계의 형성 과정에 대한 서술에서 일본고대국가의 발전에 대한 이해를 강조함으로써 '동아시아 세계'가 중국만을 중심으로 하는 '지역세계'가 아니라 주변의 다른 지역과의 교류 속에서 형성되었음을 드러내고 있다.[8]

(9) 단원은 '전통사회의 발전'을 다루고 있는데, 2007 과정에서는 '교류의 확대'를 특히 강조하였다. '교류'는 한국사와 세계사의 통합 서술뿐 아니라 세계사를 구성하는 각 지역의 역사를 유기적으로 연계하여 서술하는 데도 매우 유용한 내용 요소이다. 그런 점에서 '역사' 과목에 가장 적합한 내용 요소라고 할 수 있겠다. 그러므로 2007 과정에서는 아시아 해상 교역의 확대와 몽골제국의 성립, 서유럽의 신항로 개척이 국제무역과 문화 교류에 끼친 영향을 중심으로 서술하도록 하였고, 2007 집필 기준은 이를 더욱 심화하여 "근대 이전 유라시아 지역에서 전개된 지속적인 상품 교역과 문화 교류에 대해 이해한다."고 강조하였다. 특히 아시아 해상 교역에 관한 서술을 중시하여 2007 집필 기준은 다음과 같이 강조하고 있다.

명·청 대에는 그동안의 연구성과를 통해 서구의 충격 이전에 이미 상

---

8. 2007 과정에는 일본에 관한 언급이 없지만, '2007년 개정 교육과정(교육과학기술부 고시 제2007-79호)에 따른 역사교과서 집필 기준'(이하 '2007 집필 기준'으로 약칭)에는 '일본 고대 국가 형성과 문화'에 대해 설명하도록 하였다. 하지만 '천황'이라는 용어 사용에 유의할 것을 요구하며 이러한 관점에서 일본이 당시 동아시아의 국제 질서 속에서 차지한 위치와 그 역사적 맥락을 서술하도록 하였고, 또 '당풍'이 중국문화만을 지칭하는 것이 아니라 한반도에서 도입된 선진문화까지 포함한다는 사실에 유의하도록 하는 데 그치고 있다. 이에 비해 '2009 개정 교육과정에 따른 교과 교육과정 적용을 위한 중학교 역사교과서 집필 기준'(이하 '2011 집필 기준'으로 약칭)은 동아시아 지역세계의 형성 과정을 이해하게 하고, 동아시아 여러 지역의 교류 상황을 파악하면서 각 지역이 고유한 문화를 발전시켰음을 유의하도록 하였다. 그뿐만 아니라, 일본의 도래문화에 대해 일방적·시혜적 차원이 아닌 국제관계의 틀 속에서 이해한다는 점에 유의하도록 한 부분은 2007 과정과 현저히 다른 서술이다.

당한 수준의 경제적 활력과 변화의 존재가 확인이 되었다. 최근에는 물자의 유통을 포함한 동아시아 지역의 경제 활동의 존재에 주목하고, 근대 이후 동아시아 지역경제와 연속성을 강조하는 연구들이 나오고 있다. 이러한 점을 염두에 두고 명·청시대의 경제적 번영을 서술할 때, 국내적인 면과 국외적인 면을 함께 고려하도록 한다.

18세기까지 중국의 경제력이 상당한 수준에 이르렀다는 실증적 연구를 통해, 중국의 전근대 경제를 적극적으로 평가하는 견해가 나타나고 있다. 이 점을 고려할 때 동아시아의 발전 내지 산업화의 과정을 서양과 비교하는 경우, 예컨대 영국의 경험이 정상적인 것이고 그 외의 것은 예외적인 것으로 서술하는 방식은 지양해야 한다. 각국이 처한 역사적 조건의 차이에 따라 그 발전의 경로와 속도가 달리 나타나는 점을 강조할 필요가 있다.

이것은 일본학계의 '아시아 교역권'론과 소위 '캘리포니아 학파'의 연구성과를 반영한 서술이다.[9] 이에 비해 2011 과정은 지역세계 간 문

---

9. '아시아 교역권'을 주장하는 대표적인 연구는 浜下武志, 《近代中國の國際的契機 −朝貢貿易システムと近代アジア》, 東京大學出版會, 1990; 浜下武志·川勝平太 編, アジア交易圈と日本工業化: 1500~1900》, リブロポート, 1991; 浜下武志, 《朝貢システムと近代アジア》, 岩波書店, 1997; 古田和子, 《上海ネットワークと近代東アジア》, 東京大學出版會, 2000; 廖赤陽, 《長崎華商と東アジア交易網の形成》, 汲古書院, 2000 등을 참고. '아시아 교역권'에 대한 한국학계의 이해에 대해서는 하세봉, 〈80년대 이후 일본학계의 "아시아 교역권"에 대한 논의−학문적 맥락과 논리를 중심으로〉, 《중국현대사연구》 2, 1996; 박혁순, 〈일본의 아시아 교역권론에 대한 비판적 검토〉, 《아시아문화연구》 2, 1998; 하세봉, 〈"동아시아 교역권"론의 지평 확대〉, 《중국현대사연구》 10, 2000 등을 참고. '아시아 교역권'에 대한 비판적 연구는 근래 일본에서도 활발하게 이루어지고 있다. 이에 대한 소개는 홍성구, 〈명대 북변의 호시와 조공〉, 《중국사연구》 72, 2011, 67~69쪽을 참고. 대표적인 '캘리포니아 학파'의 입장에서 이루어진 연구는 R. Bin Wong, China

화 교류의 양상을 충분히 강조하면서도 방점을 두는 부분에는 약간의 차이가 있음을 느낄 수 있다. 우선 2011 과정에서는 2007 과정에서 중시했던 '아시아 해상 교역의 확대'에 관한 언급은 보이지 않는다. 대신 일본에서 무사 정권이 출현하는 과정에 대한 이해를 강조함으로써 (8) 단원에서와 마찬가지로 '동아시아'적 시각을 중시하고 있음을 알 수 있다. 또 임진왜란을 동아시아 국제질서의 변모라는 맥락에서 파악하도록 함으로써 '동아시아'적 시각과 더불어 임진왜란이라는 사건을 통해 한국사와 세계사의 통합 서술을 다시금 강조하고 있다.

그리고 내용 요소의 구성을 보면, 2007 과정은 6개 요소가 중국 3, 서아시아 1, 인도 1, 유럽 1의 순서와 비중으로, 2011 과정은 5개 요소가 중국 1, 일본 1, 서아시아·남아시아 1, 유럽 2의 순서와 비중으로 구성되었다. (9) 단원의 경우 (7), (8) 단원과는 달리 2007 과정에서 중국이 강조되었고, 2011 과정에서는 상대적으로 유럽을 강조하였다. 이것은 2007 과정이 '아시아 해상 교류의 확대'를 중시한 결과 중국의 송과 명·청시대의 해상 교류를 강조했기 때문이다. 한편, 2011 과정에서 유럽이 강조된 것은 '서유럽과 동유럽의 절대왕정 비교'가 내용 요소에 포함되었기 때문이다. 이것은 유럽 중심적 역사 서술 안에도 또 하나의 '중심(서유럽)−주변(동유럽)'의 시각이 존재한다는 사실을

Transformed: Historical Change and the Limits of European Experience, Cornell University Press, 1997; Kenneth Pomeranz, The Great Divergence: China, Europe, and the Making of the Modern World Economy, Princeton University Press, 2000 등과 국내에 번역된 안드레 군더 프랑크, 이희재 역, 《리오리엔트》, 이산, 2003을 참고. '캘리포니아 학파'의 연구에 대한 국내학계의 이해에 관해서는 강진아, 〈16~19세기 중국경제와 세계체제 "19세기 분기론"과 "중국중심론"〉, 《이화사학연구》 31, 2004; 강진아, 〈동아시아로 다시 쓴 세계사: 포머란츠와 캘리포니아학파〉, 《역사비평》 82, 2008; 강진아, 〈중국의 부상과 세계사의 재조명−캘리포니아 학파에서 글로벌 헤게모니론까지》, 《역사와 경계》 80, 2011을 참고.

일깨워준다는 점에서 2011 과정이 추구하는 중심주의 극복의 새로운 시도를 엿볼 수 있다. 이 점은 신항로 개척의 영향을 유럽에서 절대왕조가 형성된 것으로만 다루었던 2007 과정에 비해, 2011 과정은 라틴아메리카 세계에 미친 변화까지 다루도록 한 사실에서도 드러난다.

(9) 단원은 본고에서 검토하고자 하는 대상 시기에 해당하므로 교과서 서술을 위한 상세한 지침인 집필 기준을 통해 좀 더 자세하게 살펴보기로 하자. 2007 집필 기준은 송에서 청까지의 중국근세사에 대한 서술에서 북방민족의 역할과 의미를 강조할 것을 요구하였다. 교류를 강조하는 부분에서도 "유라시아 남북에 위치한 초원과 농경 지역 간에 이루어진 상품 및 문화 교류가 동서 교류 이상으로 중요한 위치를 차지하고 있었다는 점에 주의한다."고 서술하였고, '북방민족과 요, 금왕조', 그리고 '몽골제국'이라는 내용 항목을 설정하여 다음과 같이 서술 지침을 제시하였다.

> 유목민족은 뛰어난 기동성을 바탕으로, 민족의 통합이 이루어지면 주변의 오아시스 및 농경 지역을 압박하는 특징이 있다. 송대를 전후하여 이러한 북방민족이 정복왕조를 수립하게 되는데 요, 금이 대표적이다.
>
> 요를 수립한 거란족은 북송을 압박하면서 화북의 일부를 병합하고 화평의 대가로 세폐를 받아 경제적인 호황을 누렸다. 요는 유목민족과 농경민족을 분리하여 이원화된 통치 정책을 시행하였다.
>
> 금을 수립한 여진족은 요와 북송을 멸망시켜 화북 일대까지 지배하는 정복왕조로 발전하였다. 여진족은 중국문화에 대한 수용 정도가 다른 정복왕조들에 비해 높았다.
>
> 몽골은 중국, 중앙아시아, 서아시아, 동유럽에 걸친 대제국을 건설하

였다. 몽골의 팽창 원인을 군사적 전술과 전략 면에서 유목민족의 우월성과 함께, 중앙유라시아의 지리·생태적 환경, 정치·경제적 상황과 연동하여 이해할 수 있도록 한다.

1260년 이후, 원과 4한국(汗國)으로 정치적 분열이 고착되었다는 기존 견해와 달리, 원을 중심으로 하는 느슨한 정치적 결합을 통해 제국의 틀을 유지하였다는 주장도 제기되고 있다. 특히, 우구데이 한국을 다른 한국과 같은 시기로 오인하여 지도상에 표기하는 오류는 수정할 필요가 있다. 몽골제국이 상호 단절되어 있던 지역 세계들을 정치·문화·경제적으로 연결하는 계기를 열었다는 점에서 그 세계사적 의미에 주목한다.

우선 서술의 비중 면에서도 요, 금과 몽골을 분리하여 서술하도록 함으로써 상대적으로 요, 금의 정복왕조에 대해 배려한 흔적을 찾을 수 있다. 이러한 경향은 중국의 고대사, 중세사에 해당하는 부분에 대한 집필 기준에도 드러난다. 2007 집필 기준은 '춘추·전국과 진·한 제국', '중국의 분열과 통일 제국의 재등장'이라는 항목에서 각각 이렇게 서술하였다.

중국 한족 왕조는 화북을 중심으로 정치·문화적 중화 질서를 구축해 가는 한편, 유목민족과 상생·경쟁하며 발전하여 왔다. 그러나 중국 한족 왕조가 유목민의 정치·군사적 우월성을 극복하는 데에는 대체로 어느 정도 한계를 보였다는 점에 유의한다.

남북조 시기 화북 지방에는 5호라 불린 북방민족이 침입하여 한족과 공존하면서 중국화된 국가들을 건설한 점에 주목한다.

2007 집필 기준이 북방민족에 대한 서술을 얼마나 강조했는지는 2011 집필 기준과의 비교를 통해 분명히 알 수 있다. 2011 집필 기준에는 '북방민족', '유목민족'이라는 용어가 단 한 차례도 사용되지 않았다. 몽골제국을 설명하면서도 "각 지역 간의 교류와 소통, 특히 동서교류를 확대시키는 데 미친 영향을 파악할 수 있도록" 하고, "몽골제국과 원나라의 차이에 유의"하라고 주문하는 데 그치고 있다.[10]

이상을 정리하면, 2007 과정의 세계사 관련 서술은 '유럽 중심-중국 부중심' 구조에서의 탈피에 역점을 두고 있으며 이와 관련하여 중국사 서술에서 북방 유목민족의 역할과 의미를 중시하였고, 한국사와 세계사의 통합 서술이라는 측면에서 교류사를 매우 강조하고 있음을 확인할 수 있었다. 이에 비해 2011년 과정에서는 상대적으로 중국을 중시하고 '동아시아'적 시각을 강조함으로써 한국사와 관계가 깊은 지역에 대한 비중을 높여 한국사와 세계사의 통합 서술이 자칫 병렬적 서술에 그칠 수 있다는 비판을 의식하고 있음을 엿볼 수 있고, 또 '제국'과 '국가'라는 용어 사용을 자제하고 '지역세계'의 개념을 사용함으로써 '유럽 중심-중국 부중심'의 구조를 극복하는 것 뿐 아니라, '국가' 중심적 시각, '문명' 중심적 시각 등 여러 '중심론'적 시각을 아울러 극복하려는 노력이 이루어졌음을 살펴볼 수 있었다.

그러면 2007, 2011 과정과 집필 기준에 나타난 이러한 세계사 관련 서술의 특징이 역사교과서 서술에는 어떻게 반영되어 있고, 그것이 역사학계의 학문적 성과와는 어떻게 연계되어 있는지에 대해서는 절을

---

10. 2011 과정 및 집필 기준에서 내륙아시아 북방 유목민족에 대한 언급이 전혀 없는 것은 사실 이해하기 어려운 부분이다. 좀 더 분명한 것은 2011 과정 및 집필 기준에 따라 검정을 통과한 새 중학교《역사》가 정식으로 출간된 후 검토해보아야 할 부분이다.

바꾸어 살펴보기로 하자.

3. 북방 유목민족에 대한 새로운 연구시각과
중학교 역사교과서 서술 내용 검토

1) 새로운 연구시각

앞에서 정리한 바와 같이 2007 과정을 전환점으로 나타난 역사교육의 큰 변화는 역사를 이해하는 다양한 관점을 존중하려는 노력이다. 이것이 중국근세사에 관한 중학교 역사교과서 서술에서 정복왕조를 강조할 것을 요구한 배경이라고 하겠다. 이와 관련하여 최근 뚜렷한 연구시각의 변화가 주목된다. 즉, 지금까지의 한족 중심(Han-Chinese Centered View)의 중국사에 대한 비판으로 제기된 내륙아시아 중심(Inner Asian Centered View)의 중국사 연구경향이 그것이다.[11] 최근에는 이러한 새로운 중국사 이해의 경향이 더욱 진전되어 적지 않은 성과가 축적되어 있고,[12] 국내 학계에서도 구미학계의 영향을 받아 젊은 학자

---

11. 두 시각의 대립적 입장을 파악하기 위해서는 Evelyn S. Rawski와 Ping-Ti Ho의 유명한 논쟁을 살펴보는 것이 유용하다. Evelyn S. Rawski, Presidential Address: Reenvisioning the Qing: The Significance of the Qing Period in Chinese History, *The Journal of Asian Studies*, Vol. 55, No. 4, Nov., 1996; Ping-Ti Ho, In Defence of Sinicization: A Rebuttal of Evelyn Rawski's "reenvisioning the Qing", *The Journal of Asian Studies*, Vol. 57, No. 1, Feb., 1998.

12. 많은 성과가 있으나 현재 한국에 번역된 것만을 소개하면 다음과 같다. 니콜라 디 코스모, 이재정 역, 《오랑캐의 탄생》, 황금가지, 2005; 마크 C. 엘리엇, 이훈·김선민 공역, 《만주족의 청제국》, 푸른역사, 2009; 토마스 바필드, 윤영인 역, 《위태로운 변경》, 동북아역사재단, 2009; 이블린 S. 로스키, 구범진 역, 《최후의 황제들》,

를 중심으로 조금씩 연구성과를 축적하고 있다.[13]

까치, 2010; 마크 C. 엘리엇, 양휘웅 역,《건륭제》, 천지인, 2011; 피터 C. 퍼듀, 공원
국 역,《중국의 서진》, 길, 2012. 이러한 시각과 밀접하게 관련되어 있는 일본학자
의 저서도 번역되어 있다. 이시바시 다카오, 홍성구 역,《대청제국 1616~1799》, 휴
머니스트, 2009. 이와 같은 연구는 흔히 알타이 학파(Altaic School), 신청사(New
Qing History) 학파 등으로 범주화되기도 한다. 피터 C. 퍼듀의 경우는 '글로벌 히
스토리'의 시각이 현저하다. 미국학계의 신청사(New Qing History) 연구에 대한 소
개는 윤영인, 〈만주족의 정체성과 한화 이론에 대한 서구 학계의 신간 소개〉,《만
주연구》 2, 2005; 윤영인, 〈청제국의 신강지역 정복과 통치에 대한 서구의 최신 성
과 2편 소개〉,《만주연구》 3, 2005; 윤영인, 〈만주족의 정체성과 청대사 연구〉,《만
주연구》 5, 2006을 참고. 그리고 정복왕조 연구의 최근 동향에 대해서는 이정신·
윤영인·이용규·박원길·김두현·조병학 공저,《10~18세기 북방민족과 정복왕
조 연구》, 동북아역사재단, 2009; 윤영인·이용규·김선민·토마스 알슨·미할
비란·테무르·파멜라 크로슬리·이시바시 다카오 공저,《외국학계의 정복왕조
연구시각과 최근동향》, 동북아역사재단, 2010을 참고.

13. 이러한 새로운 시각을 의식하면서 이루어진 국내 학자의 연구성과에 대해서는 아
직 체계적인 정리가 이루어지지 않았다. 대략 명·청시대 전공자의 연구만을 꼽
아보면 다음과 같다. 김한웅,《청 기록에 나타난 18세기 티벳 역사상의 비판—포
하네 관련 청실록의 내용을 중심으로》,《명청사연구》 25, 2006; 구범진, 〈청대 '만
주'지역 행정체제의 변화—'주방체제'에서 '주현체제'로〉,《동북아역사논총》 14,
2006; 송미령, 〈강희제의 청 제국 구상과 만주족의 정체성—예수회 선교사들의 기
록을 중심으로〉,《역사학보》 193, 2007; 유장근, 〈漢·毛澤東主義的 근대상과 滿
淸的 근대상 사이에서〉,《명청사연구》 32, 2009; 이영옥, 〈만주족의 그늘—만주 구
룬(manju gurun)의 언어정책, 1599~1796〉,《중국학보》 57, 2008; 이영옥, 〈건륭제
의 '찬란한' 성세와 맹자읽기〉,《동양사학연구》 108, 2009; 김성수, 〈五世 달라이
라마 북경행의 배경과 17세기 내륙아시아 네트워크〉,《명청사연구》 29, 2008; 김
성수, 〈청대 불교 세계의 여행〉,《동양사학연구》 107, 2009; 유정아, 〈옹정년간
(1723~1728) 티베트지배상에 대한 재고찰〉,《명청사연구》 31, 2009; 유정아, 〈준가
르부 침공기간(1728~1733) 중 청조의 티베트 지배의 실상〉,《중국학보》 59, 2009;
홍성구, 〈만주 역사를 바라보는 한국적 시각의 한 모색—허목과 정약용의 만주 제
종족 인식을 단서로〉,《역사와 담론》 55, 2010; 이영옥, 〈1840년대 청조의 풍경 하
나—오랑캐의 전화로부터 '천조' 지키기〉,《명청사연구》 33, 2010; 김선민, 〈옹정
제의 성경지역 통치〉,《명청사연구》 34, 2010; 송미령, 〈예수회 선교사들의 명청
교체에 대한 인식변화와 선교의 모색〉,《명청사연구》 35, 2011; 조병학, 〈18세기

물론 일찍이 해방 직후 동양사학계의 주류를 이루었던 한중관계사 연구의 흐름 속에 이미 북방민족 정복왕조에 대한 관심이 존재했었고[14] 이후에도 그 명맥은 유지되었다.[15] 하지만 이러한 연구는 당시의 시대적 상황과 관련하여 한민족의 강인함과 자긍심을 찾고자 하는 모색의 측면을 가지고 있었던 만큼 북방민족 정복왕조의 독자성이란 측면을 크게 의식한 연구라고는 보기 어려웠다. 그런데 1990년대 후반부터 북방민족, 정복왕조 연구가 돌궐, 위구르, 티베트 등 중앙아시아 지역의 여러 민족으로 확산되어가고, 거란, 여진(만주), 몽골에 대해서도 기존의 한인 중심적 시각에서 벗어나 내륙 아시아적 시각이 도입되면서 유목민족과 내륙아시아 역사의 독자성이 새롭게 주목받기 시작하였다.[16] 이러한 흐름은 지금까지 유목민족, 정복왕조의 역사를 중국사의 틀에서 이해해 온 것에 대한 비판과 반성을 전제로 유목민족의 공간이

초 청 · 준가르몽고 관계 연구-《청내각몽고당당》 중 체왕랍탄[tsewang labtan] 관련 기사를 중심으로〉,《명청사연구》 36, 2011; 윤진영,〈만주족 왕조의 중국 통치 이미지 만들기-강희연간 북경의 외국인 선교사 기술을 중심으로〉,《명청사연구》 37, 2012; 김선민,〈만선사, 만학, 그리고 만주학〉,《명청사연구》 38, 2012. 그리고 이러한 시각을 의식하며 쓴 국내학자의 청사 개설서가 최근 출간되었다. 구범진, 《청나라, 키메라의 제국》, 민음사, 2012.

14. 고병익,〈이슬람교도와 원대사회〉,《역사학연구》 1집, 1949; 이인영,《한국만주 관계사의 연구》, 을유문화사, 1954.

15. 이용범,《중세동북아세아사연구》, 아세아문화사, 1976; 이용범,《고대의 만주관계》, 한국일보사, 1976; 이용범,《중세 만주몽고사의 연구》, 동화출판공사, 1988; 이용범,《한만교류사 연구》, 동화출판공사, 1989; 이동복,《동북아세아사 연구》, 일조각, 1986; 김재만,《거란 · 고려 관계사 연구》, 국학자료원, 1999; 김위현,《거란 동방경략사 연구》, 명지대학교출판부, 2004.

16. 내륙아시아 혹은 중앙아시아에 관한 국내 학계의 근래의 연구성과는 대체로 다음과 같다. 이재성,《고대 동몽고사 연구》, 법인문화사, 1996; 정재훈,《위구르 유목 제국사》, 문학과지성사, 2005; 윤은숙,《몽골제국의 만주 지배사》, 소나무, 2010; 김호동,《몽골제국과 세계사의 탄생》, 돌베개, 2010 등.

었던 내륙아시아에 대한 독자적인 역사상 구축을 요구하고 있다.

이렇게 되면 유라시아 대륙 동부 지역의 역사에 대한 이해도 지금까지 중국(한인) 중심의 동아시아 세계, 그리고 그 일부로서의 북방민족 정복왕조라는 이해의 틀에서 탈피하여, 중국(한인) 중심의 동아시아 세계와 대등하게 병존하는 유목민족 중심의 내륙아시아 세계라는 틀이 필요하리라 생각된다. 유목민족과 정복왕조의 역사를 '동아시아 세계'의 틀이 아닌 독자적인 '내륙아시아 세계'로 봄으로써 중국과 길항 관계에 있는 내륙아시아, 내륙아시아와 연결되는 서아시아, 남아시아, 그리고 다시 서아시아와 연결되는 유럽 세계로 역사 이해의 폭을 넓혀가는 순차적 계기를 만들 수 있을 것이다. 마침 2011 과정은 '지역세계'라는 개념을 강조하고 있다. 여기에는 중국과 한국·일본을 포함하는 동아시아 세계, 인도와 동남아시아를 아우르는 남아시아·동남아시아 세계, 이슬람교의 영향권인 이슬람 세계, 그리고 유럽 세계를 설정하여 세계의 역사를 서술하도록 되어 있다. 하지만 각 지역세계를 통합하는 연결 고리가 보이지 않는다. 내륙아시아 세계는 유라시아사를 통합하여 서술할 수 있는 중요한 연결 고리가 될 수 있을 것이다.[17]

2) 요·금 정복왕조에 대한 서술 내용 검토

그러면 위에서 언급한 새로운 연구시각이 현재 중등 교육 현장에서 사용되는 교과서에는 어떻게 반영되어 있을까? 이를 검토하기 위해

---

17. 최근에는 유라시아사를 지향하는 관점에서, 유라시아 대륙 중앙부라는 의미에서 '중앙 유라시아'라는 용어를 사용하기도 한다. 피터 C. 퍼듀, 공원국 역, 앞의 책, 2012 참고. '유라시아사'의 관점을 채택한 중국사 이해로는 上田信,《海と帝國, 明清時代》(中國の歷史 9), 講談社, 2005도 참고. 여기에서는 명·청 왕조의 지리적 공간에 대해 '동유라시아'라는 표현을 사용하였다.

〈표 2〉 2010년 검정 통과 8종 중학교 《역사》(상) 교과서 일람[18]

연번	출판사 (약칭)	저자	발행연월일
1	교학사 (교1)	양호환 서의식 최상훈 송요후 신유아 김정희 김성자 김효정 윤성애	2011.3.1 초판 2012.3.1 2판
2	교학사 (교2)	신영범 주명철 김은숙 정병삼 김우경 정 연 조한경 최현삼 허차진 김수현	2011.3.1 초판 2012.3.1 2판
3	천재교육 (천재)	주진오 전덕재 김인호 차미희 최혜영 김성규 백유선 안효숙 박수성	2011.3.1 초판 2012.3.1 2판
4	지학사 (지학)	정재정 장종근 박근칠 오창훈 강신태 박찬석 구본형 강성주	2011.3.1 초판 2012.3.1 2판
5	두산동아 (두산)	이문기 장동익 윤회면 이해준 한철호 권오현 서인원 김정수 강승호 민경택 최태선 이수정 강선주 구범진 송영심 최소옥 이용석	2011.3.1 초판 2012.3.1 2판
6	대교 (대교)	조승래 곽병준 김규대 김나영 김문석 김민정 도중만 박걸순 박영희 조영선	2011.3.1 초판 2012.3.1 2판
7	비상교육 (비상)	조한욱 이병인 이종서 이건호 안형주 최태성 김영희 신승원 권효신 안선미 이은석	2011.3.1 초판 2012.3.1 2판
8	미래엔 컬처그룹 (미래)	정선영 김종수 이종대 김태우 이예선 박윤희 유필조 한성욱	2011.3.1 초판 2012.3.1 2판

2010년 검정을 통과한 현행 중학교 《역사》(상) 교과서 8종의 'IX. 교류의 확대와 전통사회의 발전' 단원 중 정복왕조에 대한 서술을 살펴보자. 북방민족과 정복왕조에 대한 서술은 2007 과정이 그 무엇보다도 강조한 중요한 특징이었다. 8종 교과서는 〈표 2〉와 같다.

비교의 편의를 위해 몽골 이전의 정복왕조인 요·금·서하에 관한 서술체제를 표로 작성하였다.[19]

---

18. 이하 교과서를 인용하는 경우에는 약칭을 사용하여 '교1, 1쪽'과 같은 형식으로 표기함.
19. 원과 청도 정복왕조의 범위에 포함되지만 몽골과 원은 2007 과정에서 강조하고 있는 교류사의 측면에서 고려해야 할 부분이 많고, 그렇기 때문에 다른 시기, 다른

〈표 3〉에서 보듯이 요·금·서하 관련 서술의 분량은 많아도 2쪽, 적으면 ½쪽 정도로 다루어지고 있다. 전체 교과서 분량에서 차지하는 비중은 매우 적다. 하지만 분량이 절대적으로 중요한 것은 아니다. 그것보다는 8종 교과서가 요·금·서하의 역사를 서술하는 형식과 내용을 통해서 북방 유목민족의 정복왕조를 바라보는 시각의 일단을 엿볼 수 있다. 우선 8종 교과서 중 북방민족 정복왕조에 대해서 가장 충실히 다루고 있는 교과서는 교1로 판단된다.[20] 교1은 8종 교과서 중 유일하게 요·금 왕조에 대한 설명만을 위해 별도의 본문 주제를 설정하였고,[21] 그 안에서 3가지 소주제로 나누어 서술하여 8종 교과서 중 가장 많은 소주제를 채택하였으며, 소주제 간 시대적 흐름을 고려하여 내륙아시아 유목 국가의 역사를 계통적으로 설명하려고 노력하였다.[22] 자료 제시도 정복왕조 이해에 도움이 되도록 유용하고 유의미한 자료를 채택하였다.[23] 또 '만리장성 이남의 땅을 차지한 거란'과 '화북

지역의 역사와 관련하여 다루어야 할 내용이 많으므로 다른 기회를 통해 살펴보기로 한다. 청은 대부분 교과서가 중단원 혹은 본문 주제를 바꾸어 다루고 있으므로 3절에서 서술한다.

20. 이하 교 1의 정복왕조에 관한 서술은 특별한 언급이 없는 한, 교1, 290~291쪽에서 인용함.

21. 다만, 교 1의 경우 '서하'에 대한 서술이 빠져있다. 지도 '11세기의 동아시아'의 설명에 "11세기경에는 거란의 요와 탕구트의 서하, 위구르 등 여러 유목민족이 세력을 떨쳤다."라고 서술하고, 사진자료로 서하 왕릉을 제시하고 있을 뿐이다.

22. 유목민족문화의 일반적 특징에 대해서는 두산, 비상, 미래를 제외한 나머지 5종에서 언급하고 있지만, 흉노, 오호(五胡), 돌궐, 위구르 등 정복왕조 이전의 유목 세계의 역사적 흐름에 대해서는 교2, 천재를 포함한 3종에서만 다루고 있다.

23. 교1의 읽기 자료, '고유문화를 지키려고 한 유목민족'에 제시한 사진자료를 보면, '거란 글씨가 새겨진 구리거울', '규모를 자랑하는 서하 왕릉', '여진 문자' 등 다른 교과서에서 활용한 단순한 문자 비교의 방식(천재, 305쪽; 지학, 260쪽; 두산, 254쪽; 미래, 295쪽)과는 달리 다양한 자료를 제시하고 있다는 점에서 긍정적으로 평가된다.

〈표 3〉 8종 중학교 《역사》(상) 교과서의 요 · 금 · 서하 관련 서술체제

출판사 (약칭)	본문 주제 (전체분량)	소주제	자료
교학사 (교1)	2.강력한 유목 제국들(2쪽)	· 만리장성 이북의 유목민족 · 만리장성 이남의 땅을 차지한 거란 · 화북을 차지한 금, 다시 남북조시대로	· (사진)유목민족의 생활 · (지도)11세기의 동아시아 · (연표)유목민족 왕조와 한 족 왕조의 변천 · (읽기 자료)고유 문화를 지키려고 한 유목민족
교학사 (교2)	1.송과 북방 유 목민족 국가 (1쪽)	· 북방 유목민족이 강성해지다	· (열린 자료)북방 유목민족 과 한족 · (지도)금과 남송의 대립 · (사진)충싱사 쌍탑
천재교육 (천재)	(2쪽)	· (특집)차례로 등장하 는 북방민족들	· (사진)초원 지대의 유목민 · (사진)서하 왕릉 · (그림)거란족 무사 · (그림)여진족 기사 · (지도)남송과 금 · (사진)거란문자, 여진문자, 서하문자
지학사 (지학)	2.몽골제국과 원의 중국 지 배(1쪽)	· 중국 북방의 유목민 족이 성장하다 · 금이 화북 지역을 지 배하다	· (사진)북방민족의 문자 · (지도)금의 팽창과 송의 이동
두산동아 (두산)	2.송의 경제가 번영하고 북 방민족이 일 어나다(1쪽)	· 북방민족의 정복왕조 가 세력을 떨치다	· (지도)송과 요, 서하/남송 과 금, 서하 · (사진)거란문자, 서하문자, 여진문자
대교 (대교)	(½쪽)	· (생각을 키우는 역사 읽기)원에 앞서 중국 을 지배한 요와 금	
비상교육 (비상)	2.몽골제국의 성 립과 동서 교류 의 확대(½쪽)	· 북방민족, 요 · 서하 · 금	· (지도)금과 남송 · (탐구)북방민족의 중국 통 치(¼쪽)
미래엔 컬처그룹 (미래)	1.몽골, 유라시 아에 걸친 세 계 제국을 건 설하다(1쪽)	· 요와 서하 · 금의 건국과 발전	· (지도)요의 세력 확장 · (역사자료실)고유문화를 지키기 위해 노력한 북방 유목민족

을 차지한 금'이라는 표현을 통해 정복왕조가 지리적으로 세력을 확대해가는 흐름을 파악할 수 있게 배려하였을 뿐 아니라, '다시 남북조시대로'라는 표현을 통해 10~12세기 정복왕조시대에 대한 역사적 의미에 대해서도 생각할 수 있게 하였다. 다만 '남북조시대'라는 설명이 학계의 충분한 연구성과에 기초한 표현인지에 대해서는 의문이다. '남북조시대'라는 표현이 한족 왕조인 송 중심의 중국사 인식을 극복하는 측면도 있지만, 금과 남송이 병존하는 시대를 '남북조시대'로 표현하는 경우, 금조를 전적으로 중국사의 체계로 포섭하는 결과를 초래하기도 한다. 앞에서 언급했듯이 근래 한국중국사학계의 연구시각은 정복왕조에 대해서 내륙아시아 중심적 시각에서 이해할 것을 요구하는 경향이 강하게 나타나고 있다. 이러한 경향을 고려하면 '남북조시대'라는 의미 부여는 학계에서 좀 더 깊이 있는 논의를 거쳐야 할 것으로 생각된다.

교1이 정복왕조와 북방민족에 대해서 계통적으로 서술하려고 시도한 의도는 연표에서 강하게 드러난다. 다만 연표에서 사용한 '유목민족'의 상대적 개념은 '중국'이 아니라 '한족'이 바람직할 것이다. '한족'이라는 표현이 여러 왕조를 포괄하기에 부담스럽다면, 지리적 개념으로 '내륙아시아'와 '중국'이라는 표현을 사용하는 것도 하나의 대안이 될 것이다. 그리고 흉노부터 위구르까지의 유목민족의 세력은 동일한 비중을 차지하다가 요, 서하, 금, 원에 와서는 점차 그 세력 범위가 중국의 일부 또는 전부로 확대되는 흐름을 표현하고 있다. 정복왕조의 세력 확대를 표현한 것이라고 생각하지만, 이러한 형식의 연표 제시는 시각적인 효과도 매우 커서 정복왕조 이전의 유목 세계는 정체된 듯 이해하기 쉽고, 또 위·진·남북조의 북조를 건설한 선비족의 비중은 제대로 표현되어 있지 않아 VIII 단원에서 서술한 '남북조'라는 시대의 모습에 부합하지 않게 된다.

　구체적인 내용 서술에서는 "거란족은 당이 절도사들의 반란으로 혼란해지자 만리장성 이남까지 쳐들어와 영토를 차지한 후"라고 서술하였는데, 이는 오대시대 석경당(石敬瑭)이 후진을 세우는 과정에서 거란의 도움을 얻어 스스로 연운16주(燕雲16州)를 바치고 세폐(歲幣)를 제공하고 신하의 예를 취한 역사적 사실을 오해하게 만들 수 있는 한족 중심적 서술이다. 금의 세력 확대에 관해서도 "이에 금은 송과 동맹을 맺고 요를 공격하였다. 요가 멸망한 후, 금은 군사력이 약한 송까지 공격하여 수도인 변경(카이펑)을 함락"시켰다고 서술하였는데, 이 역시 역사적 사실을 오해하게 만드는 한족 중심적 서술이다. 애초 양국 간의 맹약은 송이 요에게 제공하던 세폐를 금에게 준다는 조건을 전제로 성립했던 것인데 송에서 이를 지키지 않아 금이 연경을 점령하고 이어 카이펑까지 점령한 것이기 때문이다. 두 경우 모두 결과적으로 북방 유목민족의 침략성, 호전성을 부각시키게 된다는 점에서 북방 유목민족에 대한 편견을 만들어내는 서술이다.[24]

　이와 관련하여 교2의 열린 자료에서는 "유목민족 세력이 항상 한족에게 위협적인 것은 아니었다."[25]고 설명하여 유목민족의 침략성, 호전성에 대한 편견을 극복하는 서술 태도를 취하고 있다. 하지만 문제는 유목민족의 침략성, 호전성 여부에 있는 것이 아니라, 침략성과 호전성을 유목 세계의 생태적 · 환경적 · 문화적 맥락에서 설명하지 않는다는 점에 있다. 농경 경제에 비해 취약한 재생산구조를 가지고 있

---

24. 북방 유목민족의 침략성과 호전성을 부각시키는 서술은 지학에도 보인다. 지학은 "이들은 중국에 침입하여 농경지에 살고 있는 사람들의 재산을 약탈하거나 그들을 지배하였다."라고 서술하고 있다(지학, 260쪽).
25. 이하 교2의 정복왕조에 대한 서술은 특별한 언급이 없는 한, 교2, 275쪽에서 인용함.

는 유목 경제의 특성을 이해하면 약탈 역시 생존을 위한 경제적 행위의 측면에서 설명할 수 있다.

약탈적 경제 행위가 평화적인 형태로 전환되어 나타나는 것이 교역이다. 교2의 열린 자료에서는 북방 유목민족과 한족 간의 교역에 대해서 이렇게 서술하고 있다.

> 상대적으로 군사력이 약했던 한족 국가는 경제력을 이용하여 유목민족을 상대하려 하였다. 때로는 교역으로 환심을 사고 때로는 부족들을 이간질해 힘을 약화시켰다.

이러한 서술로 만들어지는 역사상은, 북방 유목민족과 한족 간의 교역은 한족의 일방적인 시혜이고 한족은 교역을 통해 어떠한 경제적 이익도 얻지 못했으며, 북방 유목민족은 경제적 이익을 탐하다가 서로 대립하고 분열하면서 스스로 약화되었다는 것이다. 즉, 양측의 경제적 행위를 한족의 입장에서는 북방 유목민족을 제어하기 위한 정치적 행위로 설명하고 있고, 종국에는 유목민족의 어리석음으로 인해 한족의 전략이 성공하였다는 것이다. 이러한 교역을 한문 사료에서는 흔히 '마시(馬市)'로 표현한다. 북방 유목민족이 주로 말을 교역 상품으로 제공하였기 때문인데, '마시'가 북방 유목민족의 침략성과 호전성을 제어하기 위한 정치적 행위에 지나지 않았다면 여기에서 수입한 말은 사실 한족 왕조의 입장에서는 아무런 쓸모가 없었던 것이 된다. 하지만 말은, 같은 교2의 열린 자료에서 서술하듯이, 북방 유목민족 군사력의 핵심적인 요소이다. 한족의 입장에서도 기마전술에 뛰어난 북방 유목민족과의 군사적 대결에 대비하기 위해서는 말이 필요했다. 하지만 위와 같은 서술에는 한족 왕조의 군사전략상 초원에서 길들여진 양

질의 말을 수입하는 일이 군사적인 측면에서 중요한 경제 행위였다는 사실이 간과되어 있다.

또 교2의 본문에서는 "송은 문치주의 정책을 강조한 결과 군사력이 약화되어 북방 유목민족의 공격을 자주 받았다."고 서술하여 송의 군사력 약화가 송과 정복왕조 간 군사적 대립의 전적인 원인인 것처럼 서술하고 있다. 북방 유목민족 내부의 역동성에 의한 역사 발전이라는 인식이 매우 부족하다고 할 수 있다.[26]

천재는 정복왕조를 본문에서 서술하지 않고 '특집'으로 편성했다는 점에서 10~12세기 유라시아 동부 지역의 역사상을 왜곡할 위험이 있다.[27] 이러한 서술체제로만 보면 송 중심의 역사인식이 두드러지기 때문이다. 다만 '특집'의 내용 서술은 교1과 마찬가지로 유목문화의 일반적 특징과 고대 흉노로부터 오호-돌궐-위구르 등으로 이어지는 유목제국의 역사적 흐름을 언급하고, 이어 거란, 탕구트, 여진의 등장과 세력의 확대에 대해 서술하고 있어 비교적 충실하다고 할 수 있다. 교1과 비교하면 탕구트의 서하에 대해서도 충분히 다루고 있고, '특집'의 서술 내용으로만 보면 교1과는 달리 북방 유목민족의 침략성, 호전성을 부각시키는 표현도 자제되었다. 사진과 지도, 그림 등 자료도 6종류나 제시하여 8종 교과서 중 가장 풍부하다. 다만 기마와 무사(기사)에 관한 자료가 중복되어 학습의 효과와 효율이라는 측면에서 아쉬움이 남는다.

---

26. 이 점은 두산에도 보인다. "요와 서하는 문치주의로 군사력이 약하였던 송과 전쟁을 벌였고, …"(두산, 253쪽). 교1, 천재, 지학을 제외한 나머지 교과서의 경우에는 관련 표현이 보이지 않는다. 이것은 이러한 편견을 극복한 결과라고 하기보다는 서술의 분량이 너무 짧기 때문이라고 생각된다.
27. 이하 천재의 정복왕조에 대한 서술은 특별한 언급이 없는 한, 천재, 304~305쪽에서 인용함.

요・금의 정복왕조에 대한 서술이 빈약한 교과서는 비상과 대교이다. 비상은 비록 본문에서 서술하고는 있지만 가장 기본적인 사실 관계만을 나열하였다.[28] 그나마 '탐구'에서 북방민족 중국 통치의 특징인 이중통치체제와 고유문화 보전을 위한 노력에 대해 설명한 것은 다행이라 하겠다. 다만, 불교 수용을 중국의 우수한 문화를 받아들인 것으로만 설명한 것은 오해의 소지가 있다. 거란의 불교 수용은 외래 종교인 불교를 통해서 중국문화에 대항하면서 거란족의 민족적 우위성을 과시하고 아울러 그들의 민족문화를 보존하려는 의도 역시 강했기 때문이다.[29]

대교의 경우는 앞에서 언급한 천재를 제외하고는 나머지 교과서가 적어도 하나 이상의 소주제를 설정하여 정복왕조를 서술하고 있음에 비해, 단지 '생각을 키우는 역사 읽기'라는 읽기 코너에서 다룬 것이 전부이다. 그나마 유목민이 다양한 문화를 받아들이고 독자적인 역사와 문화를 만들었다고 언급 부분은 근래의 연구경향을 의식한 서술이라고 하겠다.

3) 청조의 중국 정복에 관한 서술 내용 검토

다음으로 청조의 중국 정복에 대한 서술을 살펴보자. 8종 교과서의 청조의 중국 정복에 대한 서술체제를 정리하면 〈표 4〉와 같다.

먼저 8종 교과서에 나타나는 공통점은 청조를 '명・청'과 '전통문화(사회)'라는 범주에서 일괄하여 서술한다는 점이다. 명조와 청조의 지배민족이 한족에서 만주족으로 바꾸었다는 점에서는 큰 변화이지만,

---

28. 비상, 302~303쪽.
29. 신채식, 《동양사개론》, 삼영사, 479쪽.

그 외에 사회·경제적, 문화적인 측면에서는 연속적인 측면이 많이 나타난다는 점에서는 현실적으로 불가피한 서술체제라고 이해된다. 그런데 예외 없이 8종 교과서 모두에 나타나는 문제점이 있다. 1644년(순치 원년) 청조의 '입관(入關)'이라는 사건을 어떻게 이해할 것인가의 문제이다. 모든 교과서가 IX 단원 도입에 연표를 제시하였는데, 이 연표상에 1644년 청조의 입관을 모두 '청의 중국 통일'로 표현하고 있다.[30] 교1의 경우는 본문 서술에서 "강희제는 중국 통일을 완성하고," 라고 하여 연표의 표현과 모순되는 서술을 하고 있다.[31] 교1 본문의 서술처럼 청조가 중국을 통일한 시점은 정씨 반청세력의 근거지인 타이완을 점령한 1683년(강희 22년)으로 이해할 수 있다. 하지만 1644년의 '입관'은 분열되어 있던 명조와 청조가 청조에 의해 '통일'된 사건이 아니라, 만주 지역에서 새로 흥기한 만주족 왕조가 중원의 한족 왕조를 군사적으로 '정복'한 사건이다. 굳이 1644년의 사건을 표현하자면, '청의 중국 정복'이 그나마 적절한 표현이 아닐까 생각된다.

〈표 4〉에 제시한 소주제의 표현을 분석해보면, 중요하다고 생각되는 학습 요소를 뽑아낼 수 있다. 키워드로 정리하면, '만주족', '지배영역', '강경책과 회유책' 등이다. 중학교 단계에서 청조의 중국 정복을 학습할 때 가장 중요한 요소는, 역시 한족이 아닌 만주족이 중국을 통치했다는 사실, 지배영역이 최대로 확대되었고 그에 따라 다양한 문화를 갖는 여러 민족이 하나의 국가체제 아래에 놓이게 되었다는 사실,

---

30. 천재, 지학, 두산의 경우는 연표상에 1644년 청의 입관이라는 사건 자체를 표기하지 않았다.
31. 교1, 317쪽.
32. 교과서상의 서술 분량은 〈표 3〉과 달리 소주제를 대상으로 표시하였다. 〈표 3〉의 경우에는 본문 주제 전체가 요·금·서하 관련이지만, 〈표 4〉의 경우에는 '청조의 중국 정복' 관련 서술이 본문 주제의 일부에 불과하기 때문이다.

〈표 4〉 8종 중학교 《역사》(상) 교과서의 청조의 중국 정복 관련 서술체제[32]

출판사 (약칭)	본문 주제	소주제(전체분량)	자료
교학사 (교1)	1.명·청 제국의 성립과 발전	·강경책과 회유책을 함께 사용한 청($\frac{2}{3}$쪽)	·(지도)청의 영역 ·(그림)변발
교학사 (교2)	1.명·청의 성립과 발전	·청, 중국의 주인이 되다(1쪽)	·(그림)청의 팔기병 ·(그림)변발과 만주식 복장을 한 모습
천재교육 (천재)	07.중화 제국을 완성한 명·청제국	·만주족의 중국 지배 ·지배영역의 확대 (2쪽)	·(그림)청의 팔기군 ·(활동하기)청의 한족 지배방식 ·(지도)청의 영역
지학사 (지학)	3.명·청시대 전통문화의 발전	·만주족의 청이 중국을 통치하다 ·청대에 영토가 크게 확장되다 (1쪽)	·(그림)변발 ·(숨은 역사 찾기)오늘날의 중국 영토는 청의 유산
두산동아 (두산)	1.중국의 전통 사회가 발전하다	·만주족의 청이 일어나 중국을 정복하다(1쪽)	·(사진)팔기 병사의 갑옷과 팔기의 깃발 ·(탐구 활동)청의 영토 확장
대교 (대교)	(중단원) 2.동아시아 전통사회의 발전	·중화 세계를 완성한 청(淸)(2쪽)	·(지도)청의 최대 영역 ·(그림)명·청 대 황제 독재체제의 산실! 자금성의 태화전 ·(삽화)변발과 호복 ·(생각을 키우는 역사 읽기)청 왕조, 회유와 강경으로 한족 지식인을 포섭하다
비상교육 (비상)	1.명·청 제국의 발전	·청 제국의 번영과 균열(1+$\frac{1}{2}$쪽)	·(지도)청의 영역 ·(탐구)청의 통치 정책
미래엔 (미래)	1.명·청이 동아시아를 이끌다	·청의 건국과 발전(1쪽)	·(그림)책을 읽는 건륭제 ·(지도)청의 영토 ·(역사 탐구)자료를 통해 청의 통치 방식에 대해 알아보자

그리고 이러한 사실이 현재 중국에 끼친 영향일 것이다. 이러한 기준에서 볼 때 비교적 충실하게 서술하고 있는 교과서는 교2, 천재, 그리고 두산이다. 교2는 "그리하여 청은 중국 역사상 가장 넓은 영토와 많은 민족을 다스리는 나라가 되었다. 중국이 오늘날과 같이 넓은 영토와 많은 민족을 가지게 된 것도 바로 그 때문이다."라고 서술하여 단두 문장 안에 청조의 중국 정복에 대한 가장 중요한 학습 요소를 효과적으로 담았다.[33] 천재는 "중국의 영토는 이 무렵 최대에 달하게 되었고, 오늘날 중국의 영역은 대체로 청대의 영토를 계승한 것이다."라고 서술하여, 다민족 국가로서의 청조를 그리기에는 다소 부족하지만 청이 현대 중국에 끼친 중요한 영향을 이해할 수 있도록 하였다.[34] 두산은 탐구 활동으로 편성하여 위의 중요한 학습 요소를 학생들이 스스로 정리하고 의의를 파악하도록 하였다.[35] 지도는 명의 영역과 청의 영역, 그리고 오늘날의 중국 영역을 하나의 지도에 표시하여 영토 확장이라는 측면에서 청조의 역사적 의의를 명확하게 이해할 수 있게 하였고,[36] 이에 대한 비교적 상세한 설명과 더불어 명과 청의 영토를 비

---

33. 교2, 298쪽.

34. 천재, 326쪽.

35. 두산, 270쪽.

36. 비슷한 지도를 제시한 다른 교과서의 사례를 비교해보면, 교1은 청의 직할지와 최대 영역을(317쪽), 천재는 청의 최대 영역과 현재의 중국 국경을(326쪽), 지학은 청의 최대 영토와 현재의 중국 영토, 그리고 성을 두고 직접 다스린 지역을(264쪽), 대교는 청의 최대 영역만을(294쪽), 비상은 청의 직할지, 청의 번부, 청의 최대 영역을(307쪽), 미래는 명 말의 영역, 청의 최대 영역을(303쪽) 표시하였다. 모두 청의 최대 영역(영토)을 표기하고 현재의 중국 영토 혹은 명 말의 영역과 비교하게 함으로써 청이 중국 역사상 최대 영역을 확보했다는 점을 강조하였다. 그리고 직할지 혹은 번부라는 표현을 사용하여 청조 지배체제의 또 하나의 특징인 '번부(藩部)'를 이해하도록 배려하였으나 이는 중학교과정에 필요한 학습 요소로 보기 어렵다. 그리고 지학과 두산을 제외한 나머지 교과서의 지도는 청의 최대 영역

교하고, 청과 오늘날 중국의 영토를 비교하라는 탐구 활동을 제시하여 한족의 왕조인 명에서 만주족 왕조인 청을 거쳐 현재의 중국으로 이어지는 역사 전개의 의의를 분명하게 인식할 수 있도록 하였다.

대교의 경우에는 천재와 함께 2쪽을 할애하여 분량 면에서는 청조의 중국 정복을 중시하였으나 위의 중요한 학습 요소가 효과적으로 표현되었다고 보기는 어렵다. 오히려 소주제로 '중화 세계를 완성한 청'이라는 표현을 사용함으로써 한족 중심의 중화주의와 청조의 중화주의의 차이에 대한 설명이 필요하게끔 만들어 놓고는 정작 이에 대해서는 아무런 설명도 하지 않았다. 이 부분은 중화(中華)와 이적(夷狄)을 지리적·혈통적으로 구분하는 주자학적 화이론에 대항하여 옹정제가 《대의각미록(大義覺迷錄)》에서 제시한 문화적 차이에 따라 중화와 이적을 구분해야 한다는 새로운 화이론[37]에 대한 설명이 필요한 부분으로 중학교과정의 학습 범위를 넘어서는 것이라고 생각된다. 이러한 점에서 '중화 세계를 완성한 청'이라는 표현보다는 다른 중요한 학습요소를 강조하는 편이 좋을 듯하다.

청조의 중국 통치에 대해서 대부분의 교과서는 회유책과 강경(압)책을 병용했다는 사실을 강조한다. 두산을 제외한 나머지 교과서에서 '회유책', '강경(압)책'이라는 용어를 사용하였다. 소수 민족이 다수의 민족을 통치하기 위해서는 회유와 강압이 불가피하고 청조의 통치 정책에도 이러한 내용이 담겨있는 것이 사실이다. 하지만 그것이 청조 성공의 가장 중요한 정책이고 마친 전부인양 강조되는 것은 지나

에 타이완 섬을 누락한 오류를 범하고 있다. 앞에서 언급했듯이, 청의 타이완 점령은 중국 내지 정복을 일단락 짓는 중요한 역사적 사건이라는 점에서 작은 오류라고 하기 어렵다.

37. 이시바시 다카오, 홍성구 역, 앞의 책, 2009, 241~247쪽.

치다는 느낌이다. 이보다는 청조가 만주족 중심의 통치체제를 수립하기 위해 만주족의 민족적 정체성(Ethnic Identity)을 유지하려고 노력하였고 그 근간을 이루는 것이 '팔기제도'였다는 최근의 연구성과를 반영하여 팔기에 대한 서술에 좀 더 비중을 두었으면 하는 아쉬움이 크다.[38] 천재의 경우, 본문에 "태조는 팔기라는 독특한 제도로 군사력을 키우고, 만주 문자를 만들어 체제를 강화하였다."라고 서술하고, 날개 주에 '청의 팔기군'이라는 그림과 설명을 덧붙여 팔기제도와 만주 문자가 만주족의 정체성 강화에 일정한 작용을 하였음을 인식할 수 있게 하였다.[39] 두산의 경우에도 본문에 '팔기'라는 표현을 두 차례 사용하였고, 역시 날개 주에 '팔기 병사의 갑옷과 팔기의 깃발' 사진과 설명을 덧붙여 팔기에 대해서 가장 많이 서술하고 있다. 청조 통치체제에서 팔기가 차지하는 위상을 이해하기에 충분하다고는 할 수 없지만 팔기의 중요성은 표현되었다고 생각된다.[40] 이 밖에는 교2가 자료로 '청의 팔기병'의 사진과 설명을 제시하였을 뿐,[41] 나머지 교과서는 팔기에 대해 전혀 언급하지 않았다.

마지막으로 북방민족 · 정복왕조를 서술할 때 공통적으로 고려해야 할 용어 문제를 언급하고자 한다. 앞에서 언급한 최근의 연구시각은 북방민족 · 정복왕조의 역사를 그들 고유의 정체성(Identity)의 입장에서 서술하는 것이고, '이문화에 대한 존중'은 세계사교육의 중요한 목표 중 하나이다. 그런 점에서 고유의 문자와 언어를 존중하는 태도를 취하는 것이 바람직하다. 예를 들어 거란은 민족 명칭이기도 하면서

---

38. 마크 C. 엘리엇, 이훈 · 김선민 공역, 앞의 책, 2009. 만주 문자와 만주어에 관해서는 국내 학계의 연구인 이영옥, 앞의 글, 2008을 참고.
39. 천재, 325쪽.
40. 두산, 270쪽.
41. 교2, 298쪽.

나라 이름이기도 하다. 거란은 심지어 대외적으로 '요'라는 국호를 사용하던 시기에도 스스로는 '거란'이라는 국호를 즐겨 사용하였다. 이런 점에서 보면 현재는 '요'라는 국호에 익숙하더라도 가급적 '거란'이라는 국호를 사용하는 노력을 기울이는 것이 타당하지 않을까 생각한다. 인명의 경우에도, 예를 들어 금을 건국한 여진족 '아골타(阿骨打)'는 한문 사료에 쓰인 한자어의 한국어 발음을 그대로 사용한 결과이다. 여진어(만주어)의 원음에 가까운 '아구다'로 표기하는 것이 '이문화 존중'의 태도일 것이다. 이런 점에서 거란어, 여진어 연구와 거란어, 여진어 자료를 바탕으로 한 역사연구는 이 시대가 요구하는 역사교육의 목표를 달성하기 위해서도 반드시 필요한 지향점이라고 하겠다.

4. 맺음말

이상에서 2007, 2011 과정 및 집필 기준의 세계사 관련 서술의 특징과 현행 중학교 역사교과서의 정복왕조 서술을 중심으로 역사학계의 학문적 성과와 역사교육의 연계에 대해 검토하였다. 2007, 2011 과정과 집필 기준을 검토하면서 역사과 교육과정이 최근 역사학계의 새로운 시각과 흐름을 신속하게 수용하려고 노력하고 있음을 확인할 수 있었다. 하지만 새로운 시각의 수용이 구체적으로 어떠한 역사교육적 목표와 맞닿아 있는지에 대한 설명이 부족한 점은 큰 아쉬움이다. 2007 과정과 2011 과정은 몇 년 되지 않은 짧은 시간적 차이에도 불구하고 적지 않은 차이점을 보이는데, 예를 들어, 앞에서 언급했던 (8) 단원의 '문화권' 중심 서술이 '지역세계' 중심 서술로 바뀐 것이 그것이다. 필자는 대략 중심주의 탈피라는 측면에서 짐작할 뿐이었지만, 이러한 중요한 관점과 서술의 차이가 가지는 역사교육적 목표의 차이 역시 작지 않을 것이다. 역사과 교육과정에서 역사교육의 목표와 지향점이 좀 더 구체적으로 표현되기를 희망한다.

역사과 교육과정이 새로운 시각과 흐름을 신속하게 수용하는 문제와 그것을 구체적인 교과서 서술에 반영하는 문제의 격차에 관해서도 언급하지 않을 수 없다. 이것은 단순히 이상과 현실의 격차라는 문제만이 아니라 사실 외국학계와 한국학계의 격차라는 문제를 내포하고 있는 것이다. 고등학교 '동아시아사' 과목에서 극명하게 드러나듯이 '역사교육이 역사연구를 앞질러 가는 형국'은 사실은 외국학계의 성과를 따라가지 못하는 한국학계의 문제점을 지적하는 다른 표현이기도 하다. 그런 점에서 역사교육이 역사학계의 연구자를 자극하는 효과가 있다. 다만 외국학계의 성과에 근거하여 역사교육의 방향이 바뀌는 경우, 자칫 외국학계의 시각이 무비판적으로 수용되는 일은 없는지 냉정하게 따져볼 일이다. 예를 들어, '동아시아사'의 도입과 함께 교과서에 적극적으로 반영된 '동아시아 세계'의 관점은 '동아시아 문화권'의 중요한 문화적 공통 요소로 한자, 유교, 불교, 율령을 꼽는다.[42] 하지만 이 논리가 한국사의 입장에서도, 또 내륙아시아 정복왕조의 입장이나 동남아시아 베트남의 입장에서도 통용될 수 있는 일반화인지, 얼마나 실증적 연구에 기초하고 있는지 의문이다. 예를 들어, 정복왕조의 입장에서는 중국문화에 대항하여 독자적인 문화를 지키기 위해 고유의 문자를 만들고 고유의 종교를 보호하려는 노력을 기울였다. 아무런

---

42. '동아시아 세계'론과 그 중요한 특징으로 한자, 유교, 불교, 율령을 제시한 것은 일본학자 西嶋定生이다. 西嶋定生, 《中國古代國家と東アジア世界》, 東京大學出版會, 1983. 이 책은 근래 니시지마 사다오, 이성시 편, 송완범 역, 《일본의 고대사 인식》, 역사비평사, 2008로 번역되었다.

부연 설명이나 전제 없이 한자와 유교를 공통적 문화 요소라고 서술한다면 모순된 설명이 될 것이다. 그리고 애초에 정복왕조를 '동아시아'의 범주에서 이해할 수 있을 것인지도 문제가 될 수 있다.

그리고 교과서 집필진이 교육과정을 엄밀히 검토하고 서술 방향에 대해 충분히 공감한 바탕 위에서 교과서를 집필하는지도 문제가 될 수 있겠다는 생각이다. 앞에서도 살펴보았듯이, 교육과정에서도 충분히 강조하였고 학계의 성과도 적지 않게 축적되어 있는 내용조차 교과서 서술에 충실하게 반영되지 못한 사례가 있었다. 이는 역사학계의 문제도, 역사교육계의 문제라고도 하기 어렵다. 교과서의 사회적 역할과 의미, 영향에 대한 좀 더 진지한 공감과 성찰이 필요하다는 생각이다.

마지막으로 필자의 능력의 한계로 인하여 가장 비중 있게 다뤄야 하는 몽골사와 교역사 서술을 검토하지 못하였다. 2011 과정에 따른 교과서 검정이 이루어졌고 곧 정식으로 교과서가 출간되어 현장에서 사용될 예정이므로 추후 새로운 교과서를 가지고 몽골사와 교역사 서술에 대해서 검토할 수 있기를 희망한다.

---

* 이 글은 《역사교육논집》 제50집(역사교육학회, 2013.2)에 게재되었다.

■참고문헌

교육과학기술부 고시 제2007-79호 [별책 7]《사회과 교육과정》

교육과학기술부 고시 제2011-361호 [별책 7]《사회과 교육과정》

〈2007년 개정 교육과정(교육과학기술부 고시 제2007-79호)에 따른 역사교과서
　　　집필 기준〉

〈2009 개정 교육과정에 따른 교과 교육과정 적용을 위한 중학교 역사교과서 집필
　　　기준〉

신영범 외,《중학교 역사》, 교학사, 2012.

양호환 외,《중학교 역사》, 교학사, 2012.

조승래 외,《중학교 역사》, 대교, 2012.

이문기 외,《중학교 역사》, 두산동아, 2012.

정선영 외,《중학교 역사》, 미래엔컬처그룹, 2012.

조한욱 외,《중학교 역사》, 비상교육, 2012.

정재정 외,《중학교 역사》, 지학사, 2012.

주진오 외,《중학교 역사》, 천재교육, 2012.

방지원, 〈새 교육과정 '역사'의 다원적 관점의 역사이해와 검정 중학교 교과서 서
　　　술〉,《역사교육연구》 12, 2010.

신채식,《동양사개론》, 삼영사, 2003.

양정현, 〈2007, 2011 역사과 교육과정 개정 논리와 계열성〉,《역사교육》 120, 2011.

_____, 〈역사교육 강화 방안, 역사과 교육과정, 자유민주주의〉,《역사와 교육》
　　　5, 2012.

엘리엇, 이훈·김선민 공역,《만주족의 청제국》, 푸른역사, 2009.

유용태, 〈한국의 동아시아사 인식과 구성〉,《역사교육》 107, 2008.

이시바시 다카오, 홍성구 역,《대청제국 1616~1799》, 휴머니스트, 2009.

이영옥, 〈만주족의 그늘-만주 구룬(manju gurun)의 언어정책, 1599~1796〉,《중
　　　국학보》 57, 2008.

피터 C. 퍼듀, 공원국 역,《중국의 서진》, 길, 2012.

上田信,《海と帝國, 明淸時代》(中國の歷史 9), 講談社, 2005.

5장

한국고대사의 연구성과와 역사교과서 서술의 방향

임기환

1. 머리말

역사교육을 구체적으로 실천하기 위해서 역사학의 성과와 역사교육학의 성과를 어떻게 상호수용하고 결합하여 재구성할 것인지는 매우 어려운 숙제이다. 역사교육이 단지 역사학의 성과를 수용하여 그대로 교육하는 것은 결코 아니지만, 역사학에서 이루어진 연구성과가 뒷받침되지 않은 역사교육 또한 존재할 수 없기 때문이다.

한국고대사 영역의 역사교육의 경우 특히 이러한 면에서 적지 않은 어려움이 나타나고 있다. 왜냐하면 한국고대사 연구의 경우 사료의 부족으로 연구영역에서 제한이 있을 뿐더러, 기왕의 연구성과도 논쟁적인 주제들이 많아 정설을 설정하기가 쉽지 않기 때문이다. 더욱 최근에는 고고자료나 금석문자료 등 새로운 자료의 발굴에 따라 기왕의 통설이 수정되지 않으면 안 되는 내용도 적지 않게 산출되고 있다. 따라서 한국고대사의 연구성과를 교과서의 서술이나 역사교육에 적용하는 과정에 적지 않은 어려움이 예상되고 있다.

양자의 접점을 모색하려는 본고에서도 이러한 어려움을 감안하여 다음과 같은 범위로 논점을 제한하고자 한다. 첫째, 현재 한국에서 역사교육의 내용과 방향에 가장 큰 영향을 주는 것은 교육부에서 고시하는 역사교육과정 및 이에 기초하여 편찬되는 역사교과서라고 할 수 있다. 따라서 본고에서도 기왕의 역사교육과정과 교과서를 매개로 삼아 여기서부터 실마리를 풀어보고자 한다. 즉 현행 역사교육과정과 집필 기준을 통해 역사교육에서 다루고 있는 중요한 내용 요소를 추출하고, 그 내용 요소들이 적절하게 선정되고 구성되었는지에 대해 살펴보고자 한다.

특히 본고에서는 '2011 역사과 부분 개정 교육과정'에 초점을 맞추도록 하겠다. 사실 2011년에 개정된 역사교육과정에 의한 각급 학교 교과서 중에서 초등과 고등은 아직 편찬 과정에 있으며, 검정 과정이 끝난 중학교 역사교과서의 경우도 2013년부터 사용될 예정이다. 그럼에도 불구하고 '2011 역사과 부분 개정 교육과정'을 검토대상으로 삼은 이유는 앞으로 교과서 편찬 과정에서 본고의 검토가 참고가 될 수 있기를 바라는 마음에서이다. 그리고 현행 중학교 역사교과서의 한국고대사 서술에 대한 검토는 이미 충분히 이루어진 바 있기 때문이다.[1]

---

1. 현행 역사교과서 중에서 초·중등 역사교과서의 한국고대사 서술에 대해서는 2011년 5월 14일에 "제7차 개정 교육과정 초·중등 '역사' 교과서 고대사 서술 분석"이라는 주제로 한국고대사학회에서 개최한 학술회의에서 종합적으로 검토한 바 있다. 그리고 그 결과는 《한국고대사연구》 64집, 2011에 게재되어 있다. 발표 논문은 다음과 같다.
   송호정, 〈제7차 개정 교육과정 중2 '역사' 교과서의 '문명의 형성과 고조선의 성립' 서술 내용 검토〉; 강종훈, 〈2011년 발간 《중학교 역사》(상) 8종 교과서의 삼국시대 정치사 관련 부분 내용 검토〉; 조법종, 〈2007년 개정 교육과정 중학교 역사(상) '삼국의 사회와 문화' 분석〉; 하일식, 〈《중학교 역사》의 통일신라·발해 서술 검토〉; 조인성, 〈제7차 개정 교육과정 중학교 《역사》 교과서의 신라하대~고려 초 서술의 검토〉; 임기환, 〈초등 사회교과서 국사영역의 한국고대사 서술 검토〉.

그리고 그동안 역사교과서의 검토가 주로 초·중·고등 각급 학교 교과서 단위로 나뉘어 진행되었기에 전체 교육과정의 흐름에 대한 검토가 부족하다고 생각하였기에, 본고에서는 초·중·고등 전체 교육과정을 대상으로 전체 계열성 및 서술의 맥락을 검토하는 데 초점을 맞추고자 한다.

둘째로 한국고대사의 연구성과에 대한 정리 방식이다. 근자에 이루어진 한국고대사 연구성과 또한 매우 방대한 편이다. 최근에 한국고대사학계 내에서 새로운 연구성과를 정리한 결과물이 출간되었지만, 그 양도 만만치 않다. 그리고 이러한 새로운 연구성과가 모두 역사교육에 필요한 요소도 결코 아니다. 그중에서 어떤 부분이 어떻게 역사교육에 반영되어야 하는지에 대한 논의 또한 간단치 않다. 따라서 본고에서는 앞서 검토한 교육과정 및 교과서의 내용과 연관하여 새로운 연구성과의 주제와 내용을 선택하고자 한다. 이는 편의적인 발상이라는 비판도 뒤따르겠지만, 일단 양자의 접점을 만들어본다는 점에서 향후 논의 전개의 출발점이 되지 않을까 생각한다.

2. 역사교육과정 및 교과서 내용 검토

교육과정은 교과의 내용체계와 단원 구성, 각 단원에서 다룰 학습내용을 제시하고 있다. 교육과정이 제시하는 내용을 교과서에 그대로 담아야 하는 것은 아니지만, 국가교육과정체제를 택하고 있는 한국의 상황에서 교육과정은 교과서 내용에 절대적 영향을 미친다.[2] 그러한 점에 본고에서는 먼저 초·중·고 각 단계의 역사교육과정에 대해

2. 김한종, 〈중등 역사교과서 개편의 과정과 성격〉, 《한국고대사연구》 64, 2011.7.

검토하도록 한다. 본 검토 대상으로 삼은 역사교육과정은 '2011 역사과 부분 개정 교육과정' 및 '2009년 개정 교육과정의 집필 기준'이다.[3] 2013년 이후 초·중·고등학교에서 사용될 역사교과서가 이 교육과정에 의거하여 편찬되기 때문이다. 그리고 아직 새 교과서가 편찬, 보급되지 않았기 때문에, 교과서에 대한 검토는 생략한다. 다만 필요한 경우에는 현행 교과서를 부분적으로 검토하도록 하겠다.

그러면 각 역사교육과정을 구체적으로 검토하면서,[4] 교육과정에 의거하여 편찬될 교과서 기술상의 특징이나 예상되는 문제점 등을 짚어보도록 하겠다.[5]

1) 초등학교 역사교육과정

(1) 우리 역사의 시작과 발전

선사시대의 생활과 문화를 파악하고, 고조선 성립의 의미를 이해한다. 고구려, 백제, 신라, 통일 신라와 발해의 역사와 문화를 인물 이야기 및 유물과 유적을 중심으로 파악한다.[6]

① 선사시대 사람들의 생활 모습을 대표적인 유물과 유적을 통해 파악한다.

② 단군의 건국 이야기를 알고, 고조선이 우리 역사상 최초의 국가임을 이해한다.

---

3. 2011 개정 교육과정까지의 개편 과정에 대해서는 김한종, 앞의 글 참조.
4. 본고에서 검토하는 2011 교육과정은 교육과학기술부 고시 제2011-361호 [별책7] 사회과 교육과정에 의거하였다.
5. 본문에서 2009년 개정 교육과정의 집필 기준의 내용은 그 양이 많기 때문에 별도로 제시하지 않으며, 본문의 서술 과정에서 필요한 부분만 언급하기로 하겠다.
6. 교육과정 내용에서 고딕체로 제시한 것은 필자가 검토 과정에서 중요하다고 판단되는 부분을 표시한 것이다. 이하 동일하다.

③ 역사지도와 인물 이야기를 통해 고구려, 백제, 신라의 발전 과
정을 파악한다.
④ 선덕왕, 김춘추, 김유신, 계백, 을지문덕, 대조영 등을 중심으로
삼국의 통일 과정과 발해의 건국을 이해한다.
⑤ 유물과 유적을 통해 삼국, 통일신라와 발해 시기의 사람들의
생활모습을 파악한다.

　2007 개정 사회과 교육과정은 중학교와 고등학교의 경우에는 2009
년과 2010년에 두 차례 개정 및 보완된 바 있으나, 초등학교 사회과
의 경우에는 변동이 없었으므로, 2011년 개정 역사교육과정은 사실상
2007년 교육과정에서 바뀌게 된 셈이다. 2007년 교육과정의 역사 영
역의 특성에 대해서는 이미 검토한 바 있는데,[7] 내용체계의 기본 골격
은 양 교육과정이 거의 동일하게 고대사에서 대한민국사까지 통사적
체계를 기본으로 하고 있다. 다만 기존의 2007년 개정 교육과정에 의
해 편찬된 사회과 교과서(5학년 1, 2)가 학습 분량이 과다하기 때문에
이를 줄이면서 정치사적 맥락의 바탕 위에 생활사 · 인물사 중심의 교
육과정으로 편성한 것으로 보인다.
　따라서 한국고대사 영역도 통사체제로 구성되어 있다. 즉 단원 구성
은 선사시대(생활모습)-단군과 고조선(최초의 국가)-삼국(발전 과정, 생
활모습)-삼국의 통일 과정과 발해의 건국-통일신라와 발해(생활모습)
라는 시계열 구성이다. 그리고 각 시기별 하위 성취 기준을 보면 유적
과 유물을 통해 각 시대의 생활모습을 기술하고, 정치적 과정은 인물

---

7. 2007년 개정 교육과정에 의거하여 2010, 2011년에 발간된 초등 역사교과서(사회
　과교과서 5-1, 2) 중 한국고대사 서술에 대한 검토는 임기환, 앞의 〈초등 사회교
　과서 국가영역의 한국고대사 서술 검토〉를 참고하기 바란다.

을 통해 서술하도록 되어있다. 그러면 하위 성취 기준을 중심으로 초등 역사교과서에서 기술될 것이라 예상되는 한국고대사상을 짚어보도록 하자.

① 선사시대 사람들의 생활 모습을 대표적인 유물과 유적을 통해 파악한다:

기존 대부분의 역사교과서에서도 선사시대의 경우 유물과 유적으로 사회상을 구성하는 내용이 일반적이기 때문에 이러한 성취 기준과 내용은 그리 무리가 없다. 다만 서술 내용을 어느 범위까지 할 것인지가 숙제라고 하겠다. 그리고 기왕의 교과서에서 계속 반복되는 문제점이지만, 선사시대의 청동기문화 서술과 고조선의 청동기문화 서술이 중첩될 가능성이 높다. 이는 선사시대는 주로 생활상 중심의 서술에 초점을 맞추고, 고조선은 국가 성립이라는 정치사 중심의 서술이기 때문에 나타나는 현상이다. 중복 서술을 피하기 위해서는 고조선이 청동기문화를 기반으로 등장하는 국가이기 때문에, 고조선 단원에서 청동기문화를 서술하는 것이 바람직하다고 생각한다.

② 단군의 건국 이야기를 알고, 고조선이 우리 역사상 최초의 국가임을 이해한다:

본 성취 기준은 한국사 최초의 국가인 고조선의 국가 성립을 단군신화로 파악한다는 의미로 해석된다. '단군의 건국 이야기'라는 표현은 아마도 '단군신화'라는 용어의 사용을 피하기 위해서 선택된 듯하다. 단군신화의 내용은 한국사 최초로 등장하는 건국신화라는 점에서 초등과정에서 학습되어야 할 내용 요소임은 분명하다. 그러나 현재 전하는 단군신화의 내용에는 후대의 인식이 융합되어 있기 때문에, 이를 잘 판별하여 서술하는 것이 중요하다.

사실 한국의 역사교육에서 단군신화와 고조선은 민족사의 기원이라는 인식으로 인하여, 교과서에서 정합한 역사기술을 하기가 어려운 부분이다. 즉 '최초의 국가'라는 성취 기준에서도 보듯이 국가 성립을 민족사적 기원으로 파악하는 것을 핵심 요소로 제시하고 있다. 그러나 역사연구에서 국가의 성립이란 곧 청동기, 철기문화를 기반으로 계급사회로의 이행 및 국가 형성 과정에 대한 이해가 기본을 이룬다. 물론 초등과정에서 이러한 역사상이 반드시 서술될 필요는 없다고 본다. 다만 '국가 성립'이 이전의 선사사회와는 질적으로 다른 사회 구성을 갖춘다는 점은 기술되어야 한다고 생각한다. 현행 초등 역사교과서에서는 단군 이야기에 초점을 맞춤으로써 국가 성립이라는 역사적 변화가 거의 언급되지 못하였음을 지적하고자 한다.

③ 역사지도와 인물 이야기를 통해 고구려, 백제, 신라의 발전 과정을 파악한다:

초등과정 단계에서는 중학교 이후 단계에서 서술하는 고조선 이후에 등장하는 부여 등 여러 나라에 대한 내용 요소가 생략되어 있다. 초등 단계에서 굳이 이 부분을 학습해야 된다고 생각하지 않지만, 최소한 통사적 구조로 볼 때, 고조선에서 삼국으로의 역사 전개의 논리구조를 무엇으로 설정할지에 대한 고민이 필요한 부분이다. 아무리 초등과정이지만 통사로 서술하기 위해서는 역사 전개의 여러 단계에 대한 이해가 필요하다고 본다.

그리고 삼국시대 역사상을 인물을 중심으로 서술할 때 주몽, 온조, 박혁거세 등 건국 시조 이야기가 빠질 수 없을 것이다. 그렇다면 고조선과 마찬가지로 삼국의 건국을 서술할 때에도 '건국신화'가 주된 내용이 될 것이다. 그런데 건국신화와 시조를 중심으로 서술하다보면 고조선이 최초의 국가라는 점을 제외하면, 고조선과 삼국의 건국 자체에서 그리 차별성이 드러나지 않을 수 있다. 고조선의 건국과 삼국의 건국을 어떻게 단계화할 것인지가 중요할 것이다. 초등과정에서 청동기문화 단계와 철기문화 단계라는 구분은 가능할 것이며, 그렇다면 사실상 건국신화보다는 문화발전 단계에 대한 서술이 중심을 이룰 수밖에 없을 것이다.

이와 관련하여 지도와 인물 이야기로 삼국의 발전 과정을 파악한다고 제시하고 있는데, 필자로서는 그 '발전상'이 쉬이 떠오르지 않는다. 즉 국가의 발전 과정이라고 한다면, 국가체제, 영역의 변화, 사회와 문화의 발전 등등으로 서술하게 마련인데, 어떻게 인물과 지도를 통하여 국가의 발전을 설명할 수 있는지 의문이다. 인물을 통해 삼국 역사의 전개 과정을 드러낸다면 고구려의 광개토왕과 장수왕, 백제의 근초고왕, 신라의 진흥왕 등이 서술에 포함될 것이며, 결국 영역의 확장이라는 부분이 삼국의 발전을 보여주는 주된 내용이 되기 마련이다.

역사지도의 경우에도 마찬가지이다. 기존의 역사교과서에 대체로 백제의 전성기(4세기), 고구려의 전성기(5세기), 신라의 전성기(6세기)라는 역사지도를 통해 삼국의 영역 변화 과정을 보여주고 있는데, 아마도 2011년 개정 교육과정에 의해 편찬되는 교과서도 이와 크게 다르지 않으리라 예상된다. 그렇다면 주요 인물과 역사지도로 설명할 수 있는 것은 삼국의 영역의 변화 및 전성기 영토 확장의 양상이 중심이 될 것인데, 이를 통해 삼국의 발전을 설명한다면 결국 영역 확장이 국가 발전이라는 단순한 논리가 되지 않을까 우려된다.

④ 선덕왕, 김춘추, 김유신, 계백, 을지문덕, 대조영 등을 중심으로 삼국

의 통일 과정과 발해의 건국을 이해한다:

위 인물들이 삼국의 통일 과정을 이해하는 데 적합한지 여부와는 별도로 과연 인물들의 행적을 통해 삼국의 통일 과정을 어떻게 구성할수 있으며, 그러한 구성이 과연 타당한지에 의문을 갖지 않을 수 없다. 김춘추를 통해 나당군사동맹에 대해 설명할 수 있으며, 김유신, 계백을 통해 황산벌 전투와 백제 멸망 정도를 구성할 수 있고, 을지문덕으로 고구려와 수의 전쟁 및 살수대첩 정도를 서술할 수 있을 것이다. 그런데 이들 인물을 통해 각각 구성한 내용으로 과연 삼국의 통일 과정이 서술될 수 있을지 회의가 든다. 그렇다면 애초에 성취 기준에서 '삼국의 통일 과정에서 활동한 인물들에 대해 알아본다.' 정도가 타당한제시가 아닐까 생각한다.

⑤ 유물과 유적을 통해 삼국, 통일신라와 발해 시기의 사람들의 생활모습을 파악한다:

삼국 시기에서 통일신라, 발해까지 생활사를 구성하는 유물과 유적자료라고 한다면 대략 고구려 고분벽화, 신라 토우, 고분 및 고분 출토품자료, 성곽과 도성자료, 사찰 등 불교문화 유적, 기타 발굴 고고자료등등을 거론할 수 있겠다. 이들 자료로 서술할 수 있는 생활상이라고한다면 귀족문화와 생활상이 주된 내용이 될 것이다. 이런 내용이 교육과정의 애초 목표는 아니겠지만, 현실적으로 제시할 수 있는 자료조건을 감안하면 그 한계가 분명하다.

이상의 검토 결과를 종합해보면 고대사의 경우 고조선-삼국의 발전-통일신라와 발해의 성립이라는 정치사의 맥락을 인물을 중심으로다루고, 생활상은 고대 전시기에 걸쳐 유물, 유적을 통해 서술하도록되어 있지만, 정치사의 맥락과 어떻게 연관되는지는 잘 제시되어 있지 않다. 결국 초등교육과정에서는 인물 중심의 정치사와 유적, 유물 중심의 생활사를 어떻게 유기적으로 결합하여 재구성할 것인지가 과제가 될 것이다.

그리고 본고의 목적이 한국고대사 서술에 한정되어 있기에 전체 통사적 맥락을 언급하기는 어렵지만, 유물·유적을 중심으로 서술할 때에도 시대적 불균형이 나타날 가능성이 높다. 예를 들어 현행 초등 역사교과서에서도 고대의 경우에는 고분문화에 대해 적지 않은 서술을 하고 있는데, 통일신라 이후에는 전혀 고분문화가 언급되지 않는다. 고분문화는 그 성격이 변화하면서 조선시대까지 지속되고 있음에도 불구하고 현행 교과서에서도 이러한 맥락이 전혀 서술되지 않고 있다. 물론 시대에 따라 고분문화가 갖는 중요성이 달라지지만, 고분문화의 역사적 맥락에 대한 이해가 단절될 가능성이 높다. 도자기의 경우에도 마찬가지이다. 현행 교과서에는 빗살무늬토기와 무문토기가 서술되다가, 삼국이나 통일신라의 도기는 생략되고 고려의 청자와 조선의 백자로 건너뛰고 있다. 이러한 서술은 각 문화의 역사적 맥락을 이해하는 데 한계를 드러내게 마련이다.

초등과정에서 역사 서술 내용을 확장하자는 뜻은 결코 아니다. 문제는 통사체제를 유지하면서도 정작 통사의 맥락이 흔들리는 결과가 되기 때문이다. 사실 교육과정에서 통사 구성을 골격으로 하면서 인물과 유적, 유물을 중심으로 서술하기는 매우 어렵다고 본다. 반대로 인물과 유물, 유적을 중심으로 한국사를 구성할 수 있는 방안이 무엇인지에 대한 고민이 없이, 이를 통사체제에 쉽게 도입한 현 초등 역사교육과정은 근본적인 문제를 안고 있다고 본다.[8]

---

8. 인물이나 유물, 유적 등 구체적인 역사상으로 초등 역사교육이 이루어져야 한다는 데에서는 필자도 어느 정도 동의한다. 이러한 서술의 방향을 올바르게 살리기 위

2) 중등학교 역사교육과정

(1) 문명의 형성과 고조선의 성립

역사 학습의 목적, 선사문화의 발전에서 국가 형성까지를 다룬다. 역사가 현재 우리의 삶과 긴밀하게 연결되었음을 인식하고, 역사적 상상력을 바탕으로 선사시대 사람들의 삶을 유추해 본다. 세계 여러 지역에서 국가가 형성되고 문명이 성장하는 과정을 이해하고, 이를 바탕으로 고조선의 성립 및 발전 과정, 그 뒤를 이은 여러 나라가 성장을 살펴본다.

① 역사란 무엇인지 그 의미를 알고, 역사를 학습하는 목적을 이해한다.

② 한반도와 세계 여러 지역의 선사문화의 발전 과정을 도구의 변천을 중심으로 파악하고, 유물과 유적을 바탕으로 선사시대 사람들의 생활 모습을 유추한다.

③ 세계 여러 지역에서 탄생한 문명의 공통점을 파악하고, 국가가 형성되고 문명이 성장해 가는 과정을 파악한다.

④ 고조선의 성립을 단군신화 중심으로 파악하고, 고조선의 발전을 철기 문화의 발달과 연결하여 이해한다.

⑤ 고조선 이후 부여, 고구려, 옥저, 동예, 삼한 등 여러 나라가 철기문화를 바탕으로 성장하였음을 설명한다.

(2) 삼국의 성립과 발전

삼국이 성립하여 중앙 집권 국가로 발전하는 과정을 다룬다. 삼국

해서는 통사적 구조가 해체되어야 한다고 생각한다. 좀 더 다양한 방안을 모색할 필요가 있는데, 이에 대해서는 별고에서 다루도록 하겠다.

이 제도 정비와 영토 확장을 통해서 발전하는 과정을 파악한다. 삼국과 가야의 문화가 지니는 특징을 이해한다.

① 고구려의 성장과 영토 확장에 따른 대내외적인 변화를 설명한다.

② 백제의 건국과 성장 과정을 파악하고, 대외 활동의 양상을 이해한다.

③ 신라의 건국과 발정과정을 체제 정비 및 영역 확장과 연관지어 파악한다.

④ 삼국의 발전 과정에서 나타난 공통점을 추출하고, 가야 연맹의 성립과 변화 과정에 나타난 삼국과의 차이를 파악한다.

⑤ 삼국과 가야가 이웃 나라와 교류한 양상을 파악하고, 그 문화적 특성을 불교 예술과 고분 등을 중심으로 이해한다.

(3) 통일 신라와 발해의 발전

고구려의 중국과의 항쟁부터 삼국 통일의 과정을 거쳐, 통일 신라와 발해의 발전, 후삼국 성립까지를 다룬다. 삼국 통일의 과정을 파악하고, 삼국 통일로 우리 민족사의 기틀이 다져졌음을 이해한다. 통일 이후 신라의 대내외적 발전을 이해하고, 신라와 함께 발해가 민족사의 한 축을 이루었음을 살펴본다.

① 고구려의 수·당과의 전쟁 배경과 과정을 파악하고, 그 역사적 의의를 설명한다.

② 삼국 통일의 과정을 동아시아 국제 정세 속에서 이해하고, 그 의의와 한계를 파악한다.

③ 통일 이후 신라의 대내외적 발전의 양상과 그 의미를 이해한다.

④ 통일 이후 신라의 문화를 불교 예술을 중심으로 파악한다.

⑤ 발해의 성립과 문화적 특징을 통하여 고구려와의 관련성을 설명하고, 발해의 발전상을 이해한다.

⑥ 신라 하대 사회의 동요와 후삼국의 성립을 이해한다.

중학교 '역사'는 한국사와 세계사가 통합되어 있는 교육과정이다. 물론 구체적인 내용을 보면 한국사와 세계사가 단원별로 분리 구성되어 있다. 2011년 개정 교육과정에서는 계열화를 위해 초등과정은 인물사·생활사 중심으로, 중등과정은 정치사·문화사 중심으로 구성하고 있다. 그중에서도 정치사가 강조되고 있기 때문에 비교적 통사적 구성이 용이한 편이다.

먼저 시기별 단원 구성은 [고조선, 고조선 이후 여러 나라]-[삼국, 가야]-[통일신라와 발해] 라는 구성이 가능하다. 전체적으로는 시기 구분 자체는 초등과정의 통사 구성과 그리 차이가 없다. 다만 초등과정에는 삼국의 통일 과정 시기가 별도 단원으로 분리되어 상당한 비중으로 구성되고 있음이 중등과정과 눈에 띄는 차이라고 할 수 있다. 구체적으로 성취 기준에 대해서 검토하도록 하자.

(1)-② 한반도와 세계 여러 지역의 선사문화의 발전 과정을 도구의 변천을 중심으로 파악하고, 유물과 유적을 바탕으로 선사시대 사람들의 생활 모습을 유추한다:

선사문화를 세계사와 연관하여 구성한 점은 중학교 《역사》의 의미가 가장 잘 구현된 부분이라고 할 수 있으며, 실제로 선사문화에 대한 서술의 여러 양상들은 '한국사'의 모습과 아울러 세계 선사문화의 보편적인 이해에 기초하고 있다. 다만 일반적으로 선사시대에서 청동기 문화 단계를 다루고 있는데, 세계 문명의 등장이나 고조선의 등장 부분과 중첩되는 부분이 있어 이에 대한 서술에서 적절한 내용 조정이 필요하다.

(1)-③ 세계 여러 지역에서 탄생한 문명의 공통점을 파악하고, 국가가 형성되고 문명이 성장해 가는 과정을 파악한다. ④ 고조선의 성립을 단군 신화 중심으로 파악하고, 고조선의 발전을 철기 문화의 발달과 연결하여 이해한다:

국가의 형성과 문명의 탄생 부분에서 세계사와 한국사는 분리될 수 밖에 없는데, 한국사에서는 이른바 초기 고대문명이 등장하지 않기 때 문이다. 그러나 국가의 형성이라는 점에서는 세계사의 발전과 동일한 인식체계를 갖출 필요가 있다. 그럼에도 불구하고 고조선의 성립을 '단군신화'를 중심으로 파악하게 한 점은 균형 잡힌 시각은 결코 아니 다. 아마도 초등과정과 마찬가지로 민족사의 기원으로서 고조선의 성 립을 기술하기 위한 목적으로 짐작되지만, 고조선을 단군신화를 중심 으로 파악하는 것은 바람직하지 않다.

단군신화는 건국의 과정을 담고 있을 뿐이며, 게다가 현재 전하는 단군신화의 내용은 그 전승이 고려시대에 채록된 것으로 후대적 요소 가 적지 않게 포함되어 있다. 물론 단군신화의 기본 내용이 고조선 대 의 산물임은 이론이 없다.[9] 단군신화는 청동기시대에 새로운 부족집 단이 출현하는 장면이 담겨있고, 구체적으로 고조선이라는 국가의 출 현 과정은 보이지 않는다.[10] 즉 고조선의 성립을 단군신화로 설명하는

---

9. 노태돈 외,《단군과 고조선사》, 사계절, 2000.
10. 송호정, 앞의 〈제7차 개정 교육과정 중2 '역사' 교과서의 '문명의 형성과 고조선의

것은 무리가 있다. 따라서 고조선의 성립 과정은 세계사의 다른 지역의 국가형성과 마찬가지로 청동기문화를 중심으로 고고자료를 기초로 파악함이 마땅하다. 실제로 〈2009년 교육과정 집필 기준〉에는 "고조선의 성립을 청동기문화를 바탕으로 설명하고 단군신화와 사기 등 사서의 기록을 참고로" 하게 되어 있다. 이 점에서 2011년 위 성취 기준은 오히려 고조선에 대한 정합적인 서술에 제약이 된다.

그리고 청동기시대의 일반적인 시대 배경으로 고조선의 건국을 서술하더라도, 고조선을 만주와 한반도에 걸친 국가로 서술하는 데에는 주의를 요한다. 또한 단군신화는 그 자체가 신화일 뿐이며, 그 내용 분석을 통해 청동기시대 국가 성립의 요소를 파악할 수 있는 서술에 한정되어야 한다. 예를 들어 '홍익인간'을 고조선의 건국이념으로 서술하거나, 단군을 '시조'라는 특정 인물로 파악하는 서술은 곤란하다. 그리고 고조선의 건국연대, 중심지, 세력범위 등에 대해서는 그동안 적지 않은 논란이 있지만, 현행 교과서의 서술에 대한 기왕의 검토가 참고가 되기 때문에,[11] 본고에서는 생략하도록 한다.

(1)-⑤ 고조선 이후 부여, 고구려, 옥저, 동예, 삼한 등 여러 나라가 철기문화를 바탕으로 성장하였음을 설명한다:

고조선 이후 부여 등 여러 국가의 등장은 기왕의 교과서에서도 기술되고 있는데, 이들 국가의 성격을 고조선-삼국의 중간 단계에 어떻게 설정하느냐가 기술상의 논란거리라고 하겠다. 이는 사실상 한국고대사 연구에서 국가형성론과 밀접하게 관련되어 있는 주제로, 이에 대해서는 3절에서 다시 언급하도록 하겠다.

성립'서술내용 검토〉, 56쪽.
11. 송호정, 앞의 글, 56~67쪽 참조.

다음 (2) 삼국의 성립과 발전에서는 핵심 내용이 삼국이 중앙 집권국가로 발전하는 과정으로 제시되어 있다. 따라서 삼국과 가야와 관련된 성취 기준을 묶어서 살펴보자.

(2)-① 고구려의 성장과 영토 확장에 따른 대내외적인 변화를 설명한다. ② 백제의 건국과 성장 과정을 파악하고, 대외 활동의 양상을 이해한다. ③ 신라의 건국과 발전 과정을 체제 정비 및 영역 확장과 연관 지어 파악한다. ④ 삼국의 발전 과정에서 나타난 공통점을 추출하고, 가야 연맹의 성립과 변화 과정에 나타난 삼국과의 차이를 파악한다.:

고구려의 경우 백제와 신라와는 달리 '건국'이라는 내용을 제외한 이유는 (1)-⑤에서 고구려의 건국이 다루어지기 때문이다. 그러나 백제·신라·가야의 건국 문제는 (1)-⑤의 삼한의 기술과 겹치고 있다. 삼한의 존재 시기 및 백제·신라·가야의 건국과 성장은 시기상 서로 중첩되기 때문에, 양자에 대한 균형 잡힌 시각과 서술은 상당히 어려운 문제이다. 이는 한국고대사 연구에서도 주요한 논쟁적 주제의 하나이기도 하다. 이에 대한 역사교과서의 서술 방안에 대해서는 4절에서 다시 살펴보도록 하겠다.

그리고 삼국의 발전 과정의 공통성 및 삼국과 가야 연맹의 비교라는 서술 방향에 대해서도 필자는 비판적인 입장을 갖고 있다. 이러한 시각은 고대국가론, 국가형성론이 활발하게 논의되었던 연구상황에서는 중요 주제였을지도 모르지만, 현재에도 과연 삼국과 가야사의 국가발전단계의 차이를 이해하는 목표 설정이 역사교육에서 어떤 의미가 있는지 궁금하다. 사실 삼국이 중앙집권국가로 발전하는 과정을 핵심 내용으로 하는 목표부터 재고할 필요가 있다고 본다. 그리고 고대 중앙집권국가의 특성에 대해서 기존의 교과서에서는 불교공인, 율령반

포, 관료제의 발달 등을 거론하고 있는데, 과연 이것으로 충분한지 좀 더 논의가 필요하다고 본다. 이에 대해서는 4절에서 다시 서술하도록 하겠다.

⑵-⑤ 삼국과 가야가 이웃 나라와 교류한 양상을 파악하고, 그 문화적 특성을 불교 예술과 고분 등을 중심으로 이해한다:

삼국시대의 문화 교류 양상을 국제적 시각에서 살피게 한 점은 진전된 내용 구성이며, 이 주제에 대해서는 근래 적지 않은 연구성과가 축적되고 있다. 다만 삼국문화의 특징을 불교예술과 고분을 중심으로 설정한 것은 현재 남아 있는 유물·유적자료의 풍부함을 고려한 것으로 보이지만, 삼국문화에 대한 기술의 폭은 이보다 확장되어야 할 것이다.

그리고 2009년 집필 기준을 보면, "삼국문화의 일본 전파와 함께 일본으로 이주한 사람들이 일본 열도의 고대국가의 성립과 발전에 기여하였음에 유의하며 서술"하라고 제시되어 있다. 삼국문화의 일본 전파는 그동안 교과서에서 다룬 주요 내용의 하나이다. 아울러 일본계 유물이 한반도 남쪽 지역에 다수 출토되는 양상도 고려해야 한다. 즉 일방적인 문화 교류상만이 전부가 아니라, 삼국과 일본 간에는 비록 삼국이 상대적으로 우월한 문화 수준을 갖고 있다고 하더라도, 상호 교류의 측면이 존재한다. 예를 들어 백제 무령왕릉의 부장품에는 중국계유물, 왜계 유물 등이 포함되어 있어 다양한 교류의 양상을 짐작할 수 있다.[12] 일방적인 문화 전파라는 서술 방향은 국제관계가 상호 관계라는 객관적인 역사상을 이해하는 데 제약이 될 수 있다. 그리고 일본으로의 문화 전파를 강조하려면 당연히 중국으로부터의 문화 수

12. 권오영, 《고대 동아시아 문명교류사의 빛, 무령왕릉》, 돌베개, 2005.

용의 양상도 객관적으로 서술되어야 균형이 맞을 것이다. 역사의 이해가 단지 '민족적 자부심'을 만족시키려는 목적이 아니라면, 균형 있고 객관적인 서술이 무엇보다 중요하다.

다음 '(3) 통일 신라와 발해의 발전'에서는 "삼국 통일의 과정을 파악하고, 삼국 통일로 우리 민족사의 기틀이 다져졌음을 이해한다." "신라와 함께 발해가 민족사의 한 축을 이루었음을 살펴본다."라고 제시하고 있다. 그런데 여기서 삼국 통일로 민족사의 기틀이 다져졌다는 의미가 무엇인지 불분명하다. 다만 〈2009년 집필 기준〉을 보면 "민족 통합정책의 실시", "삼국의 문화가 통합 발전되면서 민족문화의 바탕을 이룬 사실" 등이 언급된 것으로 보아 삼국이 하나로 통합된 기반을 마련하였다는 점을 강조하는 의미로 해석된다. 아울러 발해사가 민족사의 한 축이라는 점을 강조하는 것에서, 이 시대의 서술에서 무엇보다 '민족사'의 인식에 초점을 맞추는 것이 특징임을 알 수 있다. 그러면 세부 성취 기준을 살펴보자.

(3)-① 고구려의 수·당과의 전쟁 배경과 과정을 파악하고, 그 역사적 의의를 설명한다:

고구려와 수, 당과의 전쟁에 대한 이해에서 전쟁의 배경이나 과정 등에 초점을 맞추면 자연스럽게 당시 동아시아 국제정세에 대한 서술이 이어지게 되고, 수·당과의 전쟁으로부터 나당전쟁까지 동아시아 국제 정세 변동이라는 의미를 파악할 수 있을 것이다. 〈2009년 집필 기준〉에는 "중국의 고구려사 왜곡과 관련하여 고구려와 수·당의 전쟁이 고구려가 중국과 구별되는 독자적인 국가임을 증명해주는 국제 전쟁의 성격을 가졌음에 유의한다"라고 제시하고 있다. 이는 중국의 '동북공정'을 비판하기 위한 집필 기준임이 분명하다. 굳이 이러한 기준을 제시하지 않더라도 수·당과의 전쟁만이 아니라 교과서에 서술되는 모든 전쟁은 그 배경이 되는 국제관계를 서술함이 바람직하다.

(3)-② 삼국 통일의 과정을 동아시아 국제 정세 속에서 이해하고, 그 의의와 한계를 파악한다:

삼국 통일의 과정을 동아시아의 국제정세 속에서 파악하게 한 점은 진전이다. 이에 대한 학계의 연구 또한 크게 진전되고 있는 상황을 반영하고 있다고 생각한다. 다만 삼국 통일의 의의와 한계를 파악하는 성취 기준은 역시 민족사 이해 방식의 투영이다. 그리고 〈2009년 집필 기준〉에 의하면 "민족사의 발전 과정에서 나타나는 자연적인 흐름인 내재적인 통일의지에도 유의한다"라는 기준이 제시되어 있는데, 사실상 삼국시대에는 민족의식이 형성되어 있지 않기 때문에 통일의지가 있다고 상정하는 것 자체가 역사적 사실과 어긋난다. 아무리 민족사의 구성이라고 하더라도 실재하지 않은 역사상을 서술하는 것은 곤란하다. 굳이 민족의식과 관련하여 서술하고자 한다면, 고구려의 천하관에서 보이는 동류의식이나 삼국 통일 이후 '일통삼한(一統三韓)' 의식을 언급하는 정도가 바람직하다고 생각한다.[13]

그리고 만주지역을 역사의 무대에서 제외된 불안전한 통일이라는 식의 평가에 대해서는 유의할 필요가 있다. 역사교육에서 하나의 역사상에 대한 평가와 교훈을 찾는 작업은 매우 중요하고 유효하다. 다만 그러한 역사적 평가를 지나치게 현재적 시각에서 접근한다거나 특

13. 노태돈, 〈三韓에 대한 인식의 변천〉,《한국사연구》 38, 1982; 노태돈, 〈5세기 금석문에 보이는 고구려인의 천하관〉,《한국사론》 19, 1988; 노태돈, 〈한국민족 형성과정에 대한 이론적 고찰〉,《한국고대사논총》 1, 1991; 노태돈, 〈한국민족형성시기론〉,《한국사시민강좌》 20, 1997.

히 현재의 과도한 민족주의적 관점을 투영하는 서술은 경계해야 할 것이다.[14]

(3)-③ 통일 이후 신라의 대내외적 발전의 양상과 그 의미를 이해한다:

통일신라 이후의 발전 양상과 그 의미는 연구사의 관점에서 보면 상당히 논쟁적인 주제를 포함하고 있다고 볼 수 있다. 즉 통일신라의 사회발전을 어떻게 파악하느냐에 따라서 시대구분에서 고대사회로 보는 견해와 중세사회로 보는 견해로 나뉘며, 과도기로 설정하는 견해도 있다. 어쨌든 사회발전의 양상과 그 의미라고 할 때, 통일신라 사회의 성격 문제를 짚고 넘어갈 필요가 있다. 이와 아울러 정치체제의 측면에서는 이른바 '전제왕권론'에 대한 기술 문제도 빼놓을 수 없는 단골 주제이다.[15] 그리고 단원 구성항목과는 달리 '통일신라'라는 용어를 사용하지 않고 '통일 이후 신라'라는 표현을 사용한 것이 남북국시대론과 관련된 의도적인 표현인지 필자로서는 매우 궁금하다.

(3)-④ 통일 이후 신라의 문화를 불교 예술을 중심으로 파악한다:

통일신라의 문화를 불교 예술을 중심으로 파악하는 것은 그리 타당해보이지 않지만, 많은 불교 예술이 남아 있어 교과서에서 활용할 자료가 풍부한 점은 분명하다. 그러나 통일신라의 문화는 당시 국제문화의 중심적 역할을 하는 당 문화와 동시성을 갖고 변화한다는 점에서 매우 국제적이고 개방적인 성격이 두드러지고 있음이 반드시 언급될

---

14. 현행 중학교 역사교과서 중 삼국 통일 서술에서 과도한 민족주의의 투영 문제점에 대해서는 하일식, 앞의 〈《중학교 역사》의 통일신라·발해 서술 검토〉, 156~158쪽 참조.
15. 현행 중학교 역사교과서에서 전제왕권에 대한 기술 문제는 하일식, 앞의 글, 147~148쪽 참조.

필요가 있다. 유교문화 또한 이전 시기보다 발전하고 있음도 빼놓을 수 없는 서술 내용이다. 〈2009년 집필 기준〉에는 "신라의 삼국 통일로 고구려, 백제, 신라의 문화가 통합 발전되면서 민족문화의 바탕을 이룬 사실에 유의하며 서술"하도록 제시되어 있다. 삼국의 문화가 융합된 면은 틀림없는 사실이지만 그러한 면을 구체적으로 기술하는 자료도 그리 많지 않고, 또한 통일신라 문화의 본질적인 부분은 역시 당대 국제문화와의 연관 속에서 파악함이 타당하다고 본다. 구체적인 내용을 확보하지 못한 '민족문화의 바탕' 운운하는 부분은 단순히 선언적인 의미에 그칠 가능성이 크다.

(3)-⑤ 발해의 성립과 문화적 특징을 통하여 고구려와의 관련성을 설명하고, 발해의 발전상을 이해한다:

발해의 문화적 특징에서 고구려와의 관련성을 설명하는 내용이 강조되고 있는 것은 오히려 발해사의 독자성을 결여시킬 가능성이 높다. 즉 발해사가 고구려사를 계승하는 성격을 갖고 있다 하더라도, 발해 역시 독자적인 문화발전을 성취한 국가이다. 기왕의 교과서에서 많이 사용한 '해동성국'이라는 표현은 곧 당대 최고 수준의 당 문화를 수용하는 국제성, 개방성을 보여주었기 때문이다. 따라서 발해민족사의 위상은 고구려와의 관련성만이 아니라 발해사 자체의 성격을 통해 드러낼 필요가 있다.

그리고 과거 국사교과서에서 '남북국시대'라는 용어가 사용되었는데,[16] 본 교육과정에서는 이러한 용어가 전혀 등장하지 않는다. 다만 〈2009년 집필 기준〉에 "통일신라와 발해가 병존한 시기를 남북국시대로 명명하는 인식이 학계에 큰 흐름을 형성하고 있음에 유의하며, 남

---

16. 국사편찬위원회, 《국사》, 교육인적자원부, 2007, 56쪽.

북국시대론의 의미와 한계까지 파악할 수 있도록 서술한다"라고 제시되어 있다. 남북국시대론 자체를 여기서 검토할 필요는 없지만, '남북국시대'라는 용어가 고대사연구의 주요 논쟁거리 중 하나였음을 고려하면,[17] 굳이 "남북국시대론의 의미와 한계까지 파악"하는 서술이 필요한지 의문이다. 오히려 교육과정이나 집필 기준에서 기왕의 교과서에서 사용하던 '남북국시대'라는 용어를 왜 사용하지 않는지에 대한 입장과 이유를 설명할 때, 역사교육 현장에서의 혼란이 줄어들지 않을까 생각한다.

(3)-⑥ 신라 하대 사회의 동요와 후삼국의 성립을 이해한다:
신라 하대의 역사상에서는 특별한 강조점이 교육과정에서 제시되지 않기 때문에 따로 언급할 내용은 보이지 않는다.

전체적으로 중등 역사교육과정 중 한국고대사를 포함하여 한국사의 영역에 한정해서 보면 중학교 《역사》 교육과정은 다음에서 살펴볼 고등학교 《한국사》에 비해서도 성취 목표를 가장 구체적으로 제시하고 있다. 그리고 정치사·문화사 중심으로 구성하고 있기 때문에 통사적 서술체제에 적합하게 성취 기준이 제시되고 있다. 정치사의 기본 골격은 고대국가의 성립과 중앙집권국가로의 발전으로, 국가형성론이나 고대국가론 중심의 한국고대사 연구성과가 투영되어 있다고 할 수 있다. 그리고 신라의 삼국 통일이나 발해사 서술에서는 민족사의 인식이 강조되고 있음도 특징이라고 할 수 있다. 또한 고구려와 수·당의 전쟁이나 신라의 삼국 통일 과정에서 국제정세에 대한 이해

---

17. 문안식, 〈'남북국시대론'의 허상에 대하여〉, 《한국고대사연구》 19, 2000; 김종복, 〈발해사 인식의 추리─남북국시대론을 중심으로〉, 《사림》 26, 2006; 김은국, 〈남북국시대론과 발해 Diaspora〉, 《고구려발해연구》 40, 2011.

를 강조하고 있는 점도 기존의 역사교육과정보다 진전된 부분이라고 할 수 있다. 다만 고조선 등 초기 국가의 성립과 중앙집권국가로 발전한 삼국의 국가 형성을 어떻게 단계화할 것인지에 대해서는 교육과정에서 구체적으로 제시하고 있지 않은데, 이에 대해서는 4절에서 다루도록 하겠다.

3) 고등학교 역사교육과정

---

(1) 우리 역사의 형성과 고대 국가의 발전

한반도와 만주 지역에서 여러 정치 세력들이 정치·군사적 경쟁 및 경제·문화적 교류를 통해 중앙 집권 국가로 발전하는 역사의 흐름을 간략하게 이해한다. 시기는 선사시대부터 고려 성립 이전까지를 대상으로 한다.

① 선사문화의 세계사적 흐름 속에서 우리 민족의 형성 과정을 파악한다.

② 고조선과 초기 철기시대에 등장한 여러 나라의 사회 모습과 풍속을 파악한다.

③ 삼국 및 가야의 발전 과정을 통해 고대 국가의 특성을 파악하고, 고대 국가의 대외관계를 살펴본다.

④ 통일 신라와 발해의 발전과 사회·경제적 모습을 파악한다.

⑤ 고대 국가들이 동아시아의 국제 관계 속에서 다양한 교류를 통해 불교, 유교, 도교 등의 사상과 문화를 발전시켰음을 이해한다.

고등 역사교육과정 경우에 2011년 개정 교육과정은 2010 역사과 부

분 개정 교육과정의 '성격·목표'를 가급적이면 개정하지 않고, 2009 교육과정 총론과 역사과 교육과정 각론의 괴리를 해소하는 방향으로 개정하였다고 한다.

사실 고등학교과정의 '한국사'는 교육과정 개편 과정에서 가장 큰 변화를 겪은 과목으로서, 현재는 통사체계로 구성되어 있다. 다만 초등, 중등 교육과정을 계열화하는 원칙을 구현하기 위해 사회경제사, 사상사, 대외관계사를 중심으로 서술하도록 제시하고 있다. 통사체계는 기본적으로 정치사의 흐름을 기본으로 하기 때문에, 사회경제사, 사상사, 대외관계사 서술을 강조한다 하더라도 정치사 맥락과의 결합이 매우 중요하다. 특히 대외관계사는 그 자체가 정치사 영역으로서 중학교과정의 정치사 맥락과 차별성을 강조하는 대목이기도 하다. 다만 성취 기준은 매우 소략하게 제시하고 있다. 그러면 성취 기준 중 한국 고대사 영역을 검토하자.

① 선사문화의 세계사적 흐름 속에서 우리 민족의 형성 과정을 파악한다:

이 성취 기준은 고등학교과정이기 때문에 세계사와 한국사의 유기적 관련성을 강조하고 있다. 그런데 선사문화의 세계사적 흐름과 우리 민족의 형성 과정을 관련시켜 파악하는 것은 잘못된 기준 제시라고 판단된다. 왜냐하면 세계사에서 선사시대에 민족형성 과정을 다루는 예는 찾기 어렵기 때문이다. 교육과정상에서 한국사 과목이 비록 민족사의 구성을 목표로 설정하고 있다고 하더라도, 선사시대의 기술에서 민족의 형성 과정을 파악하도록 목표를 설정하는 것은 지나치다고 생각한다.

물론 본 성취 요소의 본래 의도는 선사시대의 역사와 그 이후 민족

형성의 역사가 분절되지 않고 하나의 맥락에서 파악할 필요가 있다는 뜻이 아니었을까 짐작해본다. 그렇다면 아마도 민족의 형성 과정을 파악하기보다는 한국 역사의 무대가 설정되는 시기로서 선사문화의 공간적·문화적 범주를 다루는 내용, 그리고 구석기 이래 청동기시대까지를 하나의 맥락에서 파악하는 정도가 가장 합리적 내용일 것이다. 〈2009년 집필 기준〉은 "민족의 기원을 특정 학설보다는 우리 민족이 주로 활동한 공간과 세력의 형성 과정에 유의한다. (중략) 민족을 이해할 때 혈연적 요소와 문화적 요소를 고려하며, 선사시대에 민족 형성의 기반이 마련되었다는 점에 유의한다"라고 제시하여, "민족형성의 기반"이라고 얼버무리고 있지만, 아무래도 선사시대 서술에서는 그러한 언급 자체가 역사상과 크게 어긋나고 있다. 한민족을 구성하는 종족 및 이후 민족사의 공간적 무대가 되는 지역을 중심으로 선사시대사를 서술하는 것이 적절할 것이다.

② 고조선과 초기 철기시대에 등장한 여러 나라의 사회 모습과 풍속을 파악한다. ③ 삼국 및 가야의 발전 과정을 통해 고대 국가의 특성을 파악하고, 고대 국가의 대외관계를 살펴본다:

성취 요소 ②와 ③은 함께 살펴볼 필요가 있다. 고대의 국가체를 시기상 둘로 나누고 있는데, 바로 고조선 및 초기철기시대의 국가단계, 그리고 삼국과 가야 단계이다. 이중 후자가 고대국가 단계로 기술하도록 되어 있기에, 논리적으로 전자는 고대국가 이전 단계로 기술해야 한다. 기왕의 국사교과서에서는 통상 '연맹왕국'이라는 개념을 사용하였는데,[18] 고조선과 여러 국가의 성격을 국가형성론에서 어느 단계로 설정할 것인지는 한국고대사학계에서 여전히 논쟁적인 주제이다. 그

---

18. 7차 교육과정에 의거한 국사편찬위원회, 《국사》, 교육인적자원부, 47.

리고 삼국시대에서 고대국가의 특성을 파악하는 성취 목표를 제시하였다면, 이후 중세국가의 특성 역시 함께 파악해야 타당한데, 이러한 성취 기준은 찾아볼 수 없다. 그렇다면 논리적으로 고대국가의 특성은 그 이전 단계의 국가체와 비교를 뜻하는 것이고, 이는 그동안 교육과정과 국사교과서 등에서 반복되고 있던 국가형성론의 이해를 그대로 반영하고 있다고 판단된다.

이와 관련하여 〈2009년 집필 기준〉에 "삼국의 국가형성 시기와 초기 상황에 대해 논란이 있음을 유의"하라는 기준이 제시되어 있다. 하지만 학술적인 논쟁이 아니고, 또한 역사관의 차이를 드러내는 주제가 아닌 이상 역사교육의 차원에서는 좀 더 합리적인 서술 방안을 찾아 제시하는 노력이 필요하다고 생각한다. 이러한 국가형성론과 관련하여 필자 나름대로의 방안을 4절에서 제안하도록 하겠다.

다음으로 삼국 및 가야의 발전 과정에서 고대국가의 특성을 파악하는 내용은 기왕의 교육과정과 연관시켜 보면, 삼국과는 달리 가야는 고대국가를 성립하지 못했던 점을 기술하는 내용이 포함될 것이다. 이는 중학교 교육과정의 2-③의 성취 기준과도 연결된다. 따라서 삼국과 가야의 비교를 통한 고대국가의 성격에 대한 이해가 중요한 성취 기준의 하나라는 점을 알 수 있다. 이에 대한 문제점은 앞의 중학교 교육과정 검토에서 다루었기에 여기서는 생략한다.

④ 통일 신라와 발해의 발전과 사회·경제적 모습을 파악한다:

여기서는 발해의 사회·경제사에 대한 이해는 매우 부족하기 때문에 통일신라에 초점을 맞출 수밖에 없을 것이다. 고대 시기에서 사회·경제사 영역의 성취 기준을 제시한 것은 통일신라와 발해 시기가 처음인데, 사실상 현 한국고대사의 연구성과로 보더라도 삼국시대까지는 이 부분에 대한 서술이 제한될 수밖에 없는 실정이다. 그러나 부족한 수준에서라도 삼국시대의 농업생산력이나 교역체계, 수공업 등에 대한 서술이 어느 정도는 가능하다. 그리고 〈2009년 집필 기준〉에서는 중학교 집필 기준과 마찬가지로 "남북국시대로 명명하는 역사인식의 흐름이 있음에 유의하며, 그 의미와 한계를 서술한다"라고 제시하고 있다. 이에 대해서도 앞에서 언급하였기 때문에 생략한다.

⑤ 고대 국가들이 동아시아의 국제 관계 속에서 다양한 교류를 통해 불교, 유교, 도교 등의 사상과 문화를 발전시켰음을 이해한다:

마지막 성취 기준은 동아시아 세계의 틀에서 고대 시기 문화 교류의 양상에 초점을 맞추고 있다. 앞의 삼국 시기에는 정치적 대외관계에 초점을 맞추었다면, 여기서는 고대국가 전체의 문화 교류의 양상을 강조하고 있다. 근자에 한국고대사학계에서 많은 관심을 기울이고 있고 적지 않은 연구성과가 축적되고 있는 동아시아 국제관계에 대한 연구 상황을 반영하고 있다고 생각된다. 그리고 불교, 유교, 도교 등의 사상 체계 중심으로 목표를 제시한 점은 중학교 교육과정에서 "(3)-④ 통일 이후 신라의 문화를 불교 예술을 중심으로 파악한다."라는 성취 기준과 동일한 맥락이라고 생각된다. 그리고 〈2009년 집필 기준〉에서 "고대국가의 문화 교류를 동아시아 고대문화의 유사성과 차별성, 상호 교류의 시각에서 서술하여 일방적인 문화 전파로 인식되지 않도록 유의한다"라고 합리적인 기준을 제시하면서도, 이어서 삼국문화의 일본 전파 내용을 굳이 덧붙이고 있어, 이 주제에 대한 기왕의 고정 관념을 벗어나지 못하고 있음을 엿볼 수 있다.

이상에서 보듯이 고등학교 역사교육과정은 성취 기준이 단지 사회경제사, 사상사, 대외관계사를 중심으로 서술하도록 소략하게 제시하는 수준이기 때문에 구체적으로 그 교육과정의 목표나 성격을 검토하기가 어렵기에, 아쉽지만 위의 검토로 그치도록 한다.

이상 초등, 중등, 고등 각 급 학교의 역사교육과정을 검토하면서 한국고대사 영역에서 역사교육의 주된 내용과 흐름들에 대해 짚어보았다. 앞의 검토 중에서 주요 논점만을 간략히 정리하도록 하겠다.

첫째, 초등과정에서는 인물 중심의 정치사 및 유적, 유물 중심의 생활사로 구성하고 있다. 앞서 인물 중심의 정치사 기술의 어려움은 이미 언급한 바 있다. 문제는 생활사의 구성이 과연 가능한가이다. 또한 가능하다면 초등과정에서 생활사의 어떠한 내용의 구성 요소를 갖출 수 있는지에 대해 연구성과를 정리할 필요가 있을 것이다.

둘째, 중등과 고등학교 역사교육과정에서 삼국시대의 경우 고대국가의 성격, 중앙집권국가로의 발전상 등이 주요 주제이다. 즉 연구사의 측면에서 보면 국가형성론과 고대국가론 등 '국가론'이 핵심 논점이라고 할 수 있다. 이 분야가 1980년대 이후 한국고대사 연구의 중요 주제임이 틀림없으나, 현 시점에서도 이 주제가 고대사 역사교육의 핵심이 되어야 하는지는 논의가 필요한 부분이다.

셋째, 중등과 고등 교육과정에서 동아시아의 국제관계 내지는 문물교류의 양상 등에 대한 내용 요소는 근자에 축적되고 있는 한국고대사 연구성과나 연구관점을 충분히 반영하고 있는 부분으로, 이에 대한 연구동향에 대해 정리할 필요가 있을 것이다.

넷째, 민족사로서의 인식을 강조하는 부분이다. 민족의 형성, 고조선 인식, 삼국 통일 및 발해의 건국 등등의 성취 요소에서 특히 잘 드러나고 있다. 역사교육에서 '민족사'의 구성 문제는 이제는 그 당위성이나 역사 구성의 타당성, 혹은 민족사 구성의 이론적 틀 등에 대해 본격적인 논의가 필요한 시점이라고 할 수 있다. 하지만 이 부분은 별도로 다루어야 할 중요한 주제이기 때문에, 본고에서는 한국고대사 연구에서도 이러한 민족사의 구성 문제에 대한 비판적 검토가 근래에 제기되고 있다는 점만을 지적하고 넘어가고자 한다.[19]

3. 최근 한국고대사의 연구동향과 성과

한국고대사 분야에서 근자의 연구동향과 관련해서는 다음 책이 주목된다.[20] 한국고대사학회가 창립 20주년으로 기획한 《한국고대사 연구의 새동향》이다.[21] 한국고대사학회는 한국고대사 연구자의 대부분이 활동하고 있는 가장 중심적 위상을 갖고 학회이다. 또한 한국고대사연구를 전공하고 있는 중진연구자 42명이 필자로 대거 참여하고 있기 때문에, 이 책이 최근 20여 년간의 새로운 연구동향을 망라했다고 보아도 충분하다. 따라서 본고에서는 이 책의 내용과 구성을 중심으로 최근의 한국고대사 연구동향을 정리하도록 하겠다. 먼저 본 책의 목차를 살펴보면 다음과 같다.[22]

---

19. 이성시, 《만들어진 고대》, 삼인, 2001.
20. 이외에 김정배 편저, 《한국고대사입문》 1·2·3, 신서원, 2006; 한국사연구회 편, 《새로운 한국사 길잡이》(상), 지식산업사, 2008도 한국고대사 연구동향을 살펴볼 수 있는 주요한 저작물이다.
21. 한국고대사학회, 《한국고대사 연구의 새동향》, 서경문화사, 2007.
22. 참고로 앞의 《새로운 한국사 길잡이》(상)에서 한국고대사 연구동향과 관련된 목차를 제시하면 다음과 같다.
한국인의 기원과 형성 / 원시사회의 전개와 사회의 복합화 / 국가의 형성 /정치체제 / 신분제와 관등제 / 생산과 유통 / 불교신앙과 사상 / 한국고대 생활문화의 재발견 / 국제관계 / 발해 / 고대사회의 해체

제1부 국가별 연구의 흐름

고조선 · 부여 · 삼한 / 고구려 / 백제 / 신라 상대 / 가야 / 신라 중대 / 발해 / 신라 하대 · 후삼국

제2부 최근 연구의 주요 쟁점

고조선 중심지 문제 / 고구려 나부체제의 형성과 해체 / 영산강유역 정치체의 성격

백제의 지방통치체제 / 신라 상고기의 통치체제 / 신라 중고기의 지방통치조직

신라의 경제제도와 소위 '촌락문서' / 신라 중대의 전제왕권론과 지배체제

가야 정치체에 대한 연맹론과 국가론 / 임나일본부 / 발해의 주민 구성과 귀속문제

제3부 연구자료의 확대와 재해석

비파형 동검문화 / 청동기시대의 취락 / 고구려 고고자료 / 한강유역의 고고자료

《삼국사기》 초기 기록과 《삼국지》 동이전 / 《일본서기》 활용의 성과와 문제점

광개토왕릉비 / 영일냉수리비와 울진봉평비 / 목간연구의 현황과 전망 / 고분벽화

제4부 연구지평의 확대와 주제의 다변화

농경의 발전과 고대사회 / 수공업생산 / 삼한 · 삼국의 교역 / 남북국시기의 교역

왕권과 불교 / 불교신앙과 결사 / 제사와 의례 / 전쟁과 군사 / 도성과 도시

도량형 / 생활사 연구의 현황과 전망

본고의 목적이 한국고대사 연구의 새로운 동향을 살펴보는 데에 있

지 않기 때문에, 위 책의 내용을 구체적으로 검토하지는 않고, 앞서 검토한 역사교육 요소와 관련된 내용만 살펴보도록 하겠다.[23] 사실 위 목차만으로도 최근의 연구주제나 연구방법 등에 대한 연구동향을 대략 짐작하는 데 그리 모자람이 없다고 생각한다. 각 국가와 왕조별 연구동향을 다룬 1부 외에 2부와 4부에서는 쟁점적인 연구주제나 새롭게 확장되어 가는 연구주제들이 어느 정도 한눈에 보이고 있다.

먼저 3부에는 문헌자료의 한계를 넘어서는 새로운 고고자료와 금석문자료의 발굴 및 연구방법론의 진전을 모색하는 동향을 보여주고 있다. 사실 근자에 성취된 한국고대사 연구의 진전은 이러한 사료의 발굴 및 사료 해석에 대한 방법론의 진전에 힘입은 바가 적지 않다. 물론 이러한 한국고대사 연구의 자료 자체가 직접 역사교육의 자료로 활용되기는 어렵겠지만, 사료가 갖는 특성이나 사료적 성격 등으로부터 고대사 연구의 범주와 방향이 정해진다는 측면에서 보면, 이러한 역사자료에 대한 소개도 역사교육의 내용으로 충분히 다루어질 필요가 있다고 생각한다.

예를 들어 광개토왕릉비는 그 비문의 해석을 둘러싸고 근대 동아시아 여러 나라들의 정치적 입장이 강렬하게 투영된 대상이라는 점에서, 역사해석의 정치성을 보여주는 좋은 자료이기도 하다. 또한 광개토왕비의 내용 자체가 고구려인의 시각을 투영하는 정치의식의 산물이라는 점도 유의할 필요가 있다. 기왕의 교과서에서 광개토왕비문의 일부 문구를 사료로 제시한 예가 있는데,[24] 교과서에서 사료를 제시할 때에는 그 사료적 성격과 한계성 등도 동시에 제시해야 학생들에게 사료

---

23. 다음에서 한국고대사 연구동향과 관련하여 앞의 책의 내용을 정리한 서술에서는 별도로 전거를 제시하지 않겠다. 앞의 책의 관련 항목을 참조하기 바란다.
24. 국사편찬위원회, 《국사》, 교육인적자원부, 2007, 50쪽.

에 대한 올바른 인식과 태도를 가르칠 수 있을 것이다.

《삼국사기》 초기 기록과 《삼국지》 동이전의 경우도 마찬가지인데, 기왕의 국사교과서에서는 백제의 해외진출을 보여주는 사료로 《송서》·《남제서》 등의 관련 기사가 제시된 예가 있다.[25] 사실 이들 기사는 이미 사료 비판이 충분히 이루어진 상황임에도 불구하고, 국사교과서에 게재하는 것 자체가 잘못이다. 〈2009년 중학교 집필 기준〉에 "중국 사서에 '백제가 요서 지방을 차지하고 군을 설치하였다'는 기록이 나오는데, 그 해석이 논란이 적지 않다는 점에 유의하며 설명하도록 한다"라는 내용도 마찬가지이다. 문제가 있는 사료의 제시에는 좀 더 엄격한 기준을 제시하는 게 옳다.

다음 풍부한 고고자료의 축적과 해석의 진전이야말로 근자에 이루어진 주요한 성과의 하나이다. 특히 문헌자료가 부족한 3세기 이전의 역사를 이해하려고 할 때 새로운 고고자료의 발굴과 해석은 기왕의 역사상을 바뀌게 할 가능성이 높다. 그러한 점에서 역사교과서의 편찬이나 역사교육에서 이러한 고대 초기 역사상에 대한 연구동향에 보다 민감할 필요가 있다고 본다. 〈2009년 집필 기준〉에도 "최신의 고고학적 연구성과와 새로 발견된 금석문 자료를 활용"하라고 제시하고 있다.

예를 들어 고고자료의 뒷받침을 받을 수밖에 없는 고조선사 서술에는 더욱 유의할 필요가 있다.[26] 앞장에서 검토한 바와 같이 〈2011 역사교육과정〉에서는 고조선사를 단군신화와 관련하여 서술하도록 되어

---

25. 앞의 책.
26. 고조선의 중심지 문제나 국가 성립 시기, 고조선문화의 범주는 교과서 서술에서 적지 않은 어려움을 겪는 주제이다. 이 주제에 대해서는 앞의 《한국고대사 연구의 새동향》의 고조선·부여·삼한, 고조선중심지 문제, 비파형동검문화 등 관련 항목을 참조하기 바란다.

있으나, 청동기문화의 양상을 서술하지 않고 고조선의 성립을 기술하기는 어렵다. 기왕의 교과서에서도 고조선의 문화 기반으로 비파형동검문화, 미송리형토기, 지석묘, 석곽묘 등등 여러 문화를 거론하고 있다. 그러나 같은 비파형동검문화를 공유한다고 하더라도 지역과 종족집단에 따라 토기문화, 고분문화는 서로 다르게 나타난다. 그중에서도 과연 고조선이라고 불리운 정치집단의 표지문화가 무엇인지를 둘러싸고도 논란이 적지 않다. 기왕의 교과서에는 고조선의 문화를 대표하는 유물로 미송리형토기가 크게 강조되었지만, 최근에는 점토대토기를 주목하기도 한다.[27] 따라서 아무리 교과서의 기술이라고 하더라도 이러한 논쟁상황을 무시하는 단정적인 서술은 피하려는 신중한 태도를 가져야할 것이다. 오히려 논쟁의 초점이나 아직 확정되지 않은 역사상이라는 점도 중요한 역사교육의 내용이라고 생각한다. 교과서이기 때문에 가급적 명료하게 기술해야한다는 태도 자체가 바람직하지 않다고 생각한다.

한강유역 일대의 고고학의 성과도 교과서의 기술에는 참고할 만한 점이 적지 않으리라고 본다. 특히 백제의 건국 시기 문제와 관련하여 백제토기의 형성, 풍납토성 등 성곽의 축조, 고총고분군의 축조 등등을 통하여 3세기 중반~말엽으로 추정하는 견해가 유력하다. 백제와 신라·가야의 건국 시기와 관련해서는《삼국사기》초기 기록과 삼한의 존재를 보여주는《삼국지》동이전 기록 사이에는 상당한 차이가 있다. 그런데 고고자료에 근거할 때에는《삼국사기》초기 기록을 그대로 인정하기는 힘들다. 고구려의 경우를 제외하고는 왕조국가로서 백제와 신라는 국가 성립 시기를 3세기 이후로 내려잡아야 할 것이다. 따라서 삼국의 건국 문제를 다룰 때 건국설화와 관련된 기술에는 가급

27. 이청규, 〈비파형동검문화〉, 앞의《한국고대사 연구의 새동향》, 340~342쪽.

적 신중하지 않으면 안 된다. 역사 기술의 내러티브를 강조하면서 건국설화 등을 역사교육에 활용하는 경우가 적지 않은데, 이 때 건국설화는 어디까지나 설화이며, 국가 성립의 역사적 과정에 대한 서술은 이와 구분되어야 한다. 이와 관련하여 모든 역사교과서에서 연표자료에는 삼국의 건국 기년을 《삼국사기》 본기에 의거하여 설정하고 있다. 그러나 실제의 국가 성립 시기는 이와는 맞지 않으므로, 《삼국사기》 본기 기사에 의거하였음을 밝히는 것이 보다 교과서서술의 신뢰성을 높일 수 있는 태도라고 생각한다.

그리고 백제 건국설화에 의거하여 고구려계 유이민을 백제 건국 주체로 설명하는 교과서 기술이 그동안 적지 않았다. 특히 한강유역의 적석총을 이를 반영한 고고자료로 거론하고 있으며, 그중에서도 고구려의 장군총과 백제의 석촌동 3호분의 사진을 비교하여 그 물적 증거로 제시하는 경우가 대부분이었다.[28] 그러나 이는 명확한 역사적 사실이 아니다. 한강유역에서 고구려계 적석총의 존재가 일부 확인되기는 하지만 건국의 주체 여부를 판단할 정도는 아니며, 더욱 석촌동 3호분은 고구려계 주민에 의한 문화 결과로 해석될 수 없다. 오히려 근초고왕대의 평양성 공격과 관련되어 나타난 대등정치체간 교호작용의 결과로 이해하는 견해가 설득력이 있다.[29] 앞으로 교과서에서 석촌동 3호분이 고구려계 주민이 백제로 이주한 증거로 제시되기 위해서는 좀 더 신중한 검토가 필요하다.

앞에서 주로 역사자료와 관련되어 교과서 기술 문제를 일부 언급하였는데, 위 책의 4부에서는 이러한 자료의 증대와 관련하여 다양한 주제와 분야에서 새로운 영역의 연구가 진전되고 있음을 보여주고 있기

---

28. 국사편찬위원회, 앞의 책, 261쪽.
29. 박순발, 《한성백제의 탄생》, 서경문화사, 2001, 213~215쪽.

에 이에 대해 잠시 살펴보자. 최근 연구주제가 확장된 영역으로는 사회경제사 분야를 들 수 있다. 이 분야 역시 다양한 고고자료의 축적이 연구활성화의 토대가 되고 있다. 농업생산력이나 수공업, 그리고 교역과 관련된 연구는 아직 여러 논란이 있으며, 구체적인 연구내용도 독자적으로 구성할 만큼 충분한 수준까지는 이르지 못했다 하더라도, 적어도 교과서에서 개설적인 상황을 언급할 정도로 연구가 진전되고 있다. 또한 이러한 사회경제사 영역도 포함하여 총체적인 역사상을 구성하는 것이 역사 서술의 올바른 태도라는 점에서도 사회경제적인 내용에 대한 이해도 교과서에 포함되어야 한다. 특히 고등학교과정에서 이 분야에 대한 서술 비중을 높일 필요가 있다.

그리고 다양한 분야의 고고자료가 점차 늘어나면서 초등학교과정에서 강조하고 있는 생활사와 관련해서 최근 연구가 조금씩 확산되고 있다. 다만 아직 연구가 시작되는 단계이기 때문에 본격적인 생활사를 구성하기에는 한계가 있으며, 전문적인 연구보다는 대중적인 흥미와 관심이 선행되고 있는 현실도 부인할 수 없다. 따라서 교과서를 서술할 때 생활사자료의 해석에는 보다 신중한 태도가 요구된다.[30]

고고자료의 증대에 힘입어 새롭게 연구영역이 확장된 주제의 하나는 고대국가의 도성 연구이다. 단순히 도성의 위치와 성곽 문제가 아니라 도성의 구조와 공간 구성 등까지 연구가 진행되고 있다. 고대의 도성은 단지 수도라는 지리적 공간에 그치지 않고 고대국가의 제 분야에 걸쳐 우월한 위치를 점하는 정치·사회적 공간이기도 하다. 즉 중

---

30. 고대의 생활사 연구동향과 관련해서는 다음 글도 참고된다. 전호태, 〈한국고대 생활문화의 재발견〉, 한국사연구회 편, 《새로운 한국사 길잡이》(하), 지식산업사, 2008, 138~153쪽. 그리고 단행본으로서는 한국역사연구회, 《삼국시대 사람들은 어떻게 살았을까》, 청년사, 2005(개정판)도 참고될 것이다.

앙과 지방의 차별이 큰 고대사회에서는 도성 자체에 고대국가의 특성이 충분히 투영되게 마련이고, 그런 점에서 중세 이후의 도성과 차이점도 적지 않다. 따라서 도성 연구는 고대국가의 성격을 설명하는 데에 적극적으로 활용할 필요가 있는 주제라고 생각한다.

다음 불교(종교)를 고대국가의 지배이데올로기로 강조하는 기존 교과서의 기술 내용 역시 재고를 요하는 주제이다. 고대사회에서 불교와 왕권이 밀접한 관계를 맺고 있음은 부정할 수 없지만, 불교라는 종교를 이데올로기의 차원에서 주로 다루는 서술은 종교로서의 기능과 성격을 간과하게 된다. 그리고 통일신라 중대의 전제왕권과 화엄종의 관계에 대해서도 근자에는 비판적인 문제 제기가 많이 이루어져 있다. 나아가 통일신라 중대의 정치체제를 '전제왕권'이란 개념으로 설명하는 방식이 현재 학계에서는 거의 찾아보기 어려움에도 불구하고, 다수의 교과서에서는 여전히 전제왕권론이 그대로 서술되고 있는 점도 앞으로 재고되어야 할 내용들이다.[31]

위 책의 2부에서는 주요 연구쟁점을 소개하고 있는데, 고조선의 중심지 문제와 영산강유역 정치체, 임나일본부 등 몇몇 주제를 제외하면 대부분이 고대국가의 통치체제와 관련된 주제이다. 고대의 중앙정치체제나 지방지배체제 등 통치체제는 정치사 연구의 기반으로서 가장 많은 연구성과가 축적되어 왔기 때문에 소위 통설이 정리되어 있을 법한 분야임에도 불구하고, 오히려 여전히 주요 논쟁점이 되고 있음은 의외라고 생각할 수 있겠다.

사실 국사교과서의 경우 그동안 주로 정치사를 기본으로 하는 통사 서술이 주류를 이루었기 때문에, 무엇보다 통치체제 등이 역사 이해의 골격을 구성하고 있었다. 그럼에도 불구하고 한국고대사 연구에서는

---

31. 하일식, 앞의 글, 147~148쪽 참조.

여전히 이들 주제에 대해 논쟁이 지속적으로 확대되고 있었다는 점은 그동안 역사교과서에서 고대 정치사 서술이 고대사연구의 흐름을 외면하고 있으며, 그러기에 가장 많은 서술상의 오류를 범하고 있을 가능성이 크다.[32] 특히 다양한 연구의 논쟁점들을 정리하기 어려워서인지, 정치사 서술의 경우 이미 충분히 비판을 받은 과거의 학설이 버젓이 기술되는 경우가 다수 발견되고 있다.[33] 이런 점에서 역사교과서의 서술에서 한국고대사 연구자와의 결합이 무엇보다 절실히 요구된다.

이러한 고대 통치체제와 관련된 주요 쟁점의 하나는 이른바 '부체제'에 대한 논의이다. 이 주제는 1부의 각 국가별 연구에서 정치사 동향을 검토할 때에도 함께 다루어지고 있다. 최근 20여 년간에 연구의 폭과 양, 그리고 쟁점적인 면에서 가장 두드러진 연구주제이다. 물론 이러한 구체적인 연구동향이 국사교과서에 기술되어야 한다는 뜻은 결코 아니다. 이러한 논의가 어떠한 시각에서 전개되고 있으며, 그러한 논의를 통해 고대 통치체제에 대한 이해 방식이 어떻게 변화하고 있는지에 대한 이해를 갖고 교과서 기술이 이루어져야 한다고 생각한다. 이에 대해서는 4절에서 다시 언급하도록 하겠다.

마지막으로 위 책의 목차상에서는 드러나지 않지만, 1부의 각 국가별 연구에서 주목되는 연구동향은 대외관계 및 국제정세에 대한 연구가 확대되고 있다는 점이다.[34] 앞에서 교육과정을 검토하면서도 언급

---

32. 기왕의 국사교과서에서 한국고대 정치사의 서술에서 적지 않은 오류가 있음을 지적한 최근의 논문으로 다음 글이 참고된다. 임기환, 〈고등학교 국사교과서(7차) 삼국시대 정치사 서술의 검토〉, 《역사문화논총》 2호, 2006 및 임기환, 앞의 글, 2011; 강종훈, 앞의 글, 2011 참조.
33. 예를 들어 부자상속을 고대 왕권의 확립과 연관하여 서술하는 경우 등이다. 이에 대한 비판은 강종훈, 앞의 글, 92쪽 참조.
34. 고대의 국제관계 및 국제정세의 변동에 대한 연구사의 정리는 임기환, 〈(고대) 국제관계〉, 앞의 《새로운 한국사 길잡이》(상), 154~167쪽 및 임기환, 〈고대 동아

한 바 있듯이, 최근 20여 년 동안 연구의 폭이 상대적으로 확장되면서 새로운 연구성과가 크게 진전된 분야가 바로 대외관계사 혹은 동아시아사 관점에서의 접근이다. 이러한 연구동향에는 관련 문헌자료에 대한 적극적인 검토 및 관련 고고자료의 확장에 힘입은 바가 적지 않지만, 무엇보다 동아시아의 국제적 관점에서 한국고대사를 바라보려는 인식상의 전환이 주된 계기가 되었다고 생각된다. 그럼에도 불구하고 민족사와 일국사(一國史)를 기본으로 하는 국사교과서의 경우 이러한 연구성과가 제대로 수용되지 못하고 있다. 최근 역사교육과정에서는 이러한 한계를 조금이나마 벗어나기 위한 내용 요소를 추가하고 있지만, 구체적으로 교과서를 편찬할 때에 최근의 한국고대사학계의 연구 관점을 제대로 반영하지 않으면, 결과적으로 과거 교과서의 기술에서 별로 진전되지 못할 가능성도 있음을 유의해야 한다.[35]

4. 한국고대사 관련 주요 주제와 교과서 서술 방향의 모색

앞에서 2011년 역사교육과정을 분석하고, 《한국고대사연구의 새동향》이란 책을 중심으로 최근 한국고대사 연구동향을 일별하면서, 한국고대사 영역에 대한 역사교육의 내용 및 기술의 방향과 관련하여 몇몇 내용 요소를 검토하였다.

그 과정에서 제기된 한국고대사 연구 및 역사교육에서 중요한 논점

시아의 국제관계와 조공 · 책봉〉, 《동아시아의 역사》 1, 동북아역사재단, 2011, 375~429쪽 참고.

35. 이러한 관점에서 초등 역사교과서에 대한 검토는 임기환, 〈동아시아사의 관점에서 본 초등학교 역사교과서〉, 《역사교육연구》 15, 2012 참조.

에 대해서 좀 더 논의를 진전시켜보도록 하겠다. 그중에서도 본고에서 초점을 맞추고 싶은 논점은 고대국가론에 대한 이해, 그리고 동아시아사 속에서 한국고대사의 이해, 이 두 가지이다. 비록 두 논점에 한정하더라도 전자는 고대국가의 내부구조를 다루는 중심적인 주제이고, 후자는 고대국가의 대외관계 및 국제환경과 연관되는 주제라는 점에서, 한국고대사상의 대내외적 구성의 주요 골격을 다룰 수 있다고 보기 때문이다.

그리고 새로운 연구성과와 관련하여 보다 구체적인 역사 내용들을 정리하는 것이 바람직하겠지만, 한편으로는 서술의 방향이나 역사적 맥락을 재구성하는 방식도 오히려 교육과정의 구성이나 교과서 서술에 비판적으로 접근할 수 있다는 판단 아래 위의 논점 중심으로 검토하고자 한다.

첫째, 고대국가론에 대해 살펴보자. 그동안 한국고대 정치사 이해의 핵심은 고대국가론이라고 해도 지나치지 않다.[36] 이는 앞에서 살펴본 한국고대사 연구동향에서도 확인할 수 있었다. 고대국가론은 내용상 고대국가 형성론과 고대국가 성격론으로 나누어볼 수 있다.

국가형성 및 고대국가론에 대한 논의는 1930년대부터 시작되었지만 1970년대 이후에 논의가 체계화되었다. 특히 국가형성론은 일종의 내재적 발전론의 한 형태로 시작되었으며,[37] 서구의 신진화론을 수용

---

36. 한국고대사 연구동향에서 고대국가 형성론이나 고대국가론과 관련된 연구성과는 매우 풍부하기 때문에 관련 성과를 모두 소개하기는 어렵다. 관련 연구동향에 대해서는 김정배 편저, 앞의 《한국고대사입문》(1)에서 한국문화의 기원과 국가형성의 관련 항목을 참고하기 바란다.

37. 조선 후기 연구에서 시작된 내재적 발전론은 고대사연구의 경우 국가형성론, 신라 중대 전제왕권론과 육두품론, 신라하대의 호족론 등으로 전개되었다.

하고 '부체제론'이 등장하는 1980년~1990년대에 본격화되었다.[38] 이처럼 국가형성론이 확대된 배경에는 국가 주도의 근대화 과정을 합리화하기 위한 이데올로기적 요구, 그리고 이와 반대로 독재국가권력에 대한 비판적 시각이라는 이중적 성격을 동시에 갖고 있었다. 고대국가론이 현재에도 중요한 이념적 지형을 갖고 있는 소이가 여기에 있다. 여기에 민족사의 구성이라는 측면에서 보면 특히 국가형성론은 고조선의 성립과 짝하여 민족사의 기원을 설명하는 방식이라는 점에서 민족주의 역사관과 결합하는 주제이기도 하다. 이러한 면에서 고대국가론은 고대국가 성격론보다는 고대국가 형성론이 더 큰 비중을 갖게 되었으며, 역사교육의 측면에서도 마찬가지였다.

국가형성론에 대한 연구성과에 따라 그동안 국사교과서에 성읍국가, 연맹왕국, 고대국가의 개념들이 기술되었다.[39] 그리고 고대국가의 성격에 대한 이해도 중앙집권적 고대국가로의 발전 과정에 설명의 초점이 맞추어져 있다. 사실 이러한 고대국가 성격론 자체가 따지고 보면 국가형성론의 연장선에 있다고 할 수 있다. 그리고 이러한 연구동향은 역사교육에도 그대로 반영되었는데, 이를 잘 보여주는 대표적인 사례가 가야의 정치발전단계를 삼국과 구분하여 이해하는 성취 기준을 여전히 2011년 교육과정에 포함하고 있는 점이다.

그리고 고대국가의 성격을 무엇을 기준으로 개념화할 수 있을지가 문제인데, 기존의 교과서에서는 대체로 율령반포와 불교수용, 왕권강

---

38. 한국고대사학계에서 고대국가 형성 및 고대 정치체제에 대한 연구동향의 개괄은 여호규, 〈국가의 형성〉, 앞의 《새로운 한국사 길잡이》(상), 68~81쪽 및 주보돈, 〈정치체제〉, 앞의 《새로운 한국사 길잡이》(상), 82~95쪽 참조.

39. 부족국가, 성읍국가, cheifdom사회(cheifdom사회에 대한 번역도 군장사회, 족장사회, 추장사회 등으로 차이가 있다) 등등 다양한 개념들이 있으며, 연맹체 단계에서도 부족연맹국가, 소국연맹, 연맹왕국 등 여러 개념들이 있다.

화, 지방지배체제 등을 주요 요소로 거론하고 있다. 그러나 중앙집권
성·율령·불교이념 등의 요소는 중세국가에도 마찬가지로 나타나는
요소이다. 그렇다면 중세국가와 다른 고대국가의 성격을 어떻게 규정
할 것인지는 잘 드러나지 않는 셈이다.[40] 그런데 역사교육과정에서 국
가론은 고대국가의 형성 및 고대국가의 성립 문제에까지만 적용하고,
중세국가 이후에는 국가론이 자취를 감추고 만다. 한국사 연구의 사
정이 그러하기도 하지만, 국사교과서의 정치사 서술에서 이와 같은 시
대별 불균형한 이해는 통사 서술의 체계성을 가로막고 있다. 즉 한국
사 연구 및 역사교육에서 국가론이 갖는 이데올로기성이 이런 면에서
도 잘 드러나고 있다.

  그리고 기존 국사교과서에서 삼국이 중앙집권국가로 성립해가는
주요 내용으로 거론하는 지표들을 보면 고구려는 '부(部)'와 왕위계승
에 대한 언급이 중요한 요소인 반면에 백제는 관등제와 관복제, 신라
는 왕호와 김씨 왕위계승 등이 주된 내용이다. 서로 다른 기술 내용은
사실 삼국의 역사적 전개가 갖는 특성이라고 할 수도 있지만, 삼국 각
각의 특성과 더불어 앞서 제기하고 있는 고대국가가 갖는 공통된 지표
는 잘 드러나지는 않는다.[41]

  또한 국가형성론의 입장에서 보면, 고조선의 국가 성립 시기에서
삼국의 고대국가 성립기까지 오랜 기간을 고대국가 형성 과정으로 설
명해야 한다. 물론 고조선의 국가 성립 시기를 언제로 볼 것이냐, 삼국
의 고대국가 성립 시기 하한을 언제로 할 것인지에 따라 달라지겠지

---

40. 예를 들어 '귀족'이란 용어도 마찬가지이다. 귀족은 통시대적인 용어이기 때문에,
   여기서는 고대 귀족의 성격이 무엇이며, 뒷 시기의 귀족과 어떠한 차별성이 있고,
   또 고대 귀족이 언제, 어떠한 과정을 통해 형성되었는지를 밝히는 것이 필요하다.
41. 임기환, 앞의 〈고등학교 국사교과서(7차) 삼국시대 정치사 서술의 검토〉, 178~
   185쪽 참조.

만, 대략 기원전 5~4세기에서 기원후 3세기 정도에 걸치는 7백여 년 기간을 설정할 수 있다. 이는 한국사의 무대가 되는 한반도와 만주지역에서 각 지역과 다양한 정치체 사이의 사회발전 정도 및 정치체의 구성 단계가 매우 차별적이라는 데에 기인한다. 사실 같은 삼국시대에서도 삼국 및 가야의 국가 발전 단계가 상당한 시차를 두고 진행되고 있다. 가야는 멸망할 때까지 집권적 국가체제를 갖추지 못하였고, 신라와 고구려 사이에도 집권체제를 갖추는 시점을 비교한다면 대략 2세기 가까운 시차를 드러내고 있다.

그런데 국가형성론의 관점에서 고조선에서 삼국시대 성립기까지를 기술하다보니, 만주와 한반도의 전체 역사상이 포괄되지 못하고 이른바 고대국가를 성립시킨 주요 국가 중심으로 역사상이 구성되었다. 더욱 가야는 6세기까지 존재한 국가임에도 불구하고 삼국과는 발전단계에 차이를 갖는 즉 '고대국가'가 되지 못한 국가로 남게 되었다. 과연 6세기까지 존재한 국가를 '고대국가'가 아니라고 기술하는 게 올바른 것일까? 의문이다. 따라서 현재와 같이 집권체제를 갖춘 국가만을 고대국가로 규정하는 개념에 문제가 있지 않을까하는 생각이 든다. 오히려 '고대국가'로의 다선적인 진화나 특수한 진화의 형태를 상정해야하지 않은 데에서 나타나는 제약성이라고 생각한다.

이와 같이 국가형성론 내지는 국가론 중심의 고대사 인식은 적어도 한국고대사의 전반기 역사상에 대한 인식이 불투명해지는 결과가 되었다. 이에 필자는 적어도 한국고대사 영역에 대한 역사교육의 구성 틀에서나마 합리적인 설명 방식을 찾을 필요가 있다고 생각하여, '고대국가론'보다는 '고대사회론'이라는 시각에서 접근하는 방식을 제안하고자 한다. 즉 '고대사회'와 '고대국가'라는 개념을 구분하고, 그리고 고대국가는 '초기국가'와 '왕조국가'라는 개념으로 구분해서 기술하는 방식을 고려할 필요가 있다.

청동기와 철기 문화를 기반으로 한반도와 만주 지역에서는 사회발전 수준의 차이가 있다 하더라도 대체로 계급사회로의 이행이 이루어지고 있다. 즉 '고대사회'란 바로 이러한 계급사회적 기반의 형성을 의미한다. 그중에서 여러 다양한 요인에 의해 정치권력의 성장이 일어나는 지역에서 이른바 '초기국가'가 형성된다. 초기국가의 개념 문제혹은 초기국가를 국가로 볼 수 있느냐의 논란은 여전히 남아 있지만,[42]적어도 문헌사료에 정치체로 등장하는 고조선, 부여, 고구려, 동예, 옥저, 삼한소국 등등을 초기국가로 보아도 무방하지 않을까 한다. 이들초기 국가 내부에서 정치권력의 집중과 지배체제가 진전되면서 '왕조국가'로 발전하게 되었다. 왕조국가란 왕실을 중심으로 지배자공동체가 구성된 국가 즉 국가권력을 장악한 지배집단의 지속성과 집중성이높은 수준에 도달한 국가를 의미한다. 그리고 이들 왕조국가가 반드시 집권적 국가체제를 갖추는 것은 아니다. 이러한 왕조국가로는 고조선 후기, 부여 후기, 그리고 삼국과 가야가 해당한다.[43] 그리고 이러한 왕조국가에 의한 영역의 확대 과정이 각 지역에 분산된 고대사회의정치적 통합 과정이며, 정치사회 발전의 지역적 편차를 균질하게 만드는 과정으로 이해할 수 있다.

중세 국가와 다른 고대 왕조국가의 특징의 하나는 곧 지배자공동체의 존재 방식으로서, 가장 특징적인 현상의 하나는 중앙 즉 왕도(王都)로 결집된 지배자공동체가 국가권력을 매개로 지방을 지배하는 권력

---

42. 고대국가 이전 단계의 초기국가 개념에 대해서는 김태식, 〈초기 고대국가론〉, 《강좌 한국고대사》 2, 가락국사적개발연구원, 2003, 14~31쪽 참조.
43. 왕실을 구성한다는 것 자체가 지속성과 집중성을 갖는 지배권력이 형성된 결과이다. 현재까지 사료에서 왕실의 존재가 확인되는 국가가 고조선 후기, 부여 후기, 삼국과 가야이다.

구조이다. 따라서 기왕의 교과서 서술처럼 왕권을 중심으로 통치체제의 정비 과정을 기술하는 것은 고대국가 정치사의 정곡이라고 보기는 어렵다. 그리고 이때 지배구조상 중앙과 지방은 이원적 구조를 벗어나지 못하고 있다. 즉 각 지역이나 사회 구성에서 계급사회의 질서는 기본적으로 공동체적 질서에 기초하고 있다. 즉 단위지역사회에서 공동체적 질서가 해체되지 않은 사회라는 점이 고대사회의 특징이다.

물론 이러한 이해도 일정 부분은 국가 중심의 시각을 벗어나지 못하였지만, 한편으로 기왕의 한국고대사를 여러 측면에서 다르게 기술할 수 있는 가능성을 열어놓을 수 있다. 예를 들어 이른바 단군신화나 삼국의 건국설화는 '건국'의 이야기가 아니라 왕조국가 왕실의 '시조설화'로서 그 위치가 올바르게 자리매김될 수 있을 것이다.

그리고 고대국가의 신분에 대해서도 다르게 기술할 수 있다. 기왕의 교과서 기술처럼 고대의 신분도 귀족-평민-노비라는 구성을 제시하면, 이는 중세 이후의 사회신분과 비교해서 그 단계성이 잘 드러나지 않는다. 고대사회론의 시각에서 보면 다원적이고 중층적인 신분과 위계의 모습을 서술할 수 있다. 먼저 중앙과 지방의 신분적 차별, 그리고 각 지방도 종족 등 여러 요소에 의해 다원적으로 편제되었다는 점, 왕경인의 신분적 구조, 가부장적 질서를 기초로 하는 단위사회 구성 등 등 사회 구성의 다양한 층위가 드러날 수 있다.

그리고 이러한 중층적이고 다원적인 사회기반이 왕조국가별로 통합되는 과정이 마무리되는 시점이 대략 5~6세기 무렵이라고 생각되며, 이들 왕조국가 간 충돌의 결과 7세기에 신라에 의한 삼국 통합이 이루어졌다. 즉 신라의 삼국 통합[통일]은 민족의 통합이라기보다는 한반도내에서의 고대사회 기반의 해체와 균질적 통합이 이루어지는 정치적 계기를 마련하는 역사적 사건으로 이해할 수 있다. 물론 여기에는 1세기 이상 지속된 국제적인 전쟁의 압력 및 고구려, 백제의 멸망에 따른 지배체제의 해체와 지배층의 재구성도 그 배경이 되고 있다.

이러한 고대사회론의 시각이나 '초기국가'와 '왕조국가'라는 발전 단계의 설정에 한국고대사 연구가 합의하고 있는 상황은 아니다. 필자의 이러한 제안은 기왕의 연구성과를 바탕으로 보다 체계성을 갖추어야하는 역사교과서의 고대사 서술에서 고대사회의 여러 요소를 체계적으로 정리할 수 있는 방안으로 모색한 결과이다. 앞으로 좀 더 논의가 진전되기를 기대한다.

둘째, 고대 국제관계사 및 동아시아사의 관점에서 한국고대사를 바라보는 이해가 필요하다는 점이다. 기왕의 국사교과서에서 고대 시기 국제관계에 대한 기술이 너무 소략함은 큰 문제라고 할 수 있다. 고대 동아시아 세계는 중세 이후 시기보다 국제무대에서 활동하는 주체들도 다양하고, 각 국가들이 맺고 있는 국제질서의 변동상 역시 훨씬 역동적이라고 할 수 있다. 삼국이 중국의 여러 왕조나 북방의 유목세력과 맺고 있는 국제관계 외에도, 한반도 내에서 이루어지는 삼국 간의 충돌도 삼국 간의 관계에 그치지 않고 동아시아 전체 국제정세와 밀접하게 연관되어 있다.[44]

그리고 한·중 관계는 물론 고대의 동아시아 국제관계를 반영하는 책봉(冊封)·조공제(朝貢制)에 대해 교육과정이나 국사교과서의 서술에서 일언반구도 없다는 점은 고대 동아시아 국제관계의 주요 내용을 간과할 가능성이 높다는 점에서 아쉬운 부분이다. 물론 조공·책봉 등을 굳이 서술해야 한다는 뜻은 아니다. 다만 책봉과 조공이 위계적 국제관계를 드러내는 것이 아니라, 당시 외교관계의 형식이기 때문에

---

44. 이하 고대의 국제관계에 대해서는 앞의 주 34의 논문 참조.

이러한 내용에 대한 최소한의 이해가 제공되면 당시의 국제관계가 보다 입체적으로 드러날 것으로 생각한다.

그리고 앞서 검토한 〈2011 역사교육과정〉을 보면 중학교나 고등학교 모두 삼국시대에는 대외교류의 측면에서 주로 파악할 것을 제시하고 있을 뿐이며, 고구려와 수·당전쟁 및 삼국 통일전쟁에 대한 이해에서 비로소 국제정세의 배경을 서술하는 것으로 제시하고 있다. 그러나 고대의 국제관계는 이미 그 이전 단계부터 매우 역동적으로 전개되고 있었다. 늦어도 4세기 이후 동아시아 국제관계는 교과서 서술에 반영할 필요가 있다. 왜냐하면 4세기는 동아시아 국제 질서가 새롭게 변동하는 시기로서, 이에 대한 이해를 통해 비로소 고구려와 백제가 동북아에서 유력한 국가로 등장하게 된 배경을 알 수 있기 때문이다.

중국 대륙에서 서진이 몰락하고 5호16국시대가 전개되면서 중원 왕조 중심의 국제 질서가 무너지고, 이러한 국제 정세를 배경으로 고구려가 만주와 한반도 북부를 통합하여 대표자로 등장하였고, 한반도에서는 백제와 신라, 가야 등이 고대국가로 성장하였다. 그리고 일본열도에서도 독자적인 정치적 성장이 이루어지면서, 한반도와 일본열도 사이에 정치적 관련성이 깊어지게 되었던 것이다. 그리고 중원 왕조가 추진해온 동방 정책의 전진 기지인 변방 군현(낙랑군·대방군)이 소멸되면서, 중국 세력과 동북아의 여러 세력 사이의 교섭이 이제는 국가 대 국가의 외교 교섭 단계로 접어들게 되었다.

특히 한반도 내에서 고구려와 백제의 치열한 공방전이 지속된 배경은 고구려와 백제가 과거 낙랑·대방군이 구축하였던 대외교역망을 재건하여 자신의 정치적 세력권으로 재구성했던 새로운 국제 질서의 재편 결과였다. 이러한 국제정세에 대한 이해는 고구려와 백제의 국가적 성장이 갖는 역사적 의미를 보다 분명하게 드러내고 있기 때문에, 삼국의 발전 과정을 동아시아 세계 속에서 구조적으로 이해할 수 있게 된다.

그리고 고구려가 동북아시아의 패자로 등장하게 된 배경도 5~6세기 동아시아 국제질서를 통해 합리적으로 이해할 수 있다. 즉 439년 화북 지역을 통일한 북위(北魏), 중국의 남조 송과 북방의 유연(柔然) 및 서의 토곡혼(吐谷渾), 그리고 동의 고구려 사이의 세력 균형을 기본축으로 5세기 동아시아의 국제 질서가 안정적으로 유지되었다.[45] 이러한 국제 정세를 배경으로 동북아시아에서 중국세력이나 북방 유목세력의 영향력을 배제한 가운데 동북아시아의 독자적 세력권이 구축되었던 것이다. 이렇게 5~6세기에는 만주·한반도·일본 지역의 국제관계가 중국의 남북조나 북방 유목세력의 국제관계와는 일정한 거리를 두고 전개되어 왔다. 그리고 5세기 중반 이후 고구려와 백제 이외에 신라·가야·왜 등이 성장하여 동북아시아의 국제질서는 더욱 다원화되었다. 한반도 내에서 신라·가야의 성장이 갖는 역사적 의미 또한 이처럼 동북아시아 국제관계에서 파악할 수 있게 된다.

그리고 5세기 이래의 다원적인 동아시아의 국제 질서는 6세기 이후 변동하기 시작하여, 7세기에 들어 수와 당이라는 중원의 통일제국이 등장하면서 해체되었다. 당시 동아시아의 국제 정세는 크게 2가지 축을 중심으로 변동하고 있었다. 하나는 수·당과 고구려 사이에 벌어진 세력권 다툼이며, 다른 하나는 한반도 내 삼국 간 전쟁이다. 이 두 축은 서로 다른 구조와 성격을 갖지만, 고구려가 양쪽의 공통된 당사자라는 점, 그리고 수와 당이 자국 중심의 동아시아 국제질서를 구축하는 대외정책을 추구하였다는 점에서, 점차 하나의 축으로 통합되어

---

45. 노태돈, 〈5~6세기 동아시아의 국제정세와 고구려의 대외관계〉, 《동방학지》 44, 1984.

갔다. 이처럼 〈2011년 역사교육과정〉에서 강조하는 고구려와 수·당 전쟁 및 삼국 통일전쟁의 역사적 의미 역시 당대 국제정세에 대한 이해로부터 하나의 맥락을 구성할 때 비로소 분명하게 부각될 수 있다.

이와 같이 한국 고대국가의 성장과 삼국시대의 전개 및 삼국 통일전쟁과 발해의 등장에 이르기까지 한국사가 동아시아 세계의 역동적인 변동 과정의 주체라는 인식은 오늘날 세계화가 진전되는 상황에서 더욱더 역사교육에서 강조하고 부각해야할 내용 요소라는 점에서 앞으로 역사교과서에서 비중 있게 다루어질 필요가 있다.

5. 맺음말

한국고대사의 연구성과를 역사교육 및 교과서 서술에 반영하기 위한 방안으로서, 먼저 현행 교육과정과 집필 기준을 검토하여 역사교육의 주요 요소를 추출하고, 그러한 교육과정의 제시가 적절한지 여부를 검토하였다. 그리고 《한국고대사 연구의 새 동향》이란 책을 중심으로 역사교육과정 등의 내용 요소와 연관되는 한국고대사 연구의 최근 동향과 연구방향에 대해 살펴보았다.

이와 같이 역사교육과정과 최근의 연구성과를 검토한 결과, 교육과정 등이 연구동향을 적절하게 반영하고 있는 면이 많지만, 동시에 적지 않은 부분에서 연구동향과 거리를 두고 있다는 인상을 지울 수 없었다. 물론 연구의 흐름과 내용이 역사교육에 반영되기까지는 일정한 시차가 있게 마련이다. 그리고 이러한 시차는 역사교육에서 내용 선정이 보다 신중하게 이루어져야 한다는 점에서 보면 당연하다. 하지만 이미 연구에서 새로운 견해가 제출되고 그것이 통설로 받아들여지는 내용조차 교육과정이나 교과서에 반영되지 않는 면이 적지 않음을 확인할 수 있는데, 이는 현행 교육과정 및 교과서 편찬 시스템에 대한 점검이 필요한 부분이라고 하겠다.

물론 개개 성취 기준과 내용 요소 등을 보면 최신 견해와 자료 등을 반영하도록 요구하고 있다. 그러나 이러한 개별적인 세항보다는 한국고대사 전체의 내용 구성의 맥락이 더 중요하며, 이 부분에서 최신의 연구동향을 반영할 필요가 절실하다는 점을 지적하고 싶다. 그러한 점에서 필자는 고대국가 형성론 중심의 고대사교육과정을 비판하고, 고대사회론과 고대국가 성격론의 입장에서 내용 구성 방안에 대해 제안하였다. 또한 한국고대사의 입체적 이해를 위해서 동아시아사 속에서 한국고대사의 이해, 즉 고대국가의 대외관계 및 국제환경에 대한 이해 방식에 대해서도 검토하였다. 이러한 제안은 시론적인 문제 제기에 불과하기 때문에 앞으로 교육과정 등에 반영하기 위해서는 보다 엄밀한 검토가 필요하다. 그리고 또 다른 제안을 하자면, 역사교육이 역사연구의 성과를 반영하는 측면에 그칠 것이 아니라고 생각한다. 오히려 역사교육의 입장에서 교육과정의 구성 등을 통해 역사 이해의 맥락을 재구성하여 역사연구의 방향에 시사점을 제공하는 측면도 필요하리라고 본다. 이러한 역사연구와 역사교육의 서로 다른 지점에서 상대 학문에 대한 요구를 증진시킴으로써 앞으로 양자의 접촉점이 점점 확대될 수 있으리라고 믿는다.

---

* 이 글은 《역사교육연구》 제16집(한국역사교육학회, 2012.11)에 게재되었다.

■참고문헌

강종훈, 〈2011년 발간 《중학교 역사》(상) 8종 교과서의 삼국시대 정치사 관련 부분 내용 검토〉, 《한국고대사연구》 64, 2011.

국사편찬위원회, 《국사》, 교육인적자원부, 2007.

국사편찬위원회, 《국사》, 교육인적자원부, 47.

권오영, 《무령왕릉―고대 동아시아 문명교류사의 빛》, 돌베개, 2005.

김은국, 〈남북국시대론과 발해 Diaspora〉, 《고구려발해연구》 40, 2011.

김정배 편저, 《한국고대사입문》 1 · 2 · 3, 신서원, 2006.

김종복, 〈발해사 인식의 추리―남북국시대론을 중심으로〉, 《사림》 26, 2006.

김태식, 〈초기 고대국가론〉, 《강좌 한국고대사》 2, 가락국사적개발연구원, 2003.

김한종, 〈중등 역사교과서 개편의 과정과 성격〉, 《한국고대사연구》 64, 2011.

노태돈 엮음, 《단군과 고조선사》, 사계절, 2000.

노태돈, 〈5~6세기 동아시아의 국제정세와 고구려의 대외관계〉, 《동방학지》 44, 1984.

_____, 〈5세기 금석문에 보이는 고구려인의 천하관〉, 《한국사론》 19, 1988.

_____, 〈三韓에 대한 인식의 변천〉, 《한국사연구》 38, 1982.

_____, 〈한국민족 형성 과정에 대한 이론적 고찰〉, 《한국고대사논총》 1, 1991.

_____, 〈한국민족형성시기론〉, 《한국사시민강좌》 20, 1997.

동북아역사재단 엮음, 《동아시아의 역사》 1, 동북아역사재단, 2011.

문안식, 〈'남북국시대론'의 허상에 대하여〉, 《한국고대사연구》 19, 2000.

박순발, 《한성백제의 탄생》, 서경문화사, 2001.

송호정, 〈제7차 개정 교육과정 중2 '역사' 교과서의 '문명의 형성과 고조선의 성립' 서술 내용 검토〉, 《한국고대사연구》 64, 2011.

이성시, 《만들어진 고대》, 삼인, 2001.

임기환, 〈고등학교 국사교과서(7차) 삼국시대 정치사 서술의 검토〉, 《역사문화논총》 2, 2006.

_____, 〈동아시아사의 관점에서 본 초등학교 역사교과서〉, 《역사교육연구》 15, 2012.

_____, 〈초등 사회교과서 국사영역의 한국고대사 서술 검토〉, 《한국고대사연구》

64, 2011.

하일식, 〈《중학교 역사》의 통일신라·발해 서술 검토〉, 《한국고대사연구》 64, 2011.

한국고대사학회, 《한국고대사 연구의 새 동향》, 서경문화사, 2007.

한국사연구회 편, 《새로운 한국사 길잡이》(상), 지식산업사, 2008.

한국역사연구회, 《삼국시대 사람들은 어떻게 살았을까》, 청년사, 2005(개정판).

6장

고려시대사의 연구성과와 교과서 서술 내용 검토

-2009년 개정 교육과정 《역사》를 중심으로

이종서

1. 머리말

2012년 현재 중학교에서 가르치는 8종의 《역사》는 2007년에 고시된 개정 교육과정에 따라 국정에서 검인정으로 바뀐 교과서이다. 검인정으로 전환함에 따라 집필자는 다양한 시각과 연구성과를 담아 서술할 수 있게 되었고, 학교에서는 내용의 충실성과 교육 효과를 고려하여 최적의 교과서를 선택할 수 있게 되었다. 그러나 8종 교과서의 단원 배치와 서술 내용을 살펴보면 약간의 차이가 있을 뿐 거의 비슷하다. 다양한 코너를 마련하고 다채로운 삽화를 배치하는 등 학생의 흥미를 불러일으키는 데 노력을 기울였지만 본문의 서술은 기본적으로 이전의 국정교과서와 크게 다르지 않다.

이러한 유사함은 우선 성취 기준과 집필 기준 때문이라고 볼 수 있다. 집필진이 자유롭게 주제를 선정하여 집필하는 것이 아니라 교과부에서 설정한 틀에 맞추어 교과서를 집필했으므로 국정교과서와 검인정교과서 간의, 그리고 검인정 8종 교과서 간의 항목과 내용이 비슷

할 수밖에 없는 것이다. 다음으로 집필진이나 편집진의 자기 검열을 이유로 들 수 있다. 출판사의 의뢰를 받은 집필진은 채택 가능성을 높이기 위해 은연중에 자기 검열을 하게 된다. 체제를 혁신하고 새로운 연구성과를 반영하기보다 심사를 무난하게 통과할 수 있도록 힘쓰게 되는 것이다.

그러나 교과부에서 집필의 방향을 제시하는 것과 집필진이 최신 연구를 반영하기를 주저하는 것은 교과서의 특성상 불가피하기도 하다. 역사, 특히 한국사는 민족주의에 입각해 서술되며 모호한 내용을 용인하기 어렵다. 현행 8종의《역사》교과서는 대개 '현재에 대한 이해', '지혜와 교훈의 습득', '사고력과 비판력 함양'을 역사 학습의 효용으로 제시하고 있다. 이는 역사교육에서 추구해온 전형적인 교육 효과이다.[1] 그러나 이러한 효과는 대한민국의 정체성을 옹호하고, 우리 민족의 과거를 애정 어린 시각으로 학습하는 과정에서 얻어져야 한다. 또한 교사가 교과서의 내용을 '사실'로 교육하고 시험 문제를 출제하는 현실에 비추어, 확실하거나 합의된 내용을 다룰 수밖에 없다. 일부 연구자가 반대하더라도 교과서에 기술되면 '사실'이 되기 때문이다. 교과서 본문에 상반되는 학설을 소개하거나 보편적 학설을 배제하고 최신 연구성과를 기술한다면 학계는 물론 교육 현장에서도 적지 않은 논란이 발생할 것이다.

필자는 민족주의에 입각한 서술과 보편적 학설의 채택이라는 두 가지 요소를 고려하면서 중학교《역사》의 고려시대 부분을 분석하고자 한다. 우선 성취 기준과 집필 기준을 살펴볼 것이다. 성취 기준과 집필 기준은 교과서 집필자가 반드시 충족해야 하므로 교과서의 내용을 좌우하는 중대한 요소이다. 또한 민족주의에 입각하여 서술의 방향을

---

1. 김한종,《역사교육과정과 교과서 연구》, 선인, 2006.

지시할 뿐더러 권위 있는 연구자가 참여하여 결정하므로 시의성 있는 민족주의와 학문적 타당성의 문제가 함께 결부되어 있다. 따라서 이 부분을 비판적으로 분석한 뒤 8종《역사》교과서에서 공통적으로 다룬 내용을 요소별로 추출하여 살펴보겠다. 교과서는 '고려의 성립과 발전', '고려 사회의 변천'의 2개 대단원으로 구성되어 있으므로 이 순서에 따라 살펴보겠다.[2]

2. 성취 기준과 집필 기준 분석

1) '고려의 성립과 발전' 단원

(1) 성취 기준 분석

2007년에 고시된《사회과 교육과정》중 학교급별 내용으로 제시된 '고려의 성립과 발전'의 성취 기준은 다음과 같다.

> 후삼국 통일과 그 이후 고려의 통치체제 정비가 가져온 정치 사회 변화와 대외관계의 추이를 다룬다.
> 고려의 통일이 호족 세력의 통합을 통해 이루어졌으며, 제도 정비를 통하여 귀족 중심 사회로 변화하였음을 안다.
> ① 고려의 통일은 후삼국 통합과 발해 유민 포용을 통해 이뤄졌음을 이해한다.

---

2. 8종의《역사》는 비상교육, 미래엔컬처그룹, 천재교육, 교학사(대표저자 양호환), 교학사(대표저자 신영범), 두산동아, 지학사, 대교의 7개 출판사에서 발행하였다. 본고에서는 서술의 편의를 위하여 '비상', '미래', '천재', '교학(양)', '교학(신)', '두산동아', '지학사', '대교'로 지칭한다.

② 고려 전기의 제도 정비를 통해 귀족 중심 사회가 형성되었음을 인식한다.

③ 고려 전기 특징적인 사례를 통해 각 신분의 일상생활을 추론한다.

④ 여러 가지 사례를 통해 고려 전기의 문화적 특징을 파악한다.

⑤ 고려의 대외관계를 전쟁과 문물 교류의 양상으로 나누어 설명한다.

위의 성취 기준에서 고려가 후삼국을 통일하고 발해 유민을 포용하여 통합을 이루었음을 강조한 것은(①) 고구려와 발해 역사의 귀속에 대한 국제적 논쟁을 염두에 둔 것으로 민족주의적 입장에서 타당성을 인정할 수 있다. 제도 정비를 통해 귀족 중심 사회가 형성되었음을 서술하게 한 것은(②) 신라 골품제하의 귀족이나 조선 양반과 구별되는 문벌귀족의 형성과 특징을 염두에 둔 것으로 성취 기준으로 타당하다고 생각된다. 고려 전기의 문화적 특징을 파악하거나(④) 대외관계를 전쟁과 문물 교류로 나누어 설명하는 것(⑤) 역시 타당하다고 생각된다.

그러나 '특징적인 사례를 통해 각 신분의 일상생활을 추론한다'는 성취 기준은(③) 재고할 필요가 있다. 이에 따라 서술하면 고려 사회의 특징을 제대로 드러내기 어렵기 때문이다. '각 신분의 일상생활'은 국왕을 정점으로 한 정연한 신분질서를 염두에 둔 것으로 고려 시기의 신분질서와 지방질서의 특징에 대한 고려가 미흡하다고 생각된다.

고려와 조선을 비교하면 법제적 신분 규정과 대민 지배방식에서 큰 차이를 보였다. 조선은 법으로 신분의 종류를 규정하고 모든 인구를 여기에 맞추려 하였다. 그러나 고려에서는 관행적으로 형성된 질서를 법으로 확인하는 경향이 강하였다. 고려에서 화척과 재인이 특수 집단으로 존재하였고, 군현의 하부에 향·소·부곡 등 차별을 받는 집단이 있었다. 상층 향리와 하층 향리 사이에도 신분적 성격의 계선이 있었고, 이외에도 한품제의 적용을 받는 다양한 부류가 있었다. 고려에서는 이러한 특징을 확인할 뿐 이들의 신분을 규정하지는 않았다. 따라서 고려의 신분을 양천제나 4신분제의 틀로 파악하는 것은 조선 시기의 신분 관련 법제나 질서를 무리하게 고려 시기에 적용하는 것이라고 볼 수 있다.[3]

또한 기존 연구에서는 과거의 신분제 사회를 분석하면서 주로 지배층의 변화에 근거하여 사회 성격의 변화를 파악하였다. 그렇기에 신라는 골품제귀족사회이고, 고려는 문벌귀족사회이며, 조선은 양반사회가 되는 것이다. 이처럼 지배층의 성격이 크게 변하였지만 피지배층에서는 사회 성격의 변화를 추론케 할 뚜렷한 변화를 찾기 어렵다. 평민의 대부분을 차지한 농민은 전세, 공납, 역을 부담하며 힘겹게 살았고, 천민의 대부분을 차지한 노비는 주인집에서 일하거나 주인에게 신공을 바치며 고통을 당하였다. 따라서 성취 기준 ③을 따르면 피지배층에 대한 서술은 통일신라와 고려, 조선을 막론하고 유사한 내용을 반복하기 쉬우며 이러한 경향은 8종 교과서의 서술에서 확인된다.

따라서 성취 기준 ③은 고려와 조선의 대민 지배방식의 차이를 부각시키는 방식으로 수정할 필요가 있다. 이제까지 교과서 서술은 중앙의 시각에 치우쳤다고 볼 수 있다. 왕권 강화와 중앙권력의 지방 장악이 추세나 변화를 넘어 역사적 발전을 의미하는 것으로 인식하기 쉽게 서술되었다. 그러나 향리가 주도한 자율적 지방질서는 고려 사회의

---

3. 개설서에서는 고려시대의 신분제와 관련된 학설을 정리하면서 "고려시대는 양천제를 실시하면서도 양인과 천인 각각의 신분 내부에서 아직 동질성을 확보하지 못한 단계였다"고 하였다(채웅석, 〈고려시대의 신분제〉, 《논쟁으로 읽는 한국사》, 역사비평사, 2009, 183쪽).

큰 특징이었다. 각 지역의 행정은 호장의 지휘 아래 이루어졌고 자체의 군사조직으로 지역을 방위하였다.[4] 고려 중앙 정부는 이러한 질서를 인정하면서 주속현제도를 실시하였다. 따라서 문벌귀족이 주도한 중앙의 질서와 향리층이 주도한 지방의 질서를 대비하는 방식으로 서술하면 고려의 특징을 잘 드러내면서 조선 시기와의 차이를 부각시킬수 있을 것이다.

(2) 집필 기준 분석

2009년 개정 교육과정에 따른 《역사교과서 집필 기준》 중 '고려의 성립과 발전'에 적용되는 집필 기준은 〈표 1〉과 같다.

〈표 1〉에 정리된 것처럼 '고려의 성립과 발전' 대단원에 적용할 수 있는 집필 기준은 6개로 구성되어 있다. 이 중에서 '고려의 영토 회복 의식'과 '향·소·부곡민의 신분', 그리고 '고려 여성의 지위'는 검토할 필요가 있어 보인다.

연구자가 그가 다루는 시대에 애정을 갖게 되는 것은 자연스러운 일이다. 그러나 애정이 지나쳐 역사적 사실을 지나치게 미화하는 오류를 범하는 경우가 있다. 위의 집필 기준에서도 그러한 경향이 확인된다. 사실 여부가 불분명한 부분을 과도하게 민족주의적 관점에서 해석하거나, 장점을 강조한 나머지 다른 시대를 폄하하는 느낌의 서술을 유도하는 것으로 비춰질 소지가 있다.

우선, 묘청의 서경천도운동을 '고구려 계승 의식 및 영토 회복 의식'

---

4. 노명호, 《고려국가와 집단의식—자위공동체·삼국유민·삼한일통·해동천자의 천하》, 서울대학교출판문화원, 2009; 박종기, 《지배와 자율의 공간, 고려의 지방 사회》, 푸른역사, 2002; 윤경진, 〈고문서자료를 통해 본 고려의 지방행정체계〉, 《한국문화》 25, 2000.

〈표 1〉 중학교《역사》'고려의 성립과 발전' 대단원의 집필 기준

분류	집필 기준
왕권과 호족	고려는 초기에 호족 세력을 약화시키는 과정에서 왕권 강화를 위한 여러 정책을 시행하였다가 성종 대에 확립된 유교 정치이념과 중앙집권체제는 왕과 호족 세력이 갈등하면서 타협을 이룬 소산물이었음에 유의하여 서술한다. 고려 초기에는 왕권과 호족이 연합해서 정권을 유지하였고, 이들의 관계는 호혜적이었다. 왕은 호족을 매개로 하여 간접적으로 지배력을 행사하였다는 호족 연합 정권설이 일반적인 견해이다. 한편, 왕권이 실질적으로 호족을 지배하였다는 주장도 있다는 점을 감안한다. 그러므로 호족의 지위를 호족과 왕권의 관계 속에서 이해할 수 있도록 한다.
고려의 영토 회복 의식	고려는 국호 제정에서 천명하고 있듯이 고구려 계승 의식을 분명히 했다. 고려 전기의 대외 정책은 고구려 계승의식 및 영토 회복 의식을 바탕에 두고 있다는 점을 고려해야 한다. 이러한 의식이 서희와 소손녕의 담판, 묘청의 서경천도운동 등에 반영되어 있음을 염두에 두고 서술한다. 송, 요, 금이 중국의 북방지역의 패권을 다투고 있던 10세기 전후 동아시아 국제 정세 속에서 고려가 진취적 대외 인식을 바탕으로 능동적 외교를 펼칠 수 있었음을 유의한다. 고려가 거란 등의 침략에 적절하게 대응하면서 영토 확장을 꾀했던 사실도 동일한 맥락에서 서술하도록 권장한다.
향·소·부곡민의 신분	고려시대 향·소·부곡은 특수 행정 집단이다. 향소부곡민은 신분제에서 천민이 아닌 양인으로 보는 의견이 지배적이다. 이들은 농업에 주로 종사하였고 국가에 조세와 더불어 특정의 역을 부담한 신분층이었다. 이들이 양인의 최하층 신분으로서 농민층에 비해 사회 경제적으로 열악한 조건에 처한 존재였다는 방향으로 서술한다.
고려 여성의 지위	고려 여성의 사회 경제적 지위와 특징에 대한 축적된 연구성과를 반영하여 고려 사회 및 가족 제도와 긴밀하게 연계하여 설명하도록 한다. 다른 시대 여성의 지위에 관해서도 고려시대와 비교하여 이해할 수 있도록 서술할 필요가 있다.
귀족제설과 관료제설	고려의 귀족제설과 관료제설에 대한 논쟁을 중등학교 수준에서 상세히 다룰 필요는 없다. 고려는 혈연을 중시한 사회였으나 개인의 능력을 바탕으로 신분을 상승시킬 수도 있었는데 과거제가 그 대표적인 것이었다. 고려 사회의 발전에 따라 음서 대상이 축소되고 과거를 통해 관직으로 진출하는 통로가 확대된 점도 같은 맥락에서 이해할 수 있다.
종교와 사상	고려는 불교와 유교가 어울려 공존한 사회였다. 불교는 정치 사회의 지배이념으로서 사회 통합에 긍정적 기능을 하였다. 시간이 경과함에 따라 불교 교단의 비대화가 진전되면서 사원에서 민의 토지를 침탈하는 등 불교가 사회 병폐를 초래한 측면도 제시된다. 불교가 종교의 중심에 있었지만 다양한 종교와 사상이 공존한 사실도 강조한다. 각종 도교 행사가 성행하였고 토속신앙과 풍수지리설이 일상생활에 널리 활용되었다. 유교가 정치이념으로 자리 잡으며 관인들의 유교적 소양도 높아졌음을 설명한다.

과 결부시킨 것을 볼 수 있다. 이는 사료적 근거가 결여된 주장이라고 평가할 수 있다. 고려는 거란의 침입을 물리치고 국교를 수립하여 국제 관계를 안정시킨 뒤 압록강을 서쪽 경계로 삼았다. 이러한 영토 의식은 거란이 압록강 동안에 설치한 보주 문제가 고려와 요 사이의 중요한 영토 분쟁이었으며, 금이 고려에 사대를 요구하면서 그 대가로 보주를 고려에서 영유하도록 승인한 것에서도 확인된다.[5]

더욱이 묘청과 관련된 사료에서 고구려 계승이나 영토 회복 의식을 반영한다고 이해할 만한 기록은 발견하기 어렵다. 반면에 고려를 섬기던 여진이 황제를 칭하고 사대를 요구한 것에 대한 격앙된 분위기는 여러 곳에서 확인된다. 따라서 묘청의 서경천도운동이 고구려 계승의식에 기반하고 있다는 집필 기준은 사료상의 근거가 부족하며, 묘청의 활동을 지나치게 자주적 관점에서 해석하는 입장이 반영된 것이라고 볼 수 있다.

다음으로 특수 행정 집단이었던 향·소·부곡의 거주민이 국가에 역을 부과하는 공민이었으며 천민보다 법적 지위가 높았다는 점은 통설로 인정된다.[6] 그러나 군현민에 비해 신분상의 불이익을 받았으며 그 불이익이 자손에게 세습되었다는 점에서 향·소·부곡민을 독립된 신분으로 설정하는 것도 가능하다. 따라서 이들을 양인으로 규정하는 것은 천민으로 규정하는 것만큼이나 무리가 있다고 판단할 수 있다. 이는 집필 기준에서 '양인의 최하층 신분'이라고 표현한 것에서도 확인된다. 이러한 표현은 양인의 신분이 단일하지 않음을 인정하는

5. 김순자, 〈12세기 고려와 여진·금(金)의 영토 분쟁과 대응〉, 《역사와 현실》 83, 2012; 김우택, 〈11세기 대거란 영역 분쟁과 고려의 대응책〉, 《한국사론》 55, 2009; 박한남, 〈고려의 대금외교정책 연구〉, 성균관대학교 박사학위논문, 1993.

6. 박종기, 《고려시대 부곡제연구》, 서울대학교출판부, 1990; 김용덕, 〈부곡의 규모 및 부곡인의 신분에 대하여〉(상·하), 《역사학보》 88·89, 1980·1981.

것이기 때문이다.

앞에서 밝혔듯, 고려의 신분제도는 양천제나 4신분제와 같은 분석틀에 맞추기보다 조선과 대비되는 특징을 기술하는 것이 사실과 부합할 뿐더러 교육 효과를 높이는 방안이라고 생각된다. 학생들은 신분 결정 원리가 다양하였던 고려 사회와 법으로 신분을 규정함으로써 '신백정'이 생기고 '백정'의 어의마저 변하는 조선 사회[7]를 비교하며 신분변동의 내용과 의미를 파악할 수 있을 것이다.

마지막으로 '고려 여성의 지위'에서는 현재의 입장을 과도하게 적용함으로써 학생들이 역사적 맥락을 무시하고 시대나 현상을 호의적으로 인식하게 하는 문제점을 제기할 수 있다. 고려의 가족·친족과 관련된 요소들을 살피면 남녀균분상속처럼 현재 우리 사회가 지향하는 방향과 부합하는 부분이 확인된다. 반대로 조선시대는 적장자우대상속 등처럼 우리 사회에서 폐단으로 지적되는 현상들이 확인된다.

그러나 고려의 가족제도가 조선의 가족제도로 변화한 것은 야만으로의 퇴보가 아니라 성리학에 근거한 개혁운동의 결과였음에 유의해야 한다. 비록 '고려 사회 및 가족 제도와 긴밀하게 연계하여 설명하도록' 하였으나 '고려 여성의 지위'라는 제목 아래 '다른 시대 여성의 지위에 관해서도 고려시대와 비교하여 이해할 수 있도록 서술'하라고 함으로써 여성의 지위에 집중하여 고려와 조선을 호불호의 관점에서 비교하기 쉽게 하고 있다.

집필 기준에서도 언급되었듯이 고려 시기 여성의 지위는 독립적으로 다루기보다 혈연의식과 가족제도의 틀 안에서 다루어야 할 것이

---

7. 박진훈, 〈여말선초 노비정책 연구〉, 연세대학교 박사학위논문, 2005; 유승원, 《조선초기신분제연구》, 을유문화사, 1987; 한영우, 《조선 전기 사회경제연구》, 을유문화사, 1983.

다. 이 시기의 가족 · 친족은 양측적 혈연의식에 의거하여 조직되었다. 부측과 모측의 혈통을 모두 중시한 결과 자녀의 가족 내 지위를 동등하게 여겼고 그 결과 자녀균분상속, 솔서혼 등의 관행이 유지되었다.[8] 그러나 조선의 지배층은 이러한 원리와 관행을 부정하면서 부계 혈연의식에 입각하여 가족 · 친족을 조직하였다. 따라서 이 부분의 집필 기준은 호불호의 관점에서 판단하기 쉬운 서술을 피하고 고려 시기 혈연의식의 내용, 성리학의 특징, 조선 시기에 형이상에 대한 신념이 사회에 끼친 영향[9] 등 더욱 심층적인 이해를 가능하게 할 수 있는 방향으로 수정할 필요가 있다.

2) '고려 사회의 변천' 단원

(1) 성취 기준 분석

2007년에 고시된 《사회과 교육과정》 중 학교급별 내용으로 제시된 '고려 사회의 변천'의 내용체계와 성취 기준은 다음과 같다.

> 무신 정변과 농민, 천민의 봉기를 거치며 귀족 중심 사회가 변하였음을 안다. 대몽 항쟁 이후 지배세력의 변화를 국제 정세와 관련지어 이해하고 그에 따른 사회, 문화의 변화 모습을 파악한다.

---

8. 이종서, 〈고려 · 조선의 친족제도〉, 《논쟁으로 읽는 한국사》, 역사비평, 2009; 이종서, 《고려 · 조선의 친족용어와 혈연의식—친족관계의 정형과 변동》, 신구문화사, 2009; 문숙자, 《조선시대 재산상속과 가족》, 경인문화사, 2004; 이수건, 〈조선전기의 사회변동과 상속제도〉, 《역사학보》 129, 1991; 노명호, 〈고려시대의 친족조직〉, 《국사관논총》 3, 1989; 노명호, 〈고려시대 향촌사회의 친족관계망과 가족〉, 《한국사론》 19, 1988; 최재석, 《한국가족제도사연구》, 일지사, 1983.
9. 이종서, 〈고려후기 이후 '동기' 이론의 전개와 혈연의식의 변동〉, 《동방학지》 120, 2003.

① 무신 정권과 농민 · 천민 봉기의 전개 과정을 파악한다.

② 대몽 항쟁 과정을 알고 반원 자주화 노력을 설명한다.

③ 여러 가지 사례를 통해 고려 후기의 문화 변화를 설명한다.

④ 고려 말 신진 사대부가 성장하여 조선 건국에 주도적 역할을 하였음을 이해한다.

'고려 사회의 변천' 단원의 성취 기준은 무신정권 및 원의 침략으로 인한 사회 변화에 초점을 맞추고 있다. 무신정권에서는 농민 · 천민의 봉기를 강조하였다. 몽골(원)과 관련해서는 침략에 대한 저항과 자주성의 회복, 그리고 새롭게 성장한 신진사대부에 의한 조선 건국 과정을 서술하게 하였다. 문벌귀족이 주도한 고려 전기의 질서가 무신정변으로 인해 격변하였으며, 원의 침략과 이에 대한 대응은 고려 후기의 역사를 결정하는 중요한 요소가 되었다는 점에서 이러한 성취 기준은 타당하다고 평가할 수 있다.

그러나 위의 성취 기준을 따르면 피지배층의 봉기를 의도적으로 미화할 우려가 있으며, 자주성을 과도하게 강조하고 사실을 편협하게 제시함으로써 객관적이고 종합적인 이해를 저해할 가능성이 있다. 신분제 하에서 농민, 천민은 늘 수탈의 대상이었으며, 과도한 수탈을 당하거나 새로운 사상을 수용하거나 정치권력에 공백이 생기는 등의 계기가 생기면 봉기를 일으켰다. 따라서 농민 · 천민 봉기는 전개 과정뿐 아니라 봉기의 역사적 의미가 드러나게 기술하도록 제안할 필요가 있다.

또한 대몽항쟁 과정과 반원자주화 노력을 설명하는 것만큼이나 원의 간섭을 받았던, 1세기 가까운 기간의 변화와 그 변화의 의미를 설명하는 데에도 유의해야 할 것이다. 과도한 민족주의와 이로 인한 편협한 기술은 이전의 국정교과서뿐 아니라 본고에서 분석하는 8종의 《역사》교과서 전체에서 문제점으로 지적할 수 있다. '자주성'에 입각해서 사실을 선별한 결과 불가피한 선택과 그로 인한 의식적, 무의식적 변동들을 간과했다고 판단할 수 있다.

이를테면 공민왕이 자주성을 회복했다면 그 이전의 질서는 어떠했는지에 대한 이해도 수반되어야 할 것이다. 몽골이 고려에 설정한 국제 관계의 틀을 이해한 뒤에 고려가 이에 대해 어떻게 반응하고 적응하였으며, 끝내 자주성을 회복했는지 알 수 있게 해야 할 것이다. 그러나 위의 성취 기준(②)을 따르면 100여 년의 기간을 원의 간섭에 대한 서술로 채운 뒤 공민왕의 반원개혁정책을 기술하게 된다. 이보다는 원이 고려를 압도한 상황에서 국가를 유지하기 위해 들였던 여러 가지 노력들을 제시하고 그 성과와 한계를 살필 수 있게 하는 것이 좋을 듯하다. 자주와 독립이라는 명제를 절대적으로 제시하기보다 시대상황을 고려하며 탄력적으로 이해하게 하는 것이 역사교육의 효용과도 부합할 것이다.

(2) 집필 기준 분석

2009년 개정 교육과정에 따른 《역사교과서 집필 기준》 중 '고려 사회의 변천' 단원에 적용되는 집필 기준은 〈표 2〉와 같다.

〈표 2〉에서 보듯이 '고려 사회의 변천' 단원에 적용되는 집필 기준은 '고려와 몽골(원)의 관계', '권문세족과 신진사대부', '고려의 문화'로 구성되어 있다. '고려와 몽골(원)의 관계'에서는 대몽항쟁을 지속할 수 있었던 대내외적 요인, 원의 침략과 간섭으로 인한 피해, 그리고 원 세력의 약화를 배경으로 공민왕의 반원 자주정책이 성공하였음을 서술할 것을 제시하였다. '권문세족과 신진사대부'에서는 권문세족의 성격과

<표 2> '고려 사회의 변천' 단원의 집필 기준

분류	집필 기준
고려와 몽골(원)의 관계	몽골이 여러 차례 고려를 침입하게 된 배경을 설명하고 그 피해를 서술한다. 최씨 정권 하에서 고려가 장기간 대몽항전을 지속할 수 있었던 대내외적 요인을 파악할 수 있도록 한다. 원의 정치적 간섭으로 관제가 격하되었고, 경제적 피해도 있었음을 설명한다. 여러 차례의 내정 개혁이 원의 압력으로 실패하였지만, 원의 영향이 현저히 약화된 공민왕 대에는 반원 자주정책이 성과를 거두었음을 서술한다. 고려는 몽골을 통해 몽골의 고유 문화뿐만 아니라 세계 문화를 접하게 되었으며 원과 활발하게 문물을 교류함으로써 일상생활에도 적지 않은 변화가 있었음도 제시한다.
권문세족과 신진사대부	고려후기에 등장한 권문세족의 특징을 이해하고 그들이 고려 정치 질서에 초래한 파행 상황을 서술한다. 고려 후기 이후 과거에 급제하고 관리로서 능력을 갖춘 향리 출신의 신진사대부들이 새로운 사회 정치 세력으로 성장한 배경과 과정을 설명한다. 한편, 성리학의 수용으로 고려 사상계가 크게 변하였고, 성리학을 수용한 신진사대부 세력이 고려 사회의 모순을 비판하면서 새로운 사회 건설과 문화 혁신을 추진하였음을 서술한다. 최근 고려 후기 지배층을 권문세족과 신진사대부로 나누어 설명하기 어렵다는 주장이 제기되고 있지만 이를 구분하지 않을 경우 조선을 건국하는 주체 세력의 성격이 모호해질 수 있으므로 두 가지 개념을 구분하여 이해하는 것이 바람직하다.
고려의 문화	고려 전기의 사상, 학문, 예술 분야를 중심으로 귀족 중심의 문화가 발달하였으며 내우외환 속에서도 자주적이고 창의적인 문화 예술 활동이 전개되었음을 설명하고, 청자의 발달, 대장경 조판 사업의 역사적 · 문화적 의의를 설명한다. 고려 후기에도 역사학이 발달하고, 성리학이 새로운 국가 사회의 지도이념으로 등장하게 되었으며, 불교계에서는 선종의 부흥과 결사운동의 대두로 조계종이 발달하였음을 설명한다.

그들이 야기한 폐단을 개혁적 성향의 신진사대부와 대비하여 서술할 것을 제시하였다. '고려의 문화'에서는 귀족 중심의 문화를 각 요소의 역사적 의미와 더불어 서술하고, 불교의 개혁운동으로 인해 조계종이 발달한 것과 성리학이 지도이념으로 부상한 것을 서술하게 하였다.

이러한 집필 기준에서 우선 무신 정권과 농민·천민 봉기에 대한 언급이 없다는 점을 지적할 수 있다. 성취 기준에서는 "무신 정권과 농민·천민 봉기의 전개 과정을 파악한다"고 하였다. 성취 기준과 집필 기준의 관계를 고려한다면 이 부분 역시 집필 기준을 설정하여 서술 방향을 제시했어야 한다고 생각된다. 8종《역사》교과서에서 대부분 지배층에 저항하거나 신분해방을 꾀한 사례를 부각시키고 다른 요인에 의한 봉기를 서술하지 않은 문제점은 향후 이 부분에 대한 집필 기준을 설정할 때 참고가 될 것이다.

다음으로 '고려와 몽골(원)의 관계'에 대한 집필 기준은 원의 간섭으로 인한 피해를 시기를 구분하지 않고 서술하게 할 우려가 있다고 생각된다. 경제적 피해는 원과의 관계가 안정되기 전에 집중되었다. 따라서 국교 수립 후 과도한 공물을 요구받고 강화 직후 일본 원정에 필요한 물자와 인력을 제공하느라 고통을 받았던 시기와 이후 평화가 지속되고 물자가 유통되는 반면, 간섭이 강화되고 자발적 예속의 경향까지 나타났던 시기를 구분하여 서술하도록 제시할 필요가 있다. 또한 공민왕 이전의 개혁을 원이 좌절시켰다고 단정적으로 서술하게 한 것도 적절치 않다고 생각된다.

충선왕의 개혁은 원의 힘을 빌린 충렬왕파의 책동으로 좌절되었다. 그러나 정동행성 단사관 활리길사의 개혁 시도는 원의 지시에 따른 것이었으며 관리 수 감축이나 노비제 개혁 등[10] 현재 관점에서 보면 합리적인 부분이 있었다. 또한 충목왕 대 정치도감의 개혁에는 원의 지원과 간섭이 함께 작용하였다.[11] 중등학교 수준에서 이러한 사실을 다루기는 어렵겠지만 원을 고려를 억압한 세력으로 단순화하기보다, 원 내

---

10. 이강한, 〈정동행성관 활리길사의 고려제도 개변 시도〉,《한국사연구》139, 2007.
11. 이강한, 〈정치도감 운영의 제양상에 대한 재검토〉,《역사와 현실》67, 2008.

부의 상황과 고려의 내부의 상황을 종합적으로 이해하면서 개혁의 의의와 한계를 서술하도록 제시할 필요가 있다.

한편, 원제국 질서에 포섭됨으로써 발생한 문화적 변화에도 유의할 것을 제시한 것은 타당하다고 생각된다. 더 나아가 변동을 유발한 원제국 질서의 성격에 대해 설명할 필요가 있다. 한 시기의 유행으로 치부할 수 있는 몽고풍과 고려양보다는 원제국에서 유행한 종교와 학문 경향과, 고려(정동행성)를 포괄하는 과거제도를 서술하는 것이 이 시기의 특징과 의미를 이해하는 데 더욱 효과적일 것이다.

마지막으로 새롭게 등장한 명과의 관계를 객관적으로 다룰 필요가 있다. 필자는 국제 관계에 대한 조선 후기의 인식, 즉 한족 정권은 문화 수준이 높고 정당한 반면 북방민족 정권은 야만적이고 정당성이 없다고 여기는 의식이 지금도 작용하고 있다고 생각한다. 이러한 의식은 거란과 여진은 물론 대제국을 건설한 몽골까지도 은연중에 경시하게 만든다. 그러나 제국과 제국을 통치한 민족은 별개로 보아야 한다. 특히 원제국은 고려와 '혼일'의 관계를 이루었으며 성리학을 고려에 전파함으로써 새로운 시대를 열게 하였다. 그럼에도 불구하고 기존 역사 서술에서는 대부분 원제국의 압력과 간섭을 강조하고 있다.

반면에 명에 대해서는 매우 우호적인 태도를 보이고 있다. 따라서 친원파인 권문세족은 청산되어야 할 부패한 집단으로, 친명파인 신진사대부는 새 시대를 열어갈 건전한 집단으로 인식하기 쉽다. 조선의 건국은 신진사대부가 권문세족을 몰아내고 새로운 왕조를 세운 것으로 역사의 바람직한 전개라는 것이다. 위 집필 기준에서 권문세족과 신진사대부를 대비시키는 이유를 "조선을 건국하는 주체 세력의 성격이 모호해질 수 있으므로"라고 한 것도 이러한 입장이 반영된 것이라고 볼 수 있다.

그러나 고려말에 명이 고려에 보인 태도는 지극히 폭압적이었다. 고려에 대한 명의 압력과 횡포는 《고려사》에 상세히 기술되어 있다.[12] 이에 고려는 친원과 친명을 확정하지 못하고 동요하였으며 외교 정책이 일관성을 유지하지 못하였다. 그럼에도 불구하고 기존 서술에서는 명의 폭압을 기술하지 않고 친원적인 권문세족과 친명적인 신진사대부를 대비시킴으로써 격변기의 실상을 제대로 드러내지 못하고 있다. 원·명 교체기의 서술은 명분론에 입각한 호오를 배제하고 냉엄한 국제관계와 연동하여 서술하도록 제시할 필요가 있다고 생각된다.

3. 8종 교과서의 서술 내용 분석

1) '고려의 성립과 발전' 단원

(1) 체제 정비

8종 교과서에서는 모두 최승로의 시무 28조와 이를 수용한 성종의 정책을 다루었으나 그 의미를 충분히 드러내지 못했다고 생각된다. 예를 들어 천재교육에서는 "백성에게 부담을 준다는 이유로 연등회와 팔관회를 폐지하였다"고 하였고, 교학(양)에서는 "과도한 재정 낭비를 가져오는 불교 행사를 억제하였다"고 하면서 근거 자료로 상소문 중의 "노역이 매우 번거로우니 바라건대 줄이고 덜어서 백성의 힘을 펴게 해 주소서"라고 한 것을 발췌하였다. 그러나 최승로는 백성의 고된 노역과 재정 낭비를 지적함과 더불어 "우상은 흉례가 아니면 쓰지 않

---

12. 김순자, 《한국중세한중관계사》, 혜안, 2007.

는 것이니 서조(西朝)의 사신이 얼굴을 가리고 지나갔다"[13]고 하여 중국 한족문화에 경도된 의식을 표출하였다. 그러나 이 부분은 모든 교과서에서 언급하지 않았다.

중국의 정치 제도와 의례를 수용하여 체제를 정비한 것은 성종의 큰 업적이다. 그러나 중국 중심의 문화 의식과 국가관까지 수용하여 자주적 관료들의 비판을 받았다. 따라서 성종 대 연등회와 팔관회의 폐지와 현종 대의 복설이 반영하는 문화 의식은 중요하게 다루어져야 한다. '화풍'에 경도된 성종의 정책이 서희와 이지백에 의해 비판을 받고 현종 대에 이르러 훈요 10조의 정신을 회복하는 것은 반드시 서술되어야 할 내용이다. 자주적이라고 판단되는 부분을 강조하면서도 그렇지 않은 부분을 미화하는 서술 태도는 고유문화와 중국문화의 갈등과 타협이라는 우리 역사의 큰 흐름을 제대로 드러내지 못함은 물론 은연중에 우리 역사에 대한 열등감을 표출하는 것이라고까지 평가할 수 있다.

(2) 통치체제

통치체제는 중앙의 2성 6부를 근간으로 하는 제도 정비와 지방의 5도 양계 및 주속현제도를 중점적으로 다루고 있다. 중앙의 통치체제에 대한 서술에서는 제도의 운영원리에 대한 서술이 미흡하다고 생각된다. 성종에 의한 중앙 제도 정비는 폭압적인 정치를 종식시키고 절차와 합의에 기반한 정국 운영을 가능하게 하는 것이었음[14]을 서술할

---

13. "且偶人非凶禮不用 西朝使臣 嘗來見之 以爲不祥 掩面而過 願自今 勿許用之"(《고려사》 권93 열전6 제신 최승로).

14. 박재우, 〈고려의 정치제도와 권력관계〉, 《한국중세사연구》 31, 2011; 박재우, 〈고려 초기의 대간제도〉, 《역사와 현실》 68, 2008; 박용운, 《고려시대 관계·관직 연구》, 고려대학교출판부, 1997.

필요가 있다. 대교에서 중서문하성과 중추원의 재상에게 권력을 집중시킨 것을 고려 전기 중앙 정치의 특징으로 제시하고 대간의 역할을 강조한 것은 바람직한 서술이라고 평가할 수 있다.

지방제도의 정비는 중앙 권력이 지방을 장악해가고 이에 따라 향리의 권한이 약화되는 과정으로 서술하고 있다. 천재교육에서는 "수령이 파견되면서 지방의 호족들은 수령을 보좌하고 행정 실무를 담당하는 향리로 전락하였다"는 표현을 사용하였다. 그러나 지방관을 파견한 이후에도 향리가 실질적인 지방 지배자의 위상을 유지했으며, 속현향리에 비해 주현 향리의 위세가 높았다는 점은 기존 연구에서 확인되었다.[15] 따라서 비상의 '지방 호족 출신 향리들은 호장층이 되어 지방을 실질적으로 지배하면서 직위를 독점하였다'고 하거나 교학(신)의 '중앙의 통제력이 지방에까지 모두 미치지 못했다'고 한 서술이 적절하다고 생각된다. 그러나 교학(신)에서 '백성에 대한 지배력을 강화하고자 하였으나'라고 전제하여 중앙의 시도가 실패한 것처럼 이해한 것은 기존 관행을 제도화한 고려 지방제도의 특징을 제대로 파악하지 못한 서술이라고 생각된다.

(3) 대외관계

이 부분에서는 10세기를 전후한 동아시아의 국제정세와 진취적 대외의식, 능동적 외교를 강조하여 서술하였다. 이는 집필 기준으로 제시된 고구려 계승의식과 영토 회복 의식을 충족하는 것이라고 생각된다. 그러나 서술 내용을 보면, 고려가 유리한 협상은 군사력으로 뒷받

---

15. 윤경진, 〈고려 군현제의 구조와 운영〉, 서울대학교 박사학위논문, 2000; 채웅석, 《고려시대의 국가와 지방사회-'본관제'의 시행과 지방지배질서》, 서울대학교출판부, 2000.

침하였으며 실리 위주의 외교를 전개했음을 학습자가 간과할 우려가 있다고 생각된다.

8종의 《역사》 교과서에서는 모두 서희가 담판을 벌여 거란군을 퇴각시키고 영토를 확대하였다고 서술하였다. 그러나 고려군의 완강한 저항이 거란을 협상에 응하게 한 궁극적 요인이었음[16]을 언급하지 않고 서희의 역할만 부각시켰다. 이는 학생들에게 '세 치 혀로 고려를 구하다'와 같이 단순하게 이해시킬 우려가 있다. 학생들이 강감찬의 소가죽을 이용한 수공 작전은 잘 알면서도 귀주에서 10만 거란군과 격돌한 고려군의 수가 20만이라는 사실에 대해서는 놀라고 의아해하는 것도 이와 같은 서술 방식 때문이라고 생각된다.

또한 모든 교과서에서 고려가 3차에 걸친 거란군의 침입을 물리친 것을 서술하였다. 그러나 고려가 귀주대첩으로 대승을 거둔 뒤 거란과 외교관계를 맺고 형식상의 사대를 수용함으로써 국제관계를 안정시키고 자주권을 확보한 것에 대해서는 서술하지 않았다. 천재교육에서만 3차 침입 이후 거란과 고려가 외교관계를 맺었음을 서술하였으나 그것이 사대관계의 표면적 수용이었음은 밝히지 않았다.

침략은 상황의 변화를 의도하므로 전쟁 과정보다도 전쟁 이후의 사회 변화와 국제 관계의 변동을 중요하게 다루어야 한다. 거란이 고려를 굴복시키고자 침략했으며 그들이 의도한 것이 실질적인 사대관계였다면[17] 고려에서 이에 대해 어떻게 대응했는지를 서술할 필요가 있다. 고려가 전쟁에서 승리한 뒤 사대 의례를 수용하여 국제적 갈등 요

---

16. "遼攻安戎鎭 中郞將大道秀 郞將分方 與戰克之 遜寧不敢復進 遣人促降"(《고려사》 권94 열전7 諸臣 徐熙).

17. "遜寧語熙曰 汝國興新羅地 高勾麗之地 我所有也 而汝侵蝕之 又與我連壤 而越海 事宋 故有今日之師 若割地以獻 而修朝聘 可無事矣"(위와 같은 조).

인을 제거하면서 자주권을 확보한 것을 알게 하는 것은 역사 학습의 효용에 비추어도 매우 필요한 일이라고 생각된다.

그러나 대부분의 교과서에서 거란과의 국교 수립에 대해 서술하지 않음으로써 고려가 선택한 실리적 생존 방식은 물론 이후 금의 사대 요구가 지니는 의미도 이해하기 어렵게 되었다.

(4) 묘청의 서경천도운동

'묘청의 서경천도운동'에 대해서는 모든 교과서에서 서경 세력 등의 개혁세력과 개경 문벌귀족의 대립으로 서술할 뿐 집필 기준에서 제시된 고구려 계승 의식이나 영토 회복 의식과의 관련성을 서술하지 않았다. 이는 집필 기준에 대한 집필진의 회의적인 의식이 반영된 것으로 보인다. 옛 고구려의 수도이기 때문에 천도해야 한다고 한 대교의 서술이 오히려 억지스럽다. 그러나 1970년대 후반부터 국정교과서에서 유지되어 온, 묘청을 개혁 세력의 핵심 인물로 설정한 견해는 대부분의 교과서에서 수용하였다.

묘청은 개혁 세력과 보수적 귀족 세력의 갈등 과정에서 부각된 인물로서 정치사적으로는 윤언이나 정지상, 백수한 등이 더욱 중요한 비중을 지닌다고 평가할 수 있다. 또한 묘청이 주장한 금국정벌론, 서경천도론 등은 당시의 정세에 비추어 무리한 것이었다. 그러나 대부분의 교과서는 금이 요를 멸망시키고 송까지 압박하는 국제 정세를 언급하지 않고 묘청의 주장만 소개하였다. 더구나 신채호의 논설과 결부되어 성립한 왜곡된 역사상을 그대로 답습하고 있다. 두산동아나 교학(양) 등 다수의 교과서에서는 묘청의 난에 대한 신채호의 논설을 발췌해 놓고 학생들의 판단을 유도하고 있다.

신채호는 논설의 서문에서 묘청의 난을 '불교 대 유교의 싸움이며,

국풍파 대 한학파의 싸움이며, 독립당 대 사대당의 싸움'이라 하였고, '만약 김부식이 패하고 묘청이 이겼더라면 조선사가 독립적, 진취적으로 발전하였을 것이니, 이것이 어찌 일천년래 제일대사건이라 하지 아니하랴'고 하였다.[18] 그리고 국정교과서에서는 묘청의 서경천도운동을 신채호의 서문과 결부하여 소개함으로써 학습자가 묘청을 진취적이고 자주적인 인물로 인식하게 하였다. 그러나 이는 사실을 왜곡할 뿐더러 신채호의 평마저도 왜곡하는 것으로 과도한 민족주의의 대표적인 오류라고 평가할 수 있다.[19]

(5) 신분 구성과 각 계층의 생활

8종의 《역사》 교과서에서는 성취 기준에 따라 고려 전기 각 신분의 생활을 서술하였다. 이 중 문벌귀족에 대한 서술은 적절하다고 생각된다. 비상, 미래, 교학(신), 두산동아에서는 통일신라의 귀족(골품제)과 고려의 귀족을 비교하였다. 이는 귀족제와 관료제 논쟁을 염두에 두고 상대적으로 개방적이고 유연한 고려 문벌귀족의 특성을 드러낸 것으로 바람직한 서술이라고 생각된다.

그러나 이하의 신분, 특히 '중류층'으로 표현한 계층에 대한 서술은 일관되지도 타당하지도 않다고 생각된다. 단일한 신분으로 포괄하기

---

18. 신채호, 〈조선역사상일천년래제일대사건〉, 《한국사연구초》, 을유문화사, 1987 (재간행).
19. 신채호는 논설의 본문에서 묘청을 '광망(狂妄)'하다고 하며 그 이유로 서경에서 거병한 것을 들었다. 서경 천도에 대해서도 '도성될 지점에 만만 불의(不宜)'하다고 하였다. 논설에서 신채호가 높이 평가한 것은 묘청이 아닌 윤언이로 칭제건원에 찬동하고 서경천도에는 반대한 것을 그 이유로 들고 있다. 그럼에도 불구하고 교과서에서는 서론 중 일부 표현을 발췌하여 흡사 묘청의 주장과 거병을 신채호가 칭찬한 것처럼 서술함으로써 학생들이 왜곡된 역사상을 갖게 하였다. 이와 관련해서는 별도의 논고를 작성하고 있다.

힘든 다양한 부류를 '각 신분의 일상생활을 추론한다'는 성취 기준에 따라 서술한 결과 이와 같이 되었다고 생각된다. '향리'를 중류층으로 다룬 것은 특히 적절치 않다고 생각된다.

최상층 향리인 호장은 지역 통치자의 위상을 지녔으며 과거나 서리직 등의 관로를 통하여 중앙으로 진출하여 최고위 관직까지 승진할 수 있었다. 따라서 호장층을 한품제의 적용을 받는 남반 등과 함께 중류층으로 분류하는 것은 적절치 않다고 생각된다. 오히려 남반과 유사하게 승진이나 과거 응시에 제한을 받은 하급 향리층을 중류층으로 분류하는 것이 타당하다고 생각된다.

그리고 양인농민층과 천민에 대한 서술은 지나치게 평면적이다. 이들의 생활이 조선시대와 비교하여 어떠한 면에서 특수한지 설명이 되지 않는다. 교학(신)은 한 면을 할애하여 양인 농민층의 생활을 삽화로 제시했지만 씨 뿌리고, 부역에 나가고, 수확하는 모습을 그린 것에 불과하다.

이렇듯 '신분' 개념에 부합하지 않게 중류층을 설정하고 피지배층을 평면적으로 서술한 것은 운영원리가 조선과 달랐던 고려 사회를 조선 신분제의 틀에 맞추어 바라보았기 때문이라고 생각된다. 신분의 다양성과 중층성, 독자적인 지방 질서를 특징으로 하는 고려 사회의 구조에 맞게 서술체제를 개편하는 것이 바람직하다고 생각된다.

(6) 여성의 지위

대부분의 교과서에서 여성의 지위와 재산상속을 별도의 소항목이나 별면으로 다루었다. 이 역시 성취 기준을 충족하려 한 것으로 보인다. 그러나 '가정에서는 여성도 평등하다'(두산동아), '고려시대의 여성과 결혼'(천재), '여성의 지위와 상속'(교학-신) 등의 제목 아래 고려 여성의 평등성을 강조하여 서술한 것은 적절하지 않다고 생각된다. 역사적 맥락에 대한 이해를 결여한 채 고려와 조선을 호불호의 관점에서 판단하게 할 우려가 있다. 따라서 비상처럼 고려 시기 가족제도의 원리와 특징을 설명하면서 여성과 관련된 요소를 함께 서술하는 것이 바람직하다고 생각된다. 이와 같은 서술은 조선 시기 성리학적 남녀관에 따른 가족관계의 변화를 이해하는 데에도 도움을 될 것이다.

한편, 일부 서술은 고려 시기의 사회상에 대한 이해가 부족해 보인다. 몇몇 교과서에서는 딸이 제사의 주체가 되었다고 서술하였으나 이는 조선 전기에 해당하는 것으로 보는 것이 타당하다. 고려 시기에는 사후 의례가 보편적으로 불교의 재(齋) 형식으로 베풀어졌다. 조선 전기에는 유교식 제례가 확산되면서도 구래의 혈연의식이 유지되어 가정에서 윤회봉사나 외손봉사 등이 행해졌다.[20] 이러한 흐름에도 유의해야 할 것이다.

(7) 문화

문화는 대부분의 교과서가 사상/종교와 예술로 구분하여 서술하였다. 이러한 서술은 일상생활이나 문화적 분위기와의 관련이 약하여 암기 요소가 나열되어 있는 것 같은 느낌을 준다. 이러한 점에서 대교에서 '모두에게 사랑받는 불교'라는 제목 아래 연등회와 팔관회를 생동감 있게 서술한 것은 바람직한 시도라고 평가할 수 있다. 여기에 지배층을 포함한 모든 계층의 심성에 깊이 자리하였고, 중앙과 지방의

---

20. 전경목, 〈분재기를 통해서 본 분재와 봉사 관행의 변천―부안김씨 고문서를 중심으로〉, 《고문서연구》 22, 2003; 정긍식, 〈조선초기 제사승계법제의 성립에 관한 연구〉, 서울대학교 박사학위논문, 1996; 박병호, 《한국의 전통사회와 법》, 서울대학교출판부, 1988.

의례에서 중요한 역할을 하였던 무격(巫覡)에 대한 서술이 추가되면 더 좋을 것 같다.

또한 성종 대에 성립한 태묘와 원구단, 적전 등의 유교 제의는 이후 조선으로 이어지며 중요한 의례로 정착했다는 점에서 언급할 필요가 있다. 그러나 대교를 제외한 교과서에서는 이를 다루지 않았다.

2) '고려 사회의 변천' 단원

(1) 무신정변과 농민봉기

무신정권은 대부분의 교과서에서 최씨 정권을 독립된 항목으로 설정하여 서술하였다. 그런데 미래, 교학(양) 등에서는 최씨 정권의 체제 안정과 성과보다는 피지배층에 대한 억압과 통치질서의 혼란 등 부정적인 면을 강조하였다.[21] 이러한 서술은 집필자가 은연중에 무신정권의 정당성에 대해 부정적으로 판단하였다는 느낌을 준다.

그러나 60여 년간 이어진 정권의 정당성에 대한 판단을 내포한 듯한 서술은 적절치 않다고 생각된다. 혹여 5·16군사정변 이래 1980년대까지 이어진 군부정권에 대한 반발로 왕정은 정당성이 있고, 무신들이 정변으로 장악한 정권은 정당성이 없다는 의식에 기반한 것이라면 더욱 적절치 않다. 유능한 집권자가 추진한, 정권 유지 차원을 넘어서는

---

21. "최충헌의 개혁은 최씨 정권을 유지하는 데 급급하여 제대로 이루어지지 않았다. 오히려 최씨 정권은 몰락한 문벌 귀족의 토지를 독차지하거나 농민들의 땅을 빼앗아 전국 곳곳에 농장을 만들었다. 또한 사병을 양성하여 권력 유지에 치중하였으며, 국가의 중요 정책까지도 좌우하였다"(미래).
"최씨 무신 정권은 반대 세력 및 하층민의 저항을 적극적으로 진압하여 정치적으로는 안정을 이루었지만, 백성을 위한 개혁에는 소홀하였고 국가의 통치 질서는 어지러워졌다"(교학(양)).

국가 경영에 대해서는 그 내용과 의미가 충분히 드러나도록 서술할 필요가 있다고 생각된다. 국왕이 통치한 시기에 정권 유지와 부국강병이 분리될 수 없다면 무신이 실권을 장악한 정권에서도 이러한 관계를 인정해야 할 것이다.

농민봉기에 대해서는 대부분 피지배층의 신분상승운동에 집중하여 서술하였다. 그러나 당시에 발생한 봉기의 원인은 다양하였다. 지역공동체에서 이탈한 초적의 반란, 서북지역의 피해의식, 지역 간 갈등, 지역 내 계층 갈등, 삼국분립의식 등 다양한 요인이 작용하였다. 따라서 이러한 봉기를 통하여 신분상승운동뿐 아니라 사회구조와 지역감정, 분립의식 등 다양한 측면을 살필 수 있다. 그럼에도 불구하고 지배층에게 억눌린 피지배층의 항쟁이라는 성격만을 부각시켰다. 특히 지학사와 대교는 이 과정에서 하층민들의 의식이 성장했다고 평가하였고, 미래는 '하층민들의 봉기가 실패했으나 이후 하층민들의 신분 상승 계기가 되었다'라고 하였다. 이러한 서술은 봉기의 역사적 의의를 제시한 것이나 설득력을 갖추었다고 보기 어렵다.

(2) 몽골의 침략과 간섭, 자주성의 회복

모든 교과서에서 대몽항쟁에 대해 비교적 자세하게 다루었다. 그러나 장기간 저항할 수 있었던 요인으로는 주로 백성의 자발적 항전을 들고, 최씨 정권의 상무적 분위기와 항몽 의지, 삼별초의 활약 등에 대해서는 소략하게 언급하였다. 최씨 정권이 무너진 뒤에도 최이(최우)만큼은 '천도공신'의 호를 그대로 유지하였다.[22] 이는 최이가 고려를 구하는 데 크게 공헌했다는 당대인의 평가를 반영한다고 볼 수 있다.

---

22. 노명호 외, 《한국고대중세고문서연구》(상), 서울대학교출판부, 2000 중 〈상서도관첩〉 참조.

따라서 최씨 정권, 특히 최우가 주도한 항전 의지와 전략, 군사 작전 등에 대해서도 서술할 필요가 있다.

또한 몽골의 태도 변화에 대한 서술도 필요하다고 생각된다. 교과서의 서술은 몽골의 태도 변화를 언급하지 않아 몽골을 무리한 요구로 일관한 폭력적인 종족으로 인식하기 쉽게 하고 있다. 그러나 30년 가까운 세월이 흐르면서 몽골의 강화조건은 수용이 가능할 만큼 완화되어 갔다.[23] 따라서 집필 기준에서 제시된 대로 대내외적 상황을 종합적으로 인식하는 가운데 대몽항쟁을 파악할 수 있도록 서술하는 것이 바람직하다고 생각된다. 침략 초기의 요구조건과 후기의 요구조건을 비교하는 것도 한 방법이 될 것이다.

이와 더불어 최씨 정권의 항전이 국가 유지에 도움이 되던 단계에서 정권 유지에만 집착할 뿐 국가 유지에 해가 되는 단계로 바뀌었음을 알릴 필요가 있다. 몽골의 침략 초기에는 항전이 국가를 유지할 수 있는 방법이었다면 후기에는 강화를 맺는 것이 국가와 백성에게 이로운 일이었음을 이해할 수 있도록 서술하는 것이 타당하다고 생각된다.

그리고 최씨 정권이 몰락한 뒤에도 계속 무신이 집권한 것을 서술하여 최씨 정권의 몰락은 무신정권 내부의 정변이었으며 대몽 강화는 문신과 무신을 막론한 지배층 전체의 결정이었음을 알릴 필요가 있다. 그래야 이후 원의 간섭이 심화되면서 국왕/문신과 무신 간에 갈등이 생기고 삼별초의 난으로 이어지는 역사 과정을 제대로 이해할 수 있을 것이다. 교학(양)에서 '최씨 무신정권이 무너지자 왕과 문신들은 몽골과 화의를 하였다'라는 한 것은 적절한 서술이라고 보기 어렵다.

또한 대부분의 교과서에서 삼별초의 항쟁을 비중 있게 서술하여 삼별초를 순수한 애국 세력으로 판단하기 쉽게 하였다. 그러나 기존 연

23. 이익주, 〈고려 대몽항쟁기 강화론의 연구〉, 《역사학보》 151, 1996.

구에서는 삼별초의 항쟁을 구국운동의 차원에서만 파악할 수 없음을 확인하였다.[24] 따라서 천재처럼 삼별초의 항쟁을 보는 두 가지 관점을 동등하게 소개하는 방식의 서술이 바람직하다고 판단된다.

(3) 원의 간섭

원의 간섭은 대부분 국격의 훼손과 경제적 침탈, 영토 상실 등을 거론하였다. 그런데 국격의 훼손과 관련해서는 주로 왕실 용어의 격하나 관부 명칭의 변화에 집중할 뿐 국왕의 친조 등 재원 활동은 소개하지 않았다. 또한 국왕을 임의로 임명하거나 퇴위시킨 것과 자체 묘호와 시호를 폐지하고 원에서 준 시호를 사용한 것에 대해서도 언급하지 않았다. 이 부분을 서술해야 학생들이 원 간섭기 국가 위상 변화의 내용을 이해하고 이후 공민왕이 추진한 반원 개혁정치의 의미를 파악할 수 있을 것이다.

다음으로 경제적 피해에 대해서는 금, 은, 인삼, 매 등을 거론하고 있다. 저고여 피살 전후 몽골이 요구한 공물과 비교하면 이러한 물품들은 의례적 조공품으로 간주할 만한 것으로 경제를 피폐하게 한 요인이라고 보기는 어렵다. 또한 《고려사》에서는 이 시기에 원에서 다량의 보초나 곡식을 지원한 사례가 확인된다.[25] 따라서 일본 원정 이전 원의 직접적인 요구에 의한 경제적 피해와 이후 지배층의 원과 관계된 이익추구나 원의 체제비 마련으로 인한 고통을 구분해서 서술할 필요가 있다고 생각된다.

---

24. 유영철, 〈고려첩불심조조'의 재검토〉,《한국중세사연구》1, 1994.

25. 이강한, 〈1293~1303년 고려 서해안 '元 水驛'의 치폐와 그 의미〉,《한국중세사연구》33, 2012; 이강한, 〈고려 공민왕대 정부 주도 교역의 여건 및 특징〉,《정신문화연구》125, 2011.

그리고 원 간섭기에 발생한, 불가피했을 뿐더러 자발적 성격까지 있는 변화에 대해서도 서술할 필요가 있다. 기존의 서술은 학생들이 원 제국 질서를 이해하기보다 원을 배격하는 마음을 갖게 쉽게 한다. 그러나 당시 고려의 지배층은 원제국 질서에 적응하는 한편, 고려의 독자성을 유지하기 위해 힘썼다. 충렬왕은 정동행성의 장관을 겸하겠다고 자청하여 성사시킴으로써 원의 간섭을 최소화하였다.[26] 지식인들은 넓은 세계를 경험하면서 세계관과 가치관이 크게 달라졌고, 이러한 변화는 이후 새로운 시대를 여는 요인이 되었다. 따라서 원제국 질서를 객관적으로 이해하고 그 속에서의 활동에 대해 판단할 수 있게 해야 한다고 생각된다. 원제국 질서 속에서 독립을 유지하려고 노력한 세력과 입성론을 주장한 세력을 통틀어 권문세족으로 규정해서는 안될 것이다.

(4) 권문세족과 신진사대부

8종의 《역사》 교과서에서는 고려후기의 지배층을 권문세족과 신진사대부를 나누어 서술하라는 집필 기준에 따라 각 집단의 인적 구성과 특성을 서술하였다. 그런데 권문세족의 인적 구성에 대해서는 교과서별로 내용이 크게 다르다. 비상은 원 간섭기에 원의 세력을 이용하여 부와 권력을 유지한 세력이라고 하였고, 미래는 몽골 침략에 적극 도움을 주거나 볼모로 잡혀간 고려 왕자와 함께 원에서 생활한 사람들, 몽골어를 익혀 통역으로 출세한 세람들이라고 하여 더욱 구체적으로 서술하였다. 두산동아는 "고려 전기 지배세력인 문벌귀족의 자손,

---

26. 이강한 외, 2010, 《충렬왕의 생애와 쌍화점―쌍화점, 다섯 개의 시선》, 다인아트, 2010; 이익주, 〈원간섭기 개혁정치의 성격〉, 《논쟁으로 읽는 한국사》, 역사비평, 2009.

무신 정권기에 새로 등장한 가문, 원과 긴밀한 관계를 맺은 정치 세력 등"으로서 "대부분 친원적인 성향을 가지고 있었다"고 하였다.

이렇듯 권문세족에 대한 정의가 다양하고 모호한 것은 권문세족의 실체가 불분명하기 때문이라고 볼 수 있다.[27] 고려말의 지배층을 권문세족과 신진사대부로 나누더라도 양자의 대립은 공민왕 때에 표면화되어 우왕 때에 격렬해졌다.[28] 공민왕 이전, 원이 강성했던 시기에는 학문적 성향에 근거하여 성리학자를 구분할 수는 있지만 원에 대한 태도나 국내 정책의 차이에 따라 구분하기는 어렵다.[29] 양자 모두 낮은 신분에서 통역으로 출세한 조인규와 유청신의 사례에서 보듯 이 시기에는 개인의 신념에 따라 고려의 이익을 옹호하거나 해치려고 했다고 보는 것이 타당하다. 또한 권문세족과 성리학자 모두 원의 지배를 불가피한 것으로 용인하면서 활동하였다. 더욱이 사대부인 이제현의 자손들이 대표적인 권문세족인 기씨 가문과 연혼하고, 역시 사대부인 이색과 염흥방이 권문세족인 권한공의 사위가 된 것처럼 서로 중첩된 혼인 관계를 맺었다.

따라서 권문세족과 신진사대부로 나누더라도 권문세족을 단순히 친원파나 부원배로 규정하기보다 원 간섭기에 대를 이어 권력을 누리면서 부를 축적하였으며 일부는 혼란한 상황을 이용하여 불법을 저질렀으며, 원명교체기에 친원 정책을 주장하며 신진사대부와 대립했다고 서술하는 것이 적절할 듯하다.

그리고 교학(신)과 지학사에서 신진사대부의 경제적 기반을 '중소지

---

27. 김광철, 《고려 후기 세족층 연구》, 동아대학교출판부, 1991.

28. 이익주, 〈고려말 신흥유신의 성장과 조선 건국〉, 《역사와 현실》 29, 1998.

29. 이강한, 〈정치도감 운영의 제양상에 대한 재검토〉, 《역사와 현실》 67, 2008; 도현철, 《고려말 사대부의 정치사상 연구》, 일조각, 1999; 이익주, 〈충선왕 즉위년 '개혁정치'의 성격〉, 《역사와 현실》 7, 1992.

주이거나 자영농'이라고 서술한 것은 적절하지 않다고 생각된다. 이는 권문세족과 신진사대부의 대립을 경제적 기반을 달리하는 두 세력 간의 대립으로 보는 연구를 수용한 것으로 보인다.[30] 그러나 신진사대부의 재산 규모나 분포, 경영방식, 경제적 피해 등에 대한 실증적 규명이 아직 충분치 못하므로 신중을 기할 필요가 있다.

(5) 불교와 성리학

불교는 지눌의 선·교 통합을 중요하게 다루면서 수행법인 '정혜쌍수'나 '돈오점수'에 대해 서술하였다. 그러나 수행법의 의미까지 소개하는 것이 필요한지 고려할 필요가 있다. 종교가 사회에 영향을 끼치는 부분은 중요하게 다뤄야겠지만, 종교 내부의 교리까지 소개하는 것은 지나치다는 판단도 가능하기 때문이다. 이 부분에서는 개인의 수양에 치우친 산중 불교가 되어 사회 현실과 괴리되어 가는 단초를 열었다는 서술도 의미가 없지 않다고 생각된다.

지눌의 선·교 통합에 이어 원 간섭기에 불교계가 타락하여 사회를 지도할 힘을 잃었다고 서술하였다. 그런데 임제종이 유입된 것은 대부분의 교과서에서 서술하지 않았다. 중국의 사상이 고려를 압도하던 시기에 지눌에서 비롯된 불교의 흐름은 위축되고 중국에 유학하여 임제종을 수용한 승려들이 권위가 높아졌다. 그리고 조선의 불교계에서는 태고 보우에서 이어지는 흐름을 법통으로 정리하였으며[31] 지금의 최대 종단인 조계종에서도 이를 수용하고 있다. 따라서 임제종 승려

---

30. 이태진,《한국 사회사연구—농업기술 발달과 사회변동》, 지식산업사, 1986.

31. 김용태,《조선 후기 불교사 연구—임제법통과 교학전통》, 신구문화사, 2010; 강호선, 2001, 〈충렬·충선왕대 임제종 수용과 고려불교의 변화〉,《한국사론》 46; 최병헌, 〈조선시대 불교법통설의 문제〉,《한국사론》 19, 1988.

인 나옹 혜근이나 태고 보우의 활동 등 원간섭기 불교계의 변동을 소개할 필요가 있다.

성리학에서는 대부분 안향, 이제현, 이색, 정도전·정몽주로 이어지는 성리학 계보를 소개하고 있다. 이는 성리학의 도통론에 입각한 서술로 성리학이 유행하게 된 시대상황에 대한 이해를 약화시킬 우려가 있다. 원에서 성리학이 유행하였고, 원의 과거에서 성리학을 시험하였으며, 고려에서 정동행성 향시가 치러진 국내외 상황을 함께 언급하는 것이 필요하다고 생각된다.

(6) 정치세력의 대립과 고려의 멸망

정치세력의 대립은 모든 교과서에서 친원파인 권문세족과 친명파인 신진사대부의 대결로 정리하여 집필 기준을 충족하였다. 그러나 이와 같은 서술은 원·명 교체기의 국내 정국을 지나치게 단선적으로 이해하게 할 우려가 있다. 또한 두 세력의 대립을 옳고 그름을 판별하는 입장에서 바라보게 할 우려가 있다.

고려말은 대륙의 급변하는 정세 속에서 어떻게 대응해야 할지 고민하던 시기였으므로 최고 권력층의 입장이 일관되기 어려웠다. 공민왕은 명과 외교관계를 맺고 북원과의 관계를 끊었지만 명의 횡포와 압박이 심해지자 중립 외교로 전환하여 자주성을 유지하려 하였다. 이첨이 북원과 화친정책을 취하는 권문세족을 탄핵하자 최영은 오히려 신진사대부를 탄압하였다. 뒤에는 신진사대부를 옹호하고 이인임 등 권문세족의 핵심 인물을 제거하였다. 그러나 명이 철령위를 설치하겠다고 통고해오자 요동 정벌을 단행하였다.[32] 따라서 친원은 그르고 친명은 바르다는 이분법적 구도는 조선 건국 세력의 시각을 그대로 수용하

---

32. 김순자, 《한국 중세 한중관계사》, 혜안, 2007.

는 것일 뿐더러 조선 후기의 화이론적 사고방식의 영향을 받은 것이라고도 평가할 수 있다.

4. 맺음말

이제까지 민족주의의 작용과 보편적 학설의 수용이라는 두 측면에서 성취 기준과 집필 기준, 그리고 교과서의 서술 내용을 살펴보았다. 그 결과 과도한 민족주의적 해석과 이로 인해 사실과 부합하지 않게 서술한 부분이 있음을 확인하였다. 또한 논리적 이해를 어렵게 하는 서술, 과거에는 통설이었으나 지금은 의심되는 학설에 따른 서술을 확인하였고, 유력한 학설이 아직 수용되지 못한 부분도 확인하였다. 필자의 견해에 무리한 점이 없지 않겠지만 향후 교과서를 집필할 때 도움될 점도 없지는 않으리라 생각된다.

이와 더불어 교과서의 기획과 집필이 지나치게 시대별로 이루어지는 점을 지적하고자 한다. 각 시대마다 중요하게 다루는 주제가 있다. 따라서 교과서를 집필하는 연구자는 그 시대에 중요하게 다루어지는 주제를 중점적으로 서술하게 된다. 여기에 연구자의 민족주의적인 태도와 해당 시대에 대한 애정도 함께 작용하기 쉽다. 그 결과 시대별로 다루는 내용이 상이하고 모든 시대가 장점만 부각된다.

예를 들어 삼국시대에는 고분에 큰 비중을 두고 서술하였지만, 고려 시기와 조선 시기에는 이 분야에 대한 서술이 없다. 그 결과 학생들은 삼국시대의 무덤을 암기할 뿐 죽음에 대한 인식과 관련 의례, 무덤 양식이 긴 역사 과정 속에서 어떻게 변해왔는지, 그 의미가 무엇인지 알지 못한다. 학생들은 원 간섭기에 몽골 복식이 유행한 것은 알 수 있지만 그것이 조선에서 어떻게 유지되고 변형되었는지는 알 수 없다. 따라서 이러한 점을 충분히 고려하여 성취 기준과 집필 기준을 정해야 할 것이다.

더불어 민족주의에 입각한 서술을 당위로 인정하더라도 이 시대에 필요한 서술 방식을 고민할 필요가 있다. 한국의 역사 과정은 중국문화 및 중국에서 설정한 국제질서에 대한 반발과 갈등, 수용과 적응의 과정이기도 하였다. 그러나 교과서의 서술은 이러한 점을 제대로 파악하게 하는 데 매우 취약하다. 금에 대한 사대에 분개했다는 서술은 있지만 그것이 요에게 했던 것과 동일한 수준의 것이었음을 알려주는 서술은 없다. 심지어 묘청을 탓한 신채호의 논설이 묘청을 칭찬한 것으로 왜곡되어 교육되었다.

필자가 문제점으로 지적하는, 과도한 민족주의에 입각한 서술이 과거에는 타당성이 있었다고 평가할 수도 있다. 식민지 시기와 한국 전쟁의 기억이 생생하고 국력이 미약했던 시기에 필자의 주장대로 서술했다면, 일제 시기의 식민사학이 그랬던 것처럼 비관론을 강화하는 역할을 할 우려가 없지 않았을 것이다. 그러나 선진국이라는 낱말이 부럽지 않게 된 현재 시점에 이전과 같은 방식의 서술은 현실 인식에 도움이 되지 않을뿐더러 미래를 준비하는 데 오히려 방해가 될 수 있다고 생각된다. 세계화를 강조하고 세계인이 되는 것을 지향하는 현재 상황에 비추어 적절한 민족주의에 대해 고민할 필요가 있다. 현실적 효용성이 있는, 이제까지와는 다른 역사 서술과 교육을 모색할 필요가 있다. 사실을 의도적으로 숨기거나 부각시키지 않는 것도 한 방법이 될 것이다.

■참고문헌

《고려사》

2009년 개정 교육과정 8종 《역사》 교과서

강호선, 〈충렬·충선왕대 임제종 수용과 고려불교의 변화〉, 《한국사론》 46, 2001.

김광철, 《고려 후기 세족층 연구》, 동아대학교출판부, 1991.

김순자, 《한국 중세 한중관계사》, 혜안, 2007.

_____, 〈12세기 고려와 여진·금(金)의 영토 분쟁과 대응〉, 《역사와 현실》 83, 2012.

김용덕, 〈부곡의 규모 및 부곡인의 신분에 대하여〉(상·하), 《역사학보》 88·89, 1980·1981.

김용태, 《조선 후기 불교사 연구─임제법통과 교학전통》, 신구문화사, 2010.

김우택, 〈11세기 대거란 영역 분쟁과 고려의 대응책〉, 《한국사론》 55, 2009.

김한종, 《역사교육과정과 교과서 연구》, 선인, 2006.

노명호 외, 《한국고대중세고문서연구》(상), 서울대학교출판부, 2000.

노명호, 《고려국가와 집단의식─자위공동체·삼국유민·삼한일통·해동천자의 천하》, 서울대학교출판문화원, 2009.

_____, 〈고려시대 향촌사회의 친족관계망과 가족〉, 《한국사론》 19, 1988.

_____, 〈고려시대의 친족조직〉, 《국사관논총》 3, 1989.

도현철, 《고려말 사대부의 정치사상 연구》, 일조각, 1999.

문숙자, 《조선시대 재산상속과 가족》, 경인문화사, 2004.

박병호, 《한국의 전통사회와 법》, 서울대학교출판부, 1988.

박용운, 《고려시대 관계·관직 연구》, 고려대학교출판부, 1997.

박재우, 〈고려의 정치제도와 권력관계〉, 《한국중세사연구》 31, 2011.

_____, 〈고려초기의 대간제도〉, 《역사와 현실》 68, 2008.

박종기, 《고려시대 부곡제연구》, 서울대학교출판부, 1990.

_____, 《지배와 자율의 공간, 고려의 지방사회》, 푸른역사, 2002.

박진훈, 〈여말선초 노비정책 연구〉, 연세대학교 박사학위논문, 2005.

박한남, 〈고려의 대금외교정책 연구〉, 성균관대학교 박사학위논문, 1993.

신채호, 《한국사연구초》, 을유문화사, 1987(재간행).

유승원, 《조선초기신분제연구》, 을유문화사, 1987.

유영철, 〈'고려첩불심조조'의 재검토〉, 《한국중세사연구》 1, 1994.

윤경진, 〈고려 군현제의 구조와 운영〉, 서울대학교 박사학위논문, 2000.

_____, 〈고문서자료를 통해 본 고려의 지방행정체계〉, 《한국문화》 25, 2000.

이강한 외, 2010, 《충렬왕의 생애와 쌍화점―쌍화점, 다섯 개의 시선》, 다인아트, 2010.

이강한, 〈1293~1303년 고려 서해안 '元 水驛'의 치폐와 그 의미〉, 《한국중세사연구》 33, 2012.

_____, 〈고려 공민왕대 정부 주도 교역의 여건 및 특징〉, 《정신문화연구》 125, 2011.

_____, 〈정동행성관 활리길사의 고려제도 개변 시도〉, 《한국사연구》 139, 2007.

_____, 〈정치도감 운영의 제양상에 대한 재검토〉, 《역사와 현실》 67, 2008.

이수건, 〈조선 전기의 사회변동과 상속제도〉, 《역사학보》 129, 1991.

이익주, 〈고려 대몽항쟁기 강화론의 연구〉, 《역사학보》 151, 1996.

_____, 〈고려말 신흥유신의 성장과 조선 건국〉, 《역사와 현실》 29, 1998.

_____, 〈원간섭기 개혁정치의 성격〉, 《논쟁으로 읽는 한국사》, 역사비평, 2009.

_____, 〈충선왕 즉위년 '개혁정치'의 성격〉, 《역사와 현실》 7, 1992.

이종서, 《고려 · 조선의 친족용어와 혈연의식―친족관계의 정형과 변동》, 신구문화사, 2009.

_____, 〈고려 · 조선의 친족제도〉, 《논쟁으로 읽는 한국사》, 역사비평, 2009.

_____, 〈고려후기 이후 '동기' 이론의 전개와 혈연의식의 변동〉, 《동방학지》 120, 2003.

이태진, 《한국 사회사연구―농업기술 발달과 사회변동》, 지식산업사, 1986.

전경목, 〈분재기를 통해서 본 분재와 봉사 관행의 변천―부안김씨 고문서를 중심으로―〉, 《고문서연구》 22, 2003.

정긍식, 〈조선초기 제사승계법제의 성립에 관한 연구〉, 서울대학교 박사학위논문, 1996.

채웅석, 《고려시대의 국가와 지방사회―'본관제'의 시행과 지방지배질서―》, 서울대학교출판부, 2000.

_____, 〈고려시대의 신분제〉, 《논쟁으로 읽는 한국사》, 역사비평사, 2009.

최병헌, 〈조선시대 불교법통설의 문제〉, 《한국사론》 19, 1988.

최재석, 《한국가족제도사연구》, 일지사, 1983.

한영우, 《조선 전기 사회경제연구》, 을유문화사, 1983.

7장

한국근세사 연구의 성과와 국사교육

박평식

1. 머리말

우리 역사에서 조선시대사(朝鮮時代史)는 현대 한국 사회에서 인지하는 유교에 근거한 우리 전통의 중핵이 형성되고 확립된 시기이고, 이런 까닭에 한국문화의 여러 요소는 그 많은 부분이 이 조선시대사의 속성에서 기인하고 있다. 그러나 조선시대사는 이후 내적인 근대화에 실패하고 일제강점기의 굴욕을 거치면서, 그 실상의 이해와 인식이 가장 왜곡된 역사이기도 하다. 특히 내적으로 민족주의 역사학의 반성적인 자기인식에 따른 평가와 더불어, 외적으로 일제 관학자들의 정체성·당파성론에 근거한 식민사관이 가장 강고하게 작용한 시기였다.

지난 20세기 근·현대 한국 사학사의 도정에서 조선시대사에 드리워져 있던 위와 같은 역사인식을 극복하고 내적인 발전 과정의 시각에서 조선사를 이해하려는 노력은 해방 이후, 그중에서도 1960년대 이후에야 비로소 시작될 수 있었다. 그러나 이 같은 방향에서 이루어진 1970~1980년대 조선시대사 연구도 1990년대 이후 이른바 '식민지 근대화론'의 인식과 탈민족 · 국가사 연구경향의 대두와 더불어, 다시금 조선사 인식의 기본 관점에 대한 논란이 가중되고 있는 형편이다.

본 연구는 해방 이후 조선시대사를 범위로 하여 이루어진 국사학계의 연구성과를 사학사의 맥락에서 단계적으로 정리하여 이들 성과가 당해 시기 국사교육에 어떻게 반영되어 왔는지를 차례로 점검하고, 이를 바탕으로 21세기 오늘날 조선시대사 연구와 이를 내용으로 하는 국사교육이 지향하여야 할 방향에 대한 전망도 모색하고자 한다. 근래에 정치권력의 교대에 수반하여 이례적으로 거듭되고 있는 교육과정의 개편에 따라 요동하고 있는 역사교육, 그중에서도 자국사 교육이 직면하고 있는 혼선과 난조를 타개하고, 중등 국사교육의 현장에서 자존(自尊)에 근거한 자기인식의 체계로서 조선시대사를 재구성하여 교수하는 데 도움이 되려는 목적에서 시도하는 작업이 되겠다.

2. 1960~1970년대 조선시대사 연구와 국사교육

해방 직후 일제 잔재의 청산과 경제구조의 개편을 토대로 달성되어야 할 자주적 통일민족국가 수립의 실패는 이후 분단과 6 · 25 동란의 내전으로 이어지면서, 민족사가 일제의 강점기를 벗어나자마자 이제 분단체제로 치닫는 시작점이 되고 있었다. 그리고 이 같은 해방전후사의 파행은 우리의 역사연구와 자국사 교육에도 이어져, 식민주의 역사인식을 극복하고 자주적 통일민족국가 건설과 민주개혁에 봉사하여야 할 한국사학 또한, 민족국가 건설의 방향을 둘러싼 좌우 정치 · 사회세력의 치열한 대립 속에서 혼선을 거듭하고 있었다.

이 과정에서 일제하 반(反)식민주의 역사학의 전통을 계승하여 해방

후에 자주적·민족적 역사학의 수립을 모색하던 신민족주의사학과 유물사관 역사학 계열의 학자들이 6·25전쟁의 와중에서 대부분 월북, 납북됨으로써 이후 남한에는 문헌고증사학의 전통만이 강하게 남아 1950년대 국사학계를 이끌고 있었다.[1] 해방 공간을 거쳐 1950년대에 자주적 통일민족국가의 건설 과제가 실패함과 함께, 이념의 극단적인 대립을 배경으로 반식민사학과 민족주의사학의 학풍에 기초한 우리 정통 역사학의 복구 또한 좌절되고 만 것이다.

이 같은 사정은 조선시대사의 연구와 교육에서도 마찬가지였다. 1952년 역사학회가 결성되고 이어 1955년 역사교육연구회의 활동이 시작되면서, 조선 후기 실학 개념에 대한 연구[2]나 동학란의 배경과 성격에 대한 이해 문제 등에서 새로운 연구방향이 부분적으로 제시되기도 하였다.[3] 그럼에도 불구하고 해방 공간에서 중등 국사교재로 활용되었던 진단학회의 《국사교본》이나 1차 교육과정기 《국사》 교과서의 조선시대사상은 타율성·정체성에 기초한 식민사관의 서술 기조에서 벗어나지 못하고 있었다.[4]

이 같은 상황에서 1960년의 4·19혁명은 다시 고양된 민족주의론에 힙입어 민족주의 역사학의 계승과 재건이 새롭게 제창되는 분기점이 되었다. 이를 계기로 신채호를 비롯한 민족주의사학자들에 대한 재평

---

1. 方基中, 〈解放後 新國家建設問題와 歷史學〉, 《韓國史認識과 歷史理論》(金容燮教授停年紀念韓國史學論叢 1), 知識産業社, 1997.
2. 千寬宇, 〈磻溪 柳馨遠 研究〉(上·下), 《歷史學報》 2·3, 1952·1953; 韓㳓劤, 〈李朝實學의 槪念에 대하여〉, 《震檀學報》 19, 1958.
3. 金容燮, 〈哲宗朝 民亂發生에 對한 試考〉, 《歷史教育》 1, 1956; 金容燮, 〈東學亂研究論−性格問題를 中心으로〉, 《歷史教育》 3, 1958; 金容燮, 〈全琫準供招의 分析−東學亂의 性格一斑〉, 《史學研究》 2, 1958.
4. 金興洙, 《韓國歷史教育史》, 大韓教科書株式會社, 1992; 정선영 외, 《역사교육의 이해》, 삼지원, 2001.

가 속에서 식민사학과 문헌고증사학에 대한 비판, 그리고 유물사관사학에 대한 주목이 이루어지고 있었다. 이러한 반식민사학과 민족주의 사학의 수립 노력은 그간 특히 식민사관에 의해 그 왜곡이 극심하였던 고대사와 조선시대사의 영역에서 더욱 집중하여 경주되었다. 그리하여 조선시대사 분야에서는 한국사의 발전 과정을 내재적 계기에서 찾아 이를 체계화하되, 동시에 이를 세계사의 발전 논리에서 파악하는 성과가 조선 후기 농업사를 필두로 사회경제사 부문에서 먼저 나오기 시작하였다.

김용섭의 조선 후기 농업사 연구로 대표되는 이들 연구는 사회경제사의 시각에서 농업 생산력의 발전과 그에 따른 농촌분화, 그리고 사회신분제의 변동 실태를 정치한 실증을 통해 밝혀 나갔다. 그 결과 봉건사회의 해체라는 관점에서 조선 후기 사회변동을 이해하고 더 나아가 그와 같은 변화를 내적인 근대화 문제와 연계하여 파악하게 됨으로써, 이 시기 우리 역사에 들씌워졌던 정체와 타율의 식민사관을 그 근거에서 부정할 수 있는 이론적이고 실증적인 기반을 제공하였다. 1967년 한국사연구회의 출범과 더불어 더욱 고양된 이 같은 조선 후기 사회경제사 연구는 이후 상업, 수공업, 광업사의 연구성과로 이어지고, 함께 전개된 신분사 분야의 성과와 맞물리면서 특히 토대 부문을 중심으로 조선 후기사를 내적 계기에 근거하는 '발전'의 관점에서 체계화할 수 있는 기반을 제공하였다.[5]

1970년대에 들어서면서 조선시대사 연구는 이전 내재적 발전론의 관점을 계승, 심화하면서, 이제 그와 같은 관점의 연구가 경제사 이외

---

5. 金仁杰, 〈1960, 70년대 '內在的 發展論'과 韓國史學〉, 《韓國史 認識과 歷史理論》 (金容燮教授停年紀念韓國史學論叢 1), 知識産業社, 1997; 이영호, 〈'내재적 발전론' 역사인식의 궤적과 전망〉, 《韓國史研究》 152, 2011.

분야에서도 본격적으로 시작되었다. 그리하여 정치·사상사, 사회·신분사의 여러 주제와, 나아가 그간 크게 주목받지 못한 조선 전기사 연구 또한 여러 연구자들에 의해 진척되어 갔다. 그 결과 여말 선초의 사회변동을 동일 중세사회에서 펼쳐진 단계적 변동 과정으로 바라보는 시각과, 이 시기 경제, 사회신분, 유학사상 등에 대한 검토를 토대로 조선 건국을 중세에서 근세로의 전환이라는 관점에서 파악하는 연구경향이 새롭게 대두하였다. 이 같은 시각은 이후 조선 중·후기의 성리학과 그 담당 주역으로서 사림 세력에 대한 긍정적 파악으로 이어지면서, 이 시기 정치사와 사상사 이해에 만연해 있던 당파성, 정체성에 기초한 식민사관의 굴레를 타파하는 데 긍정적 기여와 기반을 닦고 있었다.[6]

다시 말해 4·19혁명으로 촉발된 반식민사학과 민족주의사학의 재건 노력은 1960~1970년대를 거치면서 조선 후기의 사회경제사 분야에서 거둔 실증적인 성과를 토대로 하여, 세계사의 발전이라는 일반성의 배려 위에서 한국사의 특성을 살리려는 한국사 인식의 대두와 발전으로 이어지고 있었다. 그리하여 조선 사회 전(全)시기를 내적 발전의 관점에서 정리하되, 특히 그 후기를 근대화의 기반이자 출발점으로 이해하려는 역사상이 먼저 사회경제사의 부문에서 체계적으로 수립되었고, 이어 그 같은 노력이 정치·사상사 분야에서도 상응하는 성과를 거두면서 식민사관의 단순한 극복에서 더 나아가 조선시대사에 대한 과학적이면서도 주체적인 연구자세가 비로소 정립될 수 있었다.

한편 이 시기 국사학자들은 국사학계의 이와 같은 성과를 바탕으로 하여 중등 국사교육의 개선을 위한 노력에도 적극 나서고 있었다. 1969년 12월 이기백 등 당시 국사학계의 중진 학자 4인이 문교부에 제

---

6. 高英津, 〈해방 50년 조선시대사 연구의 동향과 과제〉, 《韓國學報》 79, 1995.

출한 《중·고등학교 국사교육 개선을 위한 기본방향》이라는 제목의 제안서는 그러한 노력의 하나였다. 여기에서 그들은 세계사의 시야에서 민족사를 교수하되, 이를 주체성과 내적 발전의 방향에서 인간 중심의 생동하는 우리 역사의 내용으로 구성하여야 한다는 중등 국사교육의 기본 방향을 제시하고 있다.[7] 국사교육에서 단순한 식민사관의 부정에 그치지 않고, 우리 역사를 세계사의 보편적 이해 기반 위에서 주체적이고 발전적으로 가르쳐야 한다는 교수 지침이었다.

그러면 1960~1970년대 국사교육의 현장에서 위와 같은 국사학계의 성과와 제언은 어떻게 수용되고 있었을까? 우선 경험 중심, 생활 중심의 교육과정을 표방하며 1963년부터 적용된 2차 교육과정에서 조선시대사는 그 내용체계가 중·고등학교에서 〈표 1〉과 같이 구성되어 있었다.

〈표 1〉 2차 교육과정 '국사' 과목의 조선시대사 내용체계

구분 내용	중학교	고등학교
지도 내용	(4) 조선시대의 생활 · 국토의 발전과 제도의 정비 · 민족문화의 발전 · 조선시대의 사회생활 · 조선시대의 대외관계 · 제도의 개편과 문화의 발달	(6) 조선시대의 생활 · 조선의 성립과 제도의 정비 · 민족문화의 발달 · 정치의 문란과 사회상태 · 제도의 개편과 경제생활 · 실학의 흥기와 문화의 발전 · 조선시대의 대외관계

교육과정의 지도내용에서 단원의 명칭이 한결같이 '생활'로 규정되고 있는 데서, 이 교육과정에 관철되고 있던 당대 생활, 경험 중심 교

---

7. 李基白·李佑成·韓㳓劤·金容燮, 《中·高等學校 國史教育 改善을 위한 基本方向》, 문교부 연구보고서, 1969.

육사조의 강한 영향을 파악할 수 있다.[8] 아울러 고등학교 조선시대사의 지도내용에 적기되어 있는 '정치의 문란과 사회상태' 항목의 내용을 통해서, 식민사관의 당파성론에 기초한 조선시대 정치사 인식체계가 여전히 그대로 수용되고 있음을 확인할 수 있다. 이는 1950년대의 1차 교육과정에서 중·고교 '국사' 조선시대의 학습목표로 들어 있던 "당쟁의 폐해를 이해시킨다", "정치의 문란이 사회와 문화에 끼친 영향을 이해시킨다" 등의 이해체계와 기본적으로 같은 맥락이라 할 수 있다.[9]

1968년 12월 '국민교육헌장' 반포, 1972년 유신체제의 성립과 더불어 국사교육은 그 체제와 방향성에서 전에 없던 변화를 거치게 된다. 유신 정권의 '한국적 민주주의' 표방은 이제 국사교육에서 '국적 있는 교육' '민족주체사관'의 강조로 이어졌고, 그 연장에서 국사가 해방 후 처음으로 독립 교과로 편성되고 초·중·고교와 대학의 전 교육단계에서 국사교육이 필수화되고 강화된 것이다. 그리고 1974년에는 후속 조처로 국사교과서가 국정화되기에 이르렀다. 국사학계 또한 이 같은 국사교육 강화의 분위기를 배경으로 1972년에 조직된 '국사교육강화위원회'에 참여하여 그 이듬해까지 2차에 걸쳐 국사교육을 위한 건의서를 제안하였으며, 특히 1973년 5월에 제출된 《국사의 중심 개념》에서는 고대사에서 현대사에 이르기까지 총 30개 주제를 설정하고 모두 167항목의 '중심 개념'을 일반화된 진술의 형태로 정리하였다. 여기에는 해방 이후 당시까지 국사학계에서 거둔 학문적 성과들을 총 망라하여 국사교육에서 교수하여야 할 핵심내용으로 정리하였는데, 그중 조

---

8. 이 같은 형식의 단원 명칭은 근·현대사 부문을 제외하고 중·고교 '국사'의 모든 단원명에서 공통적으로 사용되고 있었다.

9. 교육부, 《초·중·고등학교 사회과·국사과 교육과정 기준(1946~1997)》, 2000, 248, 389쪽.

선시대사는 7개 주제에 걸쳐 40개 항목이 나열, 구성되어 있었다.[10]

그러나 국사교육 강화에 대한 이 같은 정부 방침과 국사학계의 적극적인 대처에도 불구하고, 이 시기 국사교육의 조선시대사 부문에서 학계의 연구성과는 그 반영 정도가 극히 미미하거나 부정적이기까지 하였다. 교과서 국정화 조처에 따라 국사교육에서 교과서가 지니는 위상이 더욱 커졌음에도 불구하고, 1974년부터 적용된 3차 교육과정의 《국사》교과서는 특히 조선 후기 역사 서술에서 비주체적·타율적, 지배층 중심의 서술 기조, 곧 식민사관의 영향이 매우 강하게 남아 있었다. 예컨대 중학교 《국사》교과서에서는 다음과 같은 기술 내용이 여전히 유지되고 있었다.

> 청을 통하여 서양 문물이 들어오면서부터 종래의 협소하였던 세계관이 차차 확대되고, 자아에 대한 각성도 일어나, 침체된 학문과 사상계에 새로운 풍조가 생겨 실학파가 등장하였다.[11]

> 실학은 조선 문화의 부흥기인 영조·정조 때에 이르러 무르익었다. 여기에는 영조·정조의 학문 장려와 청으로부터 들어온 고증학의 영향이 컸다.[12]

조선 후기의 변화나 실학의 생성 배경을 서양 문물과 청의 고증학, 곧 외래의 요소에서 주로 찾고 있는 역사인식이다. 이는 당대 국사학계의 연구경향이 체계적으로 반영되지 못한 채, 오히려 식민사관의 전

---

10. 康宇哲, 《歷史의 敎育》, 敎學社, 1974, 295~311쪽 참조.
11. 문교부, 중학교 《국사》, 1975, 148쪽.
12. 문교부, 중학교 《국사》, 1975, 150쪽.

형적인 타율사관이 여전히 수용되고 있는 서술 내용이라 하겠다. 이는 조선 후기 정치사에 대한 당쟁사에 입각한 파악이나, 조선 후기 사회변동의 기반을 기층 민중이 아닌 왕을 비롯한 지배층에서 찾는 서술 기조 등과 더불어 조선 후기사 인식의 퇴보가 아닐 수 없다.[13]

아울러 3차 교육과정의 고등학교 《국사》 교과서 조선시대사 부문에서는 집필자의 과도한 주관의 반영 실태가 또 하나의 큰 문제였다. 당시 여말 선초의 사회변동과 유교사상에 대한 연구를 통해 '조선=근세'설을 주창하고 있던 조선시대 담당 집필자가, 조선시대사 서술에서 조선초기를 '민족문화의 황금시대'로 규정한 반면, 이후의 역사 전개를 '쇠퇴'와 '침체' '혼란'의 관점에서 기술하고 있었던 것이다. 그중 한 단원의 내용을 예시하면 다음과 같다.

> 15세기에 수준 높은 유교문화를 이룩하였던 조선 사회는 16세기 이후부터 점차 쇠퇴하기 시작하였다. 민본정치는 점차 양반 귀족 정치로 변해가고, 민족의식은 맹목적인 존화주의로 흐르는 경향이 나타났다. 부국강병 정책은 후퇴하고 민족문화는 침체되었다. 이에 따라 안으로는 사회적 불평등이 심화되어 계층 간의 갈등이 일어나서 도덕과 기강이 무너져 갔으며, 밖으로는 외적의 침략을 불러들여 몇 차례의 쓰라린 국난을 치르지 않으면 안 되었다.[14]

조선초기사에 대한 긍정적인 성격 규정에도 불구하고, 16세기 중기 이후의 정치·사회사가 국초의 '황금시대'에서 쇠퇴하는 혼란기로 규정됨으로써 결국은 조선 후기사에 대한 기왕의 식민사관의 인식과 맞

---

13. 차미희, 《한국 중·고등학교의 국사교육》, 교육과학사, 2011, 76~77쪽.
14. 문교부, 인문계 고등학교 《국사》, 1974, 131쪽.

닥뜨리는 결과를 낳고 말았던 것이다.[15]

이 시기 국정 《국사》 교과서 조선시대사 서술에서 나타난 이 같은 경향은 유신체제를 정당화하는 내용으로 구성된 해방 이후 현대사 서술 내용과 더불어, 당시 국사학 및 역사교육 학계에서 국사교과서의 국정화 방침과 관련하여 이미 우려하였던 문제 중 하나였다. 때문에 이후 이에 대한 학계의 비판 또한 준엄하게 전개되었다.[16] 요컨대 1960년대 이래 진전된 내적 계기에 근거한 우리 역사 발전 과정의 체계화 노력이 조선시대사 연구영역에서 가장 실증적이고 구체적인 성과를 내고 있었음에도 불구하고, 국사교육의 현장에서는 그와 같은 조선시대사 이해 방향과 성과가 교과서의 내용 요소로 아직 체계화하지 못하는 형편이었던 것이다.

3. 1980~1990년대 조선시대사 연구와 국사교육

1980년 광주에서 벌어진 5·18민주화운동과 그 연장의 1987년 6·10민주화운동은 한국 사회에서 민족민주운동이 활성화하는 계기였고, 이를 기점으로 노동자·농민·도시빈민 등 기층 민중세력이 사회변혁의 주체로 역사의 전면에 등장하기 시작하였다. 그 결과 지성계에서도 남한 사회의 모순구조와 사회성격에 대한 과학적 분석을 토

---

15. 때문에 차미희는 앞의 《한국 중·고등학교의 국사교육》에서 당시 국정 《국사》 교과서의 이 같은 실태를 정리하여 '민족사관 교육과의 전면적 괴리: 조선 후기사'로 표현하고 있다(앞의 책, 74~80쪽).
16. 姜萬吉·李成茂·宋贊植, 〈특집 '국사' 교과서의 문제점〉, 《創作과 批評》 9-2, 1974; 李元淳·陳英一·鄭善影, 〈中·高等學校 國定 國史敎科書의 分析的 考察〉, 《歷史敎育》 16, 1974.

대로 민족민주운동의 과제를 명확히 하기 위한 이론적 모색을 본격화하였다. 국사학계 역시 이 같은 사회 분위기를 배경으로 1980년대 들어 새로운 연구경향이 대두하고 있었다.[17] 1988년 과학적·실천적 역사학을 표방하며 창립된 한국역사연구회를 비롯하여 여러 역사연구단체의 연이은 등장에서 보듯이, 1980년대 국사학계는 1960년대 이래의 내재적 발전론에 입각한 연구성과를 계승하면서도, 한편으로 당시 변혁운동의 주체로 등장하고 있던 민중을 중심으로 역사를 이해하고 서술하려는 노력을 경주하였다.[18] 이와 함께 현대사에 대한 연구 또한 본격화하기 시작하였다.

이 같은 연구경향은 조선시대사 분야에서도 마찬가지로 펼쳐지고 있었다. 특히 유신체제하의 국사 필수화 조처와 함께, 해방 이후 제3세대 국사학 연구자들이 대거 연구에 참여하여 그 성과를 본격적으로 생산해내기 시작하면서 조선시대사 연구 또한 활성화하고 있었다. 그리하여 조선 전기사에서는 양천(良賤)·반상(班常)의 신분제 논쟁이 전개되는 가운데 정치·사회·경제·사상 등 각 영역에서 다양한 성과들이 속속 등장하기 시작하였다. 그중 특히 16세기사 연구가 사림 세력과 붕당, 향약과 성리학 이해, 지주제의 전개와 대외무역 등의 문제를 중심으로 성과를 보이면서, 이후 17세기사와 함께 이 시기를 '조선중기'로 묶어 이해하려는 시각도 대두하고 있었다.[19]

---

17. 李世永, 〈1980, 90년대 民主化問題와 歷史學〉, 《韓國史 認識과 歷史理論》(金容燮 敎授停年紀念韓國史學論叢 1), 知識産業社, 1997.
18. 이만열, 〈민중의식 사관화의 시론〉, 《한국민중론》, 한국신학연구소, 1984; 정창렬, 〈한국에서 민중사학의 성립, 전개 과정〉, 《한국민중론의 현단계》, 돌베개, 1989.
19. 高英津, 앞의 〈해방 50년 조선시대사 연구의 동향과 과제〉; 정구복, 〈사학사적 관점에서 본 광복 후 60년간의 조선시대사 연구성과〉, 《한국 역사학의 성과와 과제》, 일조각, 2007.

한편 조선 후기사에서는 경제사와 신분사 영역에서 이전의 연구경향을 계승하여 농업, 상공업의 발달과 농촌사회의 분해 현상을 중세사회의 해체라는 시각하에서 다양한 주제를 통해 규명하는 연구가 진척되어 갔다. 그리고 이 시기부터 각종 고문서자료가 연구에 적극 활용되기 시작하면서 사회사 연구가 본격화하여 조선 중·후기 향촌사회의 운영과 그 주도세력의 변동을 정리해갔고, 이 같은 연구는 이후 19세기 농민항쟁 연구와 연결되면서 새로운 성과들을 양산하고 있었다. 아울러 조선 후기 정치·사상사 분야에서는 붕당정치론에 근거하여 당대 정치사에 대한 긍정적 이해가 확산되는 가운데, 붕당정치의 구조와 산림, 환국과 탕평정국, 세도정치 등에 대한 연구가 진전되어 갔다.[20] 그 결과 조선 후기, 특히 18세기를 조선문화의 '진경시대(眞景時代)'로 이해하는 매우 적극적인 평가까지 나오게 되었다.[21] 그런 한편에서는 이 같은 붕당정치론에 대한 이견 역시 제기되어 그 당쟁적 성격과 경세론에 대한 분석적이고 역사적인 평가를 강조하는 시각이 제기되고 있었다.[22]

그런데 1980년대 말기를 거쳐 1990년대에 들어 조선시대사 연구에서는 이전과 전혀 다른 새로운 연구경향과 성과들도 도출되고 있었다. 1990년 독일 통일과 그에 이은 소련연방의 해체를 계기로 전 세계적인 차원에서 전개된 현실 사회주의 국가들의 몰락은, 역사인식의 관점에서만이 아니라 그 연구의 대상과 방법론 측면에서도 새로운 변화가 나타나는 계기가 되었다. 조선시대사 연구에서 이 같은 추세는 경

---

20. 近代史研究會,《韓國中世社會 解體期의 諸問題》(上·下), 한울, 1987; 高英津, 앞의〈해방 50년 조선시대사 연구의 동향과 과제〉; 정구복, 앞의〈사학사적 관점에서 본 광복 후 60년간의 조선시대사 연구성과〉.
21. 최완수 외,《진경시대》, 돌베개, 1998.
22. 金駿錫,《朝鮮後期 政治思想史 研究》, 지식산업사, 2003.

제사 연구에서 먼저 두드러지고 있었다. 특히 일본 역사학계를 중심으로 1970년대 중반 이래 제기되고 있던 조선 후기 사회상에 대한 이견은, 이제 그간의 국사학계의 연구경향을 '부조적 수법'이라는 비판의 수준에서 벗어나서, 이 시기 역사상 전체에 대한 부정과 새로운 해석으로 이어지고 있었다.[23]

이 과정에서 국사학계에서 오래 전에 폐기했던 국가적 토지소유론이 새롭게 주목되기 시작하였고, 이는 노비제와 상업, 유통구조에 대한 재해석으로 연결되면서, 조선 후기 사회를 중세사회 해체기이자 근대의 맹아적 토대가 형성되어 가던 시기로 파악해왔던 기왕 국사학계의 일반적 정리를 전면 부정하는 논지로 이어졌다. 그리하여 조선 후기를 아시아적 소농사회가 안정화되어 가고 시장의 기능이 약하여 국가적 재분배 체계가 여전히 완고하게 작동하는 경제구조로 파악하되, 그것이 19세기에 이르러 농업 생산력의 위축에서 보듯이 전면적 위기에 봉착하게 된다는 이해 체계가 경제사학계를 중심으로 등장하게 되었던 것이다.[24]

이와 같은 조선 후기사 인식체계는 일제강점기를 이른바 '식민지 근대화론'의 관점에서 파악하는 역사인식과 연결되는 것이었고, 또한 1990년대 중반 이후 서구 학계의 풍향에 주목해온 일부 논자들의 탈근대와 탈민족·국가사의 주장과 함께 상승 작용을 일으켜갔다. 그리하여 지난 1960~1970년대에 이어 당시까지 국사학계가 매진하고 있던 내적 계기에 토대하여 조선시대사와 우리 역사 전체를 '발전'의 논

23. 이영학, 〈조선 시기 경제사연구의 현황〉, 《역사문화연구》 32, 2009.
24. 李榮薰, 〈韓國史에 있어 近代로의 移行과 特質〉, 《經濟史學》 21, 1996; 李榮薰, 〈朝鮮社會 經濟史 研究의 現況과 課題〉, 《朝鮮時代 研究史》, 韓國精神文化研究院, 1999.

리하에 체계적이고 구조적으로 파악하려는 연구경향을 두고, 이를 폐쇄적이고 자기중심적이며 이미 용도 폐기된 낡은 서구 중심의 역사이론에 불과한 것으로 폄훼하는 지경에 이르기도 하였다.[25]

그렇다면 이 시기 조선시대사 영역에서 펼쳐진 이 같은 연구의 동향과 그에 따른 성과는 우리의 국사교육에 어떻게 반영되고 있었을까? 4차 교육과정은 1981년에 고시되어 그 이듬해부터 적용되기 시작하였는데, 논란이 많던 국사교과서의 발행체제가 '국정'에서 '1종'으로 바뀌고 아울러 상·하 2권으로 분책되는 변화가 있었다. 특히 이 같은 2권 분책체제에 따라서 중학교와 고등학교《국사》교과서 모두 하권을 조선 후기부터 시작하고 있었는데, 이는 근대의 출발을 이 시기 우리 역사의 내적인 기반에서 찾으려는 역사인식이 반영된 형태였다. 다음〈표 2〉에서 확인되는 고등학교《국사》교과서의 단원 구성은 그 단적인 예증이다.

교육과정과 교과서의 단원명에 쓰인 '맹아'와 '태동'이라는 표현에서 잘 드러나듯이, 4차 교육과정이 적용된 1980년대에 들어 중·고등학

〈표 2〉 4차 교육과정 고등학교《국사》조선시대사 단원 구성

구분 내용	교육과정	교과서(하)
단원명	4) 근대사회의 맹아 (1) 근세사회의 변질 (2) 경제질서의 변화 (3) 문화의 새 기운 (4) 정치 사회의 혼란	1) 근대사회의 태동 (1) 조선 후기의 사회변동과 　　대외관계 (2) 문화의 새 기운 (3) 사회의 동요와 종교의 　　새 기운

---

25. 임지현,《민족주의는 반역이다》, 소나무, 1999; 임지현·이성시 엮음,《국사의 신화를 넘어서》, 휴머니스트, 2004.

교 국사교육의 조선시대사 이해 체계에서 내재적 발전론에 근거한 역사인식과 그 성과들이 교육과정과 교과서의 내용 요소에 비로소 본격적으로 반영되고 있었던 것이다.

그러나 이 시기《국사》교과서 조선시대사 서술에서 당대 국사학계의 연구성과가 모두 충실하게 반영되고 있었던 것은 아니었다. 예컨대 당시 국사학계에서는 조선 후기 사회변동의 주체로 기층의 민중을 설정하고, 19세기 농민항쟁의 형태로 전국에서 봉기한 민란을 그와 같은 조선 후기 사회변동의 총체상을 반영하는 역사적 사건으로 이해하면서, 이는 민중의 비판적 사회의식 성장의 결과이자 동시에 새로운 근대사회의 태동을 위한 기반으로 파악하는 관점이 점차 확산되고 있었다.[26]

그런데 '1종' 체제의《국사》교과서는 조선 후기사 서술에서 사회변동의 흐름을 국왕과 지배층의 관점에서 서술하는 기조가 여전하였으며, 그 같은 자세는 홍경래란과 진주민란을 모두 '소요사건'으로 표현하고, 이에 따라 '전국이 몹시 소란'하였다고 서술하고 있는 데서 잘 드러나고 있다.[27] 다시 말해 조선 후기 농업과 상공업의 발달이나 사회 신분제의 변동과 같은 내용은 교과서에 적극 반영하면서도, 이 같은 변화와 발전의 주체로서 기층 민중을 설정하고, 농민항쟁이 이 같은 사회변화와 백성들의 의식 성장의 결과로 폭발한 민란이자 새로운 사회 도래의 전조였다는 역사인식을 아직은 적극 수용하지 않고 있었던 것이다.

5차 교육과정의 국사교육 내용체계는 일본의 역사교과서 왜곡 사태와, 학계와 언론 그리고 국회에서까지 논란이 된 이른바 '상고사' 문

---

26. 앞의 주 20 참조.
27. 차미희, 앞의《한국 중·고등학교의 국사교육》, 151~155쪽.

제를 둘러싼 국사교과서 파동을 거치면서 마련되었다. 때문에 1986년 조직된 '국사교육심의회'에서 마련한 〈국사교과서 편찬 준거안〉과 이를 토대로 작성된 〈국사교육 내용전개의 준거안〉이 당시 《국사》 교과서의 내용 구성과 서술의 기준이 되어 적용되고 있었다.[28] 이 과정에서 그간 교과서의 이데올로기적 편향성에 대한 지적이 서술체계 전반, 특히 근·현대사 영역에서 어느 정도 수용되어 반영되고 있었다. 한편 전근대사 서술에서도 당시 학계의 문제 제기를 받아들여 기층 사회의 움직임을 사회변화의 동력으로 주목하였고, 조선시대사의 경우에는 여기에 내재적 발전의 시각을 역사인식의 자세로 강조하고 있었다.[29]

이와 관련해서 5차 교육과정 고등학교 《국사》 교과서 하권의 다음 첫 단원 구성에 주목할 필요가 있다.

〈표 3〉 5차 교육과정 고등학교 《국사》 조선 후기사 단원 구성

단원명 \ 내용	내용 요소
(1) 근대사회로의 지향	① 사회변화와 서민의식의 성장, 양반사회의 동요, 농민의 각성, 부농층과 임노동자, 중간계층의 성장
	② 근대사회로의 이행, 근대사회의 성격, 근대사회의 움직임

조선 후기 사회변동의 기저에 농민의 각성과 서민의식의 성장이 있고 이를 토대로 농촌분화와 새로운 사회세력의 성장이 이루어졌음을 전제하면서, 이 단원에 이어 경제구조의 변화와 사회·문화의 변동을

---

28. 윤종영, 《국사교과서 파동》, 혜안, 1999.
29. 정선영 외, 앞의 《역사교육의 이해》, 294쪽.

구체 내용으로 후속하여 제시하는 방식이었다. 1960년대 이래 국사학계에서 매진해오고 있던 연구방향, 곧 내적 계기에 근거하여 조선시대사의 발전상을 강조하면서도 이 같은 사회변동의 기저에 농민을 기축으로 하는 민중세계의 성장이 자리한 것으로 이해하는 역사인식 체계가, 《국사》 교과서에서 마침내 사회 구성사의 관점으로 서술되고 있었던 것이다. 일찍이 1969년 국사학계에서 마련한 《중·고등학교 국사교육의 개선을 위한 기본방향》에서 천명되었던, 이른바 "민족사의 전체 과정을 내재적 발전 방향으로 파악하되 … (중략) … 각 시대에 있어서의 민중의 활동과 참여를 부각시킨다."[30]는 관점이 근 20여 년 만에 중등 《국사》 교과서의 조선시대사 서술체계에 비로소 완전하게 반영되고 있었던 셈이다.

그러나 1990년대는 6차 교육과정의 적용과 더불어 중등 국사교육이 그 체제와 구성에서 일대 위기의 국면에 봉착한 시기이기도 하였다. 3차 교육과정 이래 중·고등학교에서 각각 독립 교과로 편성되어 왔던 국사가 다시 사회과에 통합됨으로써 국사교육의 약화 사태가 불가피하게 되었던 것이다.[31] 학문적 근거가 객관적으로 확인되지도 않은 사회과 통합의 추세에 함몰된 이 같은 사태에도 불구하고, 그에 대한 국사학계와 역사교육 진영의 대응은 연대에 기초하여 효과적으로 전개되지 못하였다. 이는 1970년대 이전에 비하여 국사학 연구자의 양적인 증가는 현저하였으나, 1980년대 이후 역사학과 역사교육 사이의 격원(隔遠)과 격절(隔絶)이 더욱 심화되면서 나타난 상황이었다.[32] 아

---

30. 주 7과 같음.
31. 정선영 외, 앞의 《역사교육의 이해》.
32. 李景植, 〈韓國에서 歷史學과 歷史教育의 隔遠問題〉, 《歷史教育의 方向과 國史教育》(尹世哲教授停年紀念歷史學論叢 2), 솔, 2001.

울러 이 시기《국사》교과서의 조선시대사 서술에서는 기왕 국사학계의 연구성과가 비교적 충실하게 반영되고 있으나, 그 내용체계의 구조화 문제나 체계성과 연속성을 갖춘 '발전'의 논리로 내용 요소를 구성하여야 한다는 비판 역시 지속적으로 제기되고 있었다.[33]

4. 21세기 조선시대사 연구와 국사교육의 방향

21세기에 들어서면서 국사학계는 1990년대 이후 여러 실증적 연구를 바탕으로 그 주장을 더욱 강화하고 있는 '식민지 근대화론'에 기초한 역사인식, 탈민족·국가론에 의거한 민족주의의 부정과 '국사' 폄훼 추세의 유행 속에서 자국사 연구와 그 교육에서 전에 없는 혼선과 난조를 거듭하고 있는 형국이다.[34] 물론 이들 연구경향이 1960~1970년대 이래 진전되어 온 내재적 발전론에 근거한 민족사의 인식체계에 대하여 역사이론과 실증의 두 측면에서 반성적 성찰의 기회를 제공하여 그 방향의 내실화에 기여하고, 또한 구조와 체계의 해명에 유의하는 거대 담론 중심의 역사연구에서 그간 주목되지 않았던 피지배층의 일상과 심성 등 종래 역사학에서 미처 다루어지지 못한 주제에 대한 연구를 추동함으로써 역사인식과 서술을 좀 더 풍성하게 한 기여도 있었다.

그러나 새로운 세기에 들어 더욱 극심해지고 있는 주변국과의 역사인식과 역사교육을 둘러싼 분쟁의 와중에서 전개된 이 같은 혼란과 갈

---

33. 朴平植,〈國史授業에서 學習內容의 構造化 方案－朝鮮前期 經濟分野를 事例로〉, 《歷史教育》75, 2000.
34. 서의식,《한국고대사의 이해와 '국사'교육》, 혜안, 2010.

등은, 학문 연구의 다양성에서 오는 역사이해의 심화라는 긍정적 면보다는 오히려 우리들 자기인식의 혼선과 동요로 이어지면서, 자국사와 그 인식을 둘러싼 갈등의 골을 더욱 깊게 하는 성격이 강한 문제로되고 있다. 조선 사회의 자생적인 근대화로의 이행 가능성을 원천에서 부정하고 일제의 식민 지배가 한국의 근대사회 성립과 발전에 결정적인 역할을 한 것으로 평가하거나, 또는 기왕의 민족 · 국가 중심 역사인식의 폐해 지적에 골몰하여 그 의의마저 극구 부정하려는 연구경향은 신중한 재고가 필요하다고 본다. 이러한 역사연구 태도가 이른바 '국제화' '세계화'시대에 더욱 강화된 국제 자본주의의 체제를 범세계적으로 확산시키는 데 이론적 배경으로 작동하는 측면도 있다는 판단 때문이다.

이와 같은 21세기 국사학계의 동향은 조선시대사 연구에서도 마찬가지로 펼쳐지고 있다. 그리하여 토지제도와 신분제를 양대 축으로하여 오랫동안 전개되어 왔던 우리나라 중세사회가 가장 전형적으로완숙하게 성립 · 발전하고 이후 동요 · 해체되어 간 시기로 조선시대를 파악하는, 그간의 내재적 발전론에 근거한 역사인식을 계승하는 연구성과가 농업생산력과 농업경영, 부세제도, 상업과 도시, 법제의 변천과 정치운영, 사회신분과 지방사회, 성리학과 실학 연구 등의 분야에서 지속적으로 이루어지고 있다. 여기에 새롭게 가족과 친족제도, 양반문화와 일상생활사 연구가 주목되고, 덧붙여 조선의 과학사에 대한 이해체계가 더 심화되고 있는 형편이다.[35] 아울러 최근에 들어서는체계적인 수집과 정리 과정을 거친 각종 고문서자료가 사례 연구의 형태로 조선시대사 연구에 적극 활용되고 있는 상황이다. 이처럼 국사

---

35. 한국사연구회 편, 《새로운 한국사 길잡이》(상), 지식산업사, 2008; 朝鮮史研究會 編, 《朝鮮史研究入門》, 名古屋大學出版會, 2011.

학계에서 21세기에 들어 전문 연구서와 논문들로 추산되는 연구성과가 해마다 양적으로 크게 증가하는 추세에도 불구하고, 조선시대사 연구에서 특히 경제사 연구부문과 같은 조선 사회의 구조와 체계에 대한 거시적인 연구가 위축되고 부진한 현실 또한 주목된다.[36]

그런데 한편에서는 이렇게 정리되는 조선시대사상에 대한 근본적인 회의를 나타내는 연구성과가 경제사학계를 중심으로 일련의 공동 연구방식으로 제기되어 왔다. 조선 사회가 소농사회로서 성장과 안정을 추구하고는 있었으나 17~18세기 이래 토지생산성과 임금 수준의 하락, 산림의 황폐화, 불안정한 재산권 제도 등으로 인해 장기적으로 그 생활수준이 저하되어 갔으며, 마침내 19세기에 이르러 사망률의 증가, 인구의 감소와 정체 현상 등에서 확인되듯이 조선 왕조의 국가운영 능력이 한계점에 이르고 있었다는 주장이다.[37] 이들은 마찬가지 관점에서 조선 후기 재정과 시장 영역 또한 분석하여, 조선 사회는 국가적 재분배 체계가 강고한 반면 민간의 상업과 유통 부문이 취약하여 앞서 농업사 연구결과와 마찬가지로 그 근대사회로의 자생적 전환에 근본적인 한계가 있음을 지적하기도 하였다.[38]

이처럼 21세기에 들어서면서 조선시대 사회 구성의 성격, 특히 그 최말기의 역사가 도달하고 있던 수준에 대한 두 갈래의 상반된 평가는 더욱 분분해지고 있는 형편이다. 조선시대 우리 역사가 세계사 일반과 마찬가지로 신분제의 해체와 봉건적 경제구조의 변혁을 전체 구도로 하여, 평등과 민주주권에 토대한 국민국가의 형성, 실용·과학에

---

36. 2001년 이후의 《歷史學報》에 실려 있는 '회고와 전망', 조선시대 부분의 연구사 정리에서 이 같은 지적이 자주 반복되고 있음을 쉽게 확인할 수 있다.

37. 안병직 편, 《韓國經濟成長史》, 서울대학교출판부, 2001; 이영훈 편, 《수량경제사로 다시 본 조선 후기》, 서울대학교출판부, 2004.

38. 이헌창 엮음, 《조선 후기 재정과 시장》, 서울대학교출판문화원, 2010.

근거한 학문과 사상의 진전, 상공업 중심의 경제체제 발전 등으로 이어지는 '근대'의 모색을 내재적 역량에 기초하여 자생적으로 추구하여 왔다는 조선시대사상은, 해방 이래 국사학계가 정체성론으로 정리되는 일제의 식민사관에 맞서 거둔 값진 성과였다. 그런데 근자에 들어 사회과학 진영을 중심으로 지속적으로 제기되고 있는 '식민지 근대화론'이나 탈민족·국가론의 인식체계 아래 정리되고 있는 조선시대사는, 결과적으로 이 시기의 변화나 발전 특히 근대를 향한 자생적 모색의 가능성에 대해서 매우 회의적인 평가를 내리고 있다.

결국 앞으로 펼쳐질 조선시대사 연구에서 각자가 정립하고 있는 역사인식 관점을 과학과 합리에 근거한 엄격한 실증을 통해서 검증하면서도, 이를 세계사와 자국·민족사 사이의 보편성과 개별성, 일반성과 특수성이라는 관점에서 어떻게 정리해내느냐에 따라 그 귀추는 달라질 것이다. 아울러 이 과정에서 오늘의 한국 사회가 처하고 있는 현실과 내일의 전망에 대한 인식의 격차가 그와 같은 역사인식의 차이에 결정적인 영향을 미치게 될 것이라는 사실 또한 명백하다 하겠다.

한편 21세기에 들어 한·중·일의 동아시아 삼국 사이에는 영토 분쟁만이 아니라 역사인식을 둘러싼 갈등이 첨예화되고 있는 추세이다. 끊임없이 반복되는 일본의 역사교과서 왜곡 문제에 이어, 중국의 동북공정(東北工程)을 비롯한 일련의 상고사 정리 작업이 우리의 고조선사·고구려사와 맞물려 크게 문제되는 상황이 별다른 해결책 없이 계속되는 가운데, 정작 우리의 역사교육, 그중에서도 자국사 교육은 더욱 난조에 봉착해 있다.[39] 2007년에 개정된 역사과 교육과정이 이후 2009년, 2010년, 그리고 2011년에도 거듭하여 개정되고 있는 현실이 그 같은 실태를 잘 보여주고 있다.

---

39. 서의식, 앞의 《한국고대사의 이해와 '국사' 교육》.

2012년에 일선 중·고등학교에 적용되고 있는 교육과정은 2010년 역사과 교육과정이다. 주지하듯이 이 교육과정은 2007년 개정 교육과정의 역사과 과목 편제를 2009년 개정 교육과정의 총론 규정에 맞추어 조정하여 고시한 일종의 과도체제 교육과정으로서, 특히 고등학교 '한국사' 과목의 전근대사 부문에서 심각한 기형성을 노정하고 있다. 애초 중학교에서 전근대사 중심으로 국사와 세계사를 통합한 '역사' 과목을 이수하고, 10학년에서 근·현대사 중심의 '역사'를 배운 다음, 11~12학년 단계에서 선택과목으로 '한국문화사' '동아시아사' '세계 역사의 이해'를 선택 이수하도록 한 역사과 편성체계에서, '한국문화사'가 빠지게 되고 고등학교 '역사'를 '한국사' 과목으로 변경하여 필수과목으로 규정하면서 야기된 문제였다.[40]

이미 검정이 통과된 고교 《역사》 교과서를 급거 《한국사》로 수정하는 과정에서 종래 전근대사에 배정되었던 2단원을 3단원으로 일부 조정하기는 하였으나, 그와 같은 임시방편의 응급조처는 고등학교 국사교육의 전근대사 내용체계, 그중에서도 특히 조선시대사의 부실을 야기할 수밖에 없었다. 그리하여 현재 고등학교 《한국사》 교과서의 조선시대사 내용 구성은 중학교의 그것이나 또는 고등학교 근·현대사 단원의 그것에 비추어볼 때 계열성의 문제만이 아니라, 특정 분야 내용 요소의 결여, 예컨대 조선 전기 경제제도 서술의 부재 등 심각한 구성 체계상의 문제를 가지고 있는 형편이다.[41]

이는 21세기에 들어 적용된 7차 교육과정이 고교 '국사'에서 분류사 체계에 근거한 내용 구성 방식을 취하면서 야기되었던 문제 등에 유의

---

40. 차미희, 〈2009 개정 교육과정 고등학교 '한국사'의 전근대사 내용〉, 《역사와 교육》 13, 2011.

41. 朴平植, 〈국사교육에서 조선시대사의 편제와 내용 구성〉, 《歷史敎育》 123, 2012.

하고, 또한 역사교육 강화에 대한 국가 · 사회의 요구에 힘입어 2007
년 개정 교육과정을 통해 체계적으로 그와 같은 문제점을 조정해내
려 하였던 역사교육 학계의 노력이, 정치권력의 교대에 따른 전례 없
는 교육과정의 연이은 개편에 따라 좌절되고 만 사태였다. 이 과정에
서 중 · 고등학교 조선시대사 교육은 계열성 문제를 고려하여 편성된
애초의 내용 구성 체계가 무너지면서 더욱 기형의 과도적 구성을 취할
수밖에 없었다. 2013년과 2014년부터 중 · 고교에 적용될 2011년 개정
교육과정에서는 이 같은 조선시대사 편제상의 문제가 전근대와 근 ·
현대사를 각각 '3 : 3'의 비중으로 조정함으로써 일부 해소되고 있으나,
이 교육과정 역시 초 · 중 · 고교에 걸친 내용 구성의 계열화 문제 등
여전히 논란의 소지가 남아 있는 형편이다.[42]

현재 중 · 고등학교 조선시대사 교육에서 드러나는 난조 현상은 이
러한 교육과정의 편제 문제에 그치지 않는다. 앞서 언급한 초 · 중 ·
고교 국사교육의 계열화 원리에 근거한 내용선정과 배치 문제 외에도,
우리는 그와 같은 선정내용의 조직과 구성의 방식에도 유의하지 않으
면 안 된다. 특히 고등학교 《국사》 교과서의 경우, 조선시대사의 내
용 조직은 이 시기 역사를 '발전'의 원리하에서 체계적이고 연속적으
로 구성하여야 하며, 이 같은 구성은 시간의 흐름에 따른 종적인 연결
만이 아니라 당대 사회 여타 구성 부문과의 횡적인 연관 측면도 적극
고려되어야 할 것이다. 그런데 우리의 현재 《한국사》 교과서가 조선
시대사를 비롯한 각 부문 서술에서 과연 이와 같은 내용선정과 조직의
원리를 어느 정도 실현하고 있는지는 의문이다. 지난 세기에 이어 거
듭된 교육과정의 개정과 그에 따른 교과서 개편에도 불구하고, 여전히
우리의 국사교육이 '반복'과 '나열'의 혐의에 자신 있게 대응하지 못하

---

42. 위의 책.

는 것 또한 이 때문일 것이다.

따라서 향후 조선시대사를 비롯한 우리의 국사교육은 역사를 역사로서 가르치기 위해, 해방 이후 국사학계의 조선시대사 연구성과를 총망라하여 정리하고, 이를 국사교육의 목표와 방향성의 뚜렷한 설정 아래 학교 급별로 그 내용체계를 명확하게 구분하여 제시하는 작업이 절실하다고 본다. 그리고 이와 관련하여서는 지난 1960~1970년대에 식민사관의 극복과 내적 발전에 근거한 민족사관의 수립을 위해 고투하던 국사학계가, 당시까지의 연구성과를 내용적으로 정리하여 이를 장차 초·중·고교 국사교육에서 어떻게 반영할지에 대하여 고민하면서 마련한 '국사교육의 기본방향'에 대한 제언과, 이후 '국사의 중심 개념'으로 초·중등 교수용 국사교육의 핵심 내용을 정리하여 제시하였던 경험에 우선 주목할 필요가 있다.[43] 요컨대 지난 세기 최말에 이르면서 그 격원(隔遠)과 격절(隔絕)이 더욱 문제된 국사학계와 역사교육 진영이, 이제 각자의 역할과 전문성을 토대로 하여 21세기 새로운 자국사 교육의 설계와 이를 위한 구체적인 우리 역사의 내용선정과 조직화 작업에서 연대와 공동의 노력을 함께하여야 한다는 과제이다.

5. 맺음말

해방 이후 국사학계는 여타의 부문에서 그러하였듯이, 조선시대사 연구에서도 지난 1960~1970년대 이후 그간 일제 관학자들에 의해 식민사관으로 왜곡·굴절되어 타율과 당파성 그리고 정체성으로 점철되어 있던 조선시대사상을 실증의 천착과 이론적 모색의 학문적 고투

---

43. 앞의 주 7과 10 참조.

(苦鬪)를 통해서, 정치·경제·사회·사상 등 사회 구성의 전(全) 영역에서 내적 발전의 시각으로 체계화하는 데 의미 있는 성과를 거두어 왔다. 그리고 이 같은 역사인식과 성과는 어느 정도의 시간 지체는 있었으나 해당 시기 초·중등 조선시대사 국사교육에 그때그때 반영되어 왔던 것이 사실이다. 그러는 와중에 1990년대에 들어 '식민지 근대화론'과 탈민족·국가론의 역사인식이 학계에서 대두하여 논란이 되면서 기왕의 조선시대사 이해 체계에 논란이 야기되기도 하였으나, 중등 국사교육에서 조선시대사는 의연 우리 역사에서 중세사회가 가장 완숙한 체제로 성립된 시기이고, 조선 후기에서 최말기에 이르러 그와 같은 중세체제가 전면적으로 동요·해체되는 과정에서 내적으로 '근대'의 여러 요소가 발전적으로 자생하였다는 조선시대사상이 굳건하게 설정되어 교수되어 왔다.

2013년 현재, 현행 교육과정에서 '한국사' 과목은 고등학교 단계에서 유일한 필수 이수 과목이다. 외견상 우리의 교육 당국이 자국사 교육에 특별한 지위를 부여하고 있는 듯한 이 같은 체제에도 불구하고, 초·중등 교육의 자국사 교육을 그 편성체계나 내용 구성의 실제에서 살펴보면 오히려 자국사 교육이 21세기에 들어와 새로운 위기국면에 처해 있음을 어렵지 않게 확인할 수 있다. 그리고 이 같은 처지는 우리가 인지하는 한국전통과 문화의 근간이 형성되었던 조선시대사 교육에서도 마찬가지이다. 최근 거듭하는 교육과정의 개편 과정에서 초·중·고교 국사교육의 내용체계는 계열성에 기초한 내용배치 원칙을 상실하면서 그에 따른 심각한 문제들을 노정하고 있으며, 그 같은 문제는 고등학교《한국사》교과서의 조선시대사 내용선정과 조직의 부면에서 가장 심각하게 드러나고 있는 것이다. 이는 한국의 학계에서 21세기에 들어 더욱 고양되고 있는 민족사의 특성과 그 내재적 발전론에 대한 회의와 비판의 분위기와 함께, 현재 우리의 자국사 연구와 그 교육이 처하고 있는 위기 국면을 또한 잘 보여주고 있는 실태라 하겠다.

이제 21세기 우리의 조선시대사 연구는 지난 세기의 이론적 탐구와 실증적 성과를 바탕으로, 세계사의 일반·보편성 위에서 이 시기 우리 역사가 그 전개 과정에서 노정하였던 개별·특수성을 규명하고 정리하는 방향에서 그 연구가 지속되어야 한다. 그리고 조선시대사를 범위로 하는 국사교육 또한 저와 같은 해방 이후 국사학계의 성과를 규모 있게 정리하고 체계화하여 교수내용으로 조직하는 작업과 더불어, 교과서의 서술체제와 구성 방안 그리고 더 나아가 수업의 교수 방법론 등의 부면에서도 의미 있는 대안과 시안의 마련에 적극 나서야 할 것이다. 그리고 이를 위해서는 근대 민족주의 역사학의 수립 과정에서부터 원래 하나였던 역사학 연구자와 역사교육 진영의 연대와 관계 복원을 통한 공동의 협력 작업이 절실하다. 그러할 때라야 초·중·고교 각각의 단계에 걸친 학교 급별 교수 내용체계의 선정과 조직화 작업이 의미 있게 가능할 것이고, 이로써 형성되는 자존(自尊)에 근거한 튼튼한 자국사 인식체계야말로 21세기 점증하는 세계화 국제화 추세 아래에서 우리 민족사의 진전과 번영을 위한 단단한 토대가 될 것이라 확신하기 때문이다.

* 이 글은 《역사교육》 제125집(역사교육연구회, 2013.3)에 게재되었다.

■참고문헌

姜萬吉·李成茂·宋贊植, 〈특집 '국사' 교과서의 문제점〉, 《創作과 批評》 9-2, 1974.

高英津, 〈해방 50년 조선시대사 연구의 동향과 과제〉, 《韓國學報》 79, 1995.

近代史研究會, 《韓國中世社會 解體期의 諸問題》(上·下), 한울, 1987.

金興洙, 《韓國歷史敎育史》, 大韓敎科書株式會社, 1992.

金仁杰, 〈1960, 70년대 '內在的 發展論'과 韓國史學〉, 《韓國史 認識과 歷史理論》 (金容燮敎授停年紀念韓國史學論叢 1), 知識産業社, 1997.

朴平植, 〈국사교육에서 조선시대사의 편제와 내용 구성〉, 《歷史敎育》 123, 2012.

方基中, 〈解放後 新國家建設問題와 歷史學〉, 《韓國史認識과 歷史理論》(金容燮 敎授停年紀念韓國史學論叢 1), 知識産業社, 1997.

서의식, 《한국고대사의 이해와 '국사'교육》, 혜안, 2010.

윤종영, 《국사교과서 파동》, 혜안, 1999.

李景植, 〈韓國에서 歷史學과 歷史敎育의 隔遠問題〉, 《歷史敎育의 方向과 國史敎 育》(尹世哲敎授停年紀念歷史學論叢 2), 솔, 2001.

이만열, 〈민중의식 사관화의 시론〉, 《한국민중론》, 한국신학연구소, 1984.

李世永, 〈1980, 90년대 民主化問題와 歷史學〉, 《韓國史 認識과 歷史理論》(金容燮 敎授停年紀念韓國史學論叢 1), 知識産業社, 1997.

이영학, 〈조선 시기 경제사연구의 현황〉, 《역사문화연구》 32, 2009.

이영호, 〈'내재적 발전론' 역사인식의 궤적과 전망〉, 《韓國史研究》 152, 2011.

李榮薰, 〈朝鮮社會 經濟史 研究의 現況과 課題〉, 《朝鮮時代 研究史》, 韓國精神文 化研究院, 1999.

_____, 〈韓國史에 있어 近代로의 移行과 特質〉, 《經濟史學》 21, 1996.

李元淳·陳英一·鄭善影, 〈中·高等學校 國定 國史敎科書의 分析的 考察〉, 《歷 史敎育》 16, 1974.

정구복, 〈사학사적 관점에서 본 광복 후 60년간의 조선시대사 연구성과〉, 《한국 역사학의 성과와 과제》, 일조각, 2007.

정선영 외, 《역사교육의 이해》, 삼지원, 2001.

정창렬, 〈한국에서 민중사학의 성립, 전개 과정〉, 《한국민중론의 현단계》, 돌베개, 1989.

朝鮮史硏究會 編,《朝鮮史硏究入門》, 名古屋大學出版會, 2011.

차미희, 〈2009 개정 교육과정 고등학교 '한국사'의 전근대사 내용〉,《역사와 교육》
　　　 13, 2011.

_____,《한국 중·고등학교의 국사교육》, 교육과학사, 2011.

한국사연구회 편,《새로운 한국사 길잡이》(상), 지식산업사, 2008.

8장

한국근현대사의 연구성과와 교과서 서술

김한종

1. 머리말

한국근현대사 연구는 1980년대 후반 이래 커다란 진전이 있었다. 그 이전까지 냉전과 분단이라는 정치사회적 환경과 권위주의 군사정권 하에서 한국근현대사 연구는 많은 제약을 받았다. 연구가 일부 분야에 집중되었으며, 국가의 이념이나 정책과 어울리지 않는 연구는 어려움을 겪거나 사실상 가능하지 않았다. 1980년대 중반 이후 사회민주화가 진전되면서 근현대사 연구의 제약이 풀리고 다양한 분야의 연구가 활성화되어 많은 성과를 낳았다.

한국근현대사 연구는 학교 역사교육에 많은 영향을 미쳤다. 근현대사 교육의 중요성에 대한 공감대가 넓어져[1] 근현대사 비중이 점차 확대되었으며, 연구결과가 교과서에 반영되었다. 7차 교육과정에서 선택과목이기는 하지만 '한국근·현대사'가 독립과목이 된 것은 이러한

---

1. 특별기획 〈통일을 위한 근현대사 교육, 역사가 10인에게 듣는다〉,《역사비평》계간 11호, 1990년 겨울호.

결과였다. '한국근·현대사'에 이어 2009년 개정 교육과정에 따라 교과서가 개발되어 2011년부터 가르치기 시작한 고등학교 '한국사'의 내용이 근현대사 중심으로 구성됨에 따라, 이전의 '국사'보다 자세히 근현대사를 가르칠 수 있게 되었다. 국정 국사교과서와는 달리 검정으로 발행된 《한국근·현대사》나 《한국사》 교과서들은 근현대사의 다양한 주제나 사건들을 깊이 있게 다루고 있다. 1980년대 후반 이래 축적된 근현대사 연구성과를 상당 부분 반영하였으며, 쟁점이 된 문제들을 소개하기도 했다.

학교 역사교육에서 한국근현대사 교육의 강화는 어느 정도 성과를 거둔 것으로 생각된다. 상당수의 학생들이 대학수학능력시험에서 '한국근·현대사'를 택했으며, 역사에 관심을 가진 학생들은 이전보다 훨씬 광범하고 구체적인 근현대사 지식을 가지고 있다. 또한 근현대사의 주요 문제들에 대해 자기 나름의 관점을 가지고 있는 학생들도 어렵지 않게 찾아볼 수 있다. 그렇지만 아직까지 한국근현대사 교육이 기대한 성과를 거두었는지는 더 지켜보아야 할 문제이다. '한국근·현대사' 과목이 도입되기 이전이기는 하지만, 중학생들은 근현대보다 중세나 원시·고대에 더 흥미를 가지고 있다는 연구가 있다.[2] 역사과에 진학할 정도로 관심이 많은 학생들이 아니라면, 근현대사의 열기는 쉽게 수그러들 수도 있음을 말해준다. 또한 근현대사 교육이 학생들의 역사인식에 어떤 영향을 주었는지도 확실히 밝혀져 있지 않다.

이 글에서는 한국근현대사 연구의 성과가 역사교육에 미친 영향을 검토하기로 한다. 한국사 연구의 성과는 국사교과서에 반영된다. 국사교과서는 학계의 연구성과를 사회에 전달하는 통로 역할을 하며, 학

---

2. 류승렬, 〈21세기 중등학교 역사교육의 방향 정립을 위한 제언〉, 한국역사연구회, 《20세기 역사학, 21세기 역사학》, 역사비평사, 2000, 270~271쪽.

생들의 역사인식에 커다란 영향을 준다. 이런 관점에서, 한국근현대사 연구의 성과와 국사교과서 서술을 분석한 연구는 이미 1980년대에 한 차례 이루어졌다.[3] 그때까지 한국사 연구성과를 검토하고, 그것이 국사교과서에 어떻게 반영되었는지를 시대별, 주제별로 분석한 일련의 연구 중 하나였다. 이 연구에서는 개항기 자본주의 · 제국주의 침략, 근대 변혁운동, 근대 민중운동, 일제통치기 사회경제, 근대 민족해방운동의 연구동향과 교과서 서술이 검토되었다.[4] 이후에도 학위 논문을 비롯하여 다수의 연구에서 국사교과서의 근현대사 서술을 한국사 연구에 비추어 분석했다. 그러나 학회나 학술대회 차원에서 한국근현대사 연구와 교과서 서술을 분석한 논의는 없었다. 또한 한국현대사 연구가 국사교과서에 어떻게 반영되었는지는 1980년대의 공동 연구에서도 이루어지지 않았다.[5] 이는 역사학계의 한국현대사 연구가 활발하지 못했으며, 교과서 서술도 빈약하였기 때문일 것이다. 또한 현대사는 연구성과 못지않게 해석이나 관점에 따라 교과서 서술이 달

---

3. 〈한국근대사 연구와 국사교육〉, 《역사교육》 47, 1990.

4. 김정기, 〈개항기 자본주의 · 제국주의 침략 연구의 동향과 《국사》 교과서의 서술〉; 이수룡, 〈한국 근대 변혁운동 연구의 동향과 《국사》 교과서의 서술〉; 이영호, 〈한국 근대 민중운동 연구의 동향과 《국사》 교과서의 서술〉; 정재정, 〈일제통치기 사회경제 연구의 동향과 《국사》 교과서의 서술〉; 박찬승, 〈한국 근대 민족해방운동 연구의 동향과 《국사》 교과서의 서술〉.

5. 이후 단행본이나 학회지를 통해 발표된 국사교과서의 현대사 내용을 분석한 연구의 사례는 다음과 같다. 배영순, 〈중등국사교과서 개정판(1990년판)에 있어서의 근현대사 기술의 몇 가지 문제〉, 《인문연구》 13(2), 1992; 서중석, 〈국사교과서 현대사 서술, 문제 많다〉, 《역사비평》 56, 2001년 가을호; 일본교과서바로잡기운동본부 엮음, 《한국사교과서의 희망을 찾아서》, 역사비평사, 2003; 이명희 · 강규형, 〈한국근 · 현대사교과서의 문제점과 개선 방향〉, 《사회과교육》 48(1), 2009; 박태균, 〈2009 개정 교육과정 한국사교과서 현대사 부분 분석〉, 《역사교육》 116, 2010; 박진동, 〈해방 후 현대사 교육 내용 기준의 변천과 국사교과서 서술〉, 《역사학보》 205, 2010.

라지기 때문에 분석을 하는 데 부담스러웠던 것도 하나의 원인이라고 생각된다.

한 편의 글에서 한국근현대사 연구를 전체적으로 검토하는 것은 가능하지 않다. 또한 글의 취지에 비추어, 한국근현대사 연구의 성과보다는 역사교육의 내용이 주된 검토의 대상이 되어야 할 것이다. 이런 점을 고려하여 이 글에서는 1990년대 이후 한국근현대사 연구의 성과보다는 국사교과서의 근현대사 내용 중 많이 바뀐 부분과 논란이 된 문제들을 검토 주제로 삼기로 한다. 이 글에서 논의의 대상으로 삼는 것은 근대 민족운동의 흐름, 식민지 조선 사회의 성격, 민족해방운동, 해방 이후 신국가 건설기, 그리고 1960~1970년대 경제성장 등이다. 역사교육이 교과서만으로 이루어지는 것은 아니며, 역사 정보를 제공해주는 통로가 다양해짐에 따라 교과서의 영향력은 줄어들고 있다. 그러나 역사교육에서 교과서는 역사지식을 전달하고 역사인식을 길러주는 가장 중요한 도구이다. 따라서 이 글에서는 교과서 내용의 분석을 중심으로, 한국근현대사 연구성과가 역사교육에 주는 영향을 살펴보기로 한다. 이렇게 하는 데는 우리가 역사지식을 얻는 다양한 통로를 모두 검토하여 종합하는 데 따르는 어려움을 덜고자 하는 의도도 포함되어 있다.

2011년 교육과정 개정에 따라 2013년 4월 현재 중학교에서는 새로운 《역사》교과서가 발행되어, 이전 교과서와 함께 사용되고 있다. 개정되는 고등학교 《한국사》교과서는 검정심사가 진행 중이다. 아직까지 개정된 고등학교 《한국사》교과서가 나오지 않았으며, 이전에 《국사》교과서 외에 《한국근·현대사》교과서가 사용되었다는 점을 고려하여, 이 글에서 분석한 것은 1990년대 이후 고등학교 한국사교과서들이다. 구체적으로 검토 대상이 된 교과서 목록은 다음과 같다.

· 국사편찬위원회 · 1종도서연구개발위원회, 《고등학교 국사》(하), 교육부, 1990.

· 국사편찬위원회 · 1종도서연구개발위원회, 《고등학교 국사》(하), 교육부, 1996.

· 국사편찬위원회 · 1종도서편찬위원회, 《고등학교 국사》, 교육인적자원부, 2002.

· 국사편찬위원회 · 국정도서편찬위원회, 《고등학교 국사》, 교육인적자원부, 2006.

· 김광남 외, 《고등학교 한국근 · 현대사》, 두산, 2003.

· 김광남 외, 《고등학교 한국근 · 현대사》, 두산, 2003.

· 김종수 외, 《고등학교 한국근 · 현대사》, 법문사, 2004.

· 김한종 외, 《고등학교 한국근 · 현대사》, 금성출판사, 2003.

· 김흥수 외, 《고등학교 한국근 · 현대사》, 천재교육, 2004.

· 한철호 외, 《고등학교 한국근 · 현대사》, 대한출판사, 2003.

· 도면회 외, 《고등학교 한국사》, 비상교육, 2011.

· 이인석 외, 《고등학교 한국사》, 삼화출판사, 2011.

· 정재정 외, 《고등학교 한국사》, 지학사, 2011.

· 주진오 외, 《고등학교 한국사》, 천재교육, 2011.

· 최준채 외, 《고등학교 한국사》, 법문사, 2011.

· 한철호 외, 《고등학교 한국사》, 미래엔컬처그룹, 2011.

이하 서술에서 국정 국사교과서는 '《국사》(하)(1990)'와 같이 연도로, 검정 《한국근 · 현대사》와 《한국사》 교과서는 '《한국근 · 현대사》(두산)'이나 '《한국사》(비상)'과 같이 출판사명으로 표기하겠다.

이 글은 각각의 교과서 서술 내용을 비교 · 분석하려는 것이 아니라,

국사교육에 영향을 주는 교과서의 서술 경향을 살피는 데 목적이 있다. 따라서 분석 주제별로 각각의 교과서 내용을 일일이 소개하지 않고 서술 경향을 전체적으로 논의하기로 한다. 다만, 필요에 따라 구체적인 교과서 내용을 사례로 듦으로써 이를 보완하기로 한다.

2. 근대 민족운동의 흐름

개항 이후 한국 사회가 당면한 과제는 근대민족국가의 건설이었다. 여러 정치·사회세력들은 그 사상적 기반이나 계통에 따라 서로 다른 개혁의 방안을 제시했으며, 이를 관철시키기 위한 움직임을 보였다. 그 흐름을 민족운동의 주체와 운동노선에 따라 고등학교 역사교육에서는 흔히 위정척사운동, 개화운동, 민중운동으로 구분하여 가르친다. 양반유생층이 주도한 위정척사운동은 19세기 중반 본격화되어 통상 반대 → 개항과 수교 반대 → 개화시책 비판 → 의병항쟁으로 이어진다. 그리고 의병항쟁의 단계에서 민중운동과 결합했다. 개화운동은 문호개방과 서구문물의 도입 주장 → 개화정책의 추진 → 갑신정변 → 갑오개혁 → 독립협회 → 애국계몽운동으로 이어진다. 서구 문물의 도입을 주장하던 초기 개화파들은 1882년 임오군란을 기점으로 동도서기론을 원칙으로 삼았던 점진적 개화론자와 일본의 메이지유신을 모델로 하여 서양의 과학기술은 물론 사상과 제도까지 받아들여 전통적인 사회체제를 바꾸고자 했던 급진개화파로 분리되었다.[6] 갑신정변 이후 근대 개혁운동은 급진개화파 계열의 인물들이 주도했다.

---

6. 권오영, 〈척사와 개화〉, 한국사연구회 편, 《새로운 한국사 길잡이》(하), 지식산업사, 2008, 53쪽.

이들의 개혁운동을 부르주아 개혁이나 부르주아 혁명운동으로 보기도 한다. 애국계몽운동에 이르러 이들은 개신유학자들과 결합하였다. 민중운동은 철종 조 농민항쟁 → 고종 조 민중운동 → 동학농민전쟁 → 광무 연간의 민중항쟁 → 의병항쟁으로 이어진다. 의병항쟁은 초기 양반 유생들이 주도했지만, 점차 민중 중심의 반제국주의 항쟁으로 전환하였다. 근대 민족운동의 흐름을 이처럼 세 가지 계통으로 분류하는 것은 한국사 개설서나 국사교과서에서 별다른 변화 없이 계속되고 있다. 구체적인 서술에서는 차이가 있지만, 전체적인 흐름의 이해는 1980년대 이후 별다른 변화가 없다. 다만, 근대사 연구가 진척됨에 따라 서술 내용이 늘어났으며, 구체적인 사건의 해석이나 운동에 대한 평가가 조금씩 달라졌다.

근대 민족운동의 이 세 흐름 중 국사교과서 서술에서 변화가 가장 적은 것은 위정척사운동이다. 국사교과서가 위정척사운동의 단계를 명확히 구분하여 제시한 것은 아니지만, 기본적인 논조는 이 흐름을 유지하고 있다. 《국사》(하)(1990)에 이미 개항을 전후한 시기 이후 위정척사운동의 흐름을 다음과 같이 서술하였다.

척사운동은, 1860년대에는 서양의 통상 요구에 대응하여 서양과의 교역을 반대하는 통상 반대운동으로 전개되었고, 이어서 서양의 무력 침략에 대항하여 척화주전론으로 나타나 대원군의 쇄국정책을 강력히 뒷받침하였다. 그리고 1870년대의 문호개방을 전후해서는, 왜양일체론, 개항 불가론을 들어 개항반대 운동을 전개했으며, 1880년대에는 정부의 개화정책 추진과 조선책략의 유포에 반발하여, 영남만인소로 대표되는 개화반대 운동을 전개하였다. 나아가, 척사운동은 1890년대 이후로는 일본의 침략에 저항하는 항일의병운동으로 계승되었다(《국사》(하), 1990, 80~

81쪽).

《한국근·현대사》나《한국사》교과서들도 으레 이런 식으로 위정
척사운동의 흐름을 정리한다. 이항로나 기정진의 척사위정론, 최익현
의 5불가소, 황준셴의《조선책략》내용 등을 관련 사료로 함께 실어서
내용을 좀 더 풍요롭게 하고 있을 뿐, 그 틀이나 논조는 다르지 않다.
이는 위정척사운동은 1980년대부터 다른 분야에 비해 교과서에서 비
교적 자세히 정리하여 다루었기 때문이다. 이후 교과서 서술의 논조
를 바꿀 만한 두드러진 연구의 진척이 있었거나 관점을 달리하는 해석
이 나오지 않았다.

　민중운동의 흐름도 전체적으로 크게 달라지지 않았지만, 연구의 축
적에 따라 일부 내용이 보완되었으며, 서술의 초점이 조금 달라지기
도 했다. 고종 연간의 민중운동은 여전히 교과서에 빠져 있다. 개항 이
후에도 농민봉기가 있었다는 언급을 하는 경우가 있지만, 그 말 자체
가 전부이며 봉기 시기나 지역, 내용을 서술하지는 않는다. 고종 연간
의 민중운동과 관련하여 학계에서는 이필제의 난 등에 관심을 두었지
만,[7] 교과서에는 서술되지 않았다. 물론, 고종 연간의 민중운동은 개설
서들에도 없는 경우가 많으므로, 고등학생이 배우는 교과서에 싣는 것
은 무리일 수 있다. 그러나 다른 한편으로, 내용선정보다는 역사의 흐
름을 보는 관점이나 역사서술의 초점을 어디에 두는가 하는 문제일 수
도 있다.

7.　윤대원, 〈이필제란 연구〉, 《한국사론》 16, 1987; 배항섭, 〈19세기 후반 '변란'의 추
　　이와 성격〉, 한국역사연구회, 《1894년 농민전쟁 연구》 2, 역사비평사, 1992; 연갑
　　수, 〈이필제 연구〉, 《동학학보》 6, 2003; 윤대원, 〈이필제, 때 이른 민중운동의 지
　　도자〉, 《내일을 여는 역사》 21, 2005; 김탁, 〈조선 후기의 예언사상—'이필제사건'
　　을 중심으로〉, 《한국종교》 34, 2010.

또한 이 내용이 빠짐으로써 국사교과서에서 비중 있게 다루는 동학 농민전쟁을 민중운동의 흐름 속에서 이해하기 어렵게 만들기도 한다. 국사교과서의 동학농민전쟁 서술은 일본의 경제적 침탈, 교조신원 운동과 같은 동학운동, 그리고 탐관오리의 수탈에 초점이 맞춰 있다. 1894년 동학농민전쟁이 일어나기 전에도 전국 각지에서 농민봉기가 일어났다. 심각한 가뭄이 들었던 1888년부터 1893년까지 서로 연계성을 가지지 못한 채 군현 단위로 분산되어 전개되었다. 특히 1893년 한 해에만 적어도 65건의 봉기가 일어났다.[8] 이런 농민봉기는 본질적인 봉건구조의 모순이나 외세 침략을 항쟁의 직접적 대상으로 삼지는 못했으며, 서로 연계성을 가지지 못한 채 군현 단위로 분산되어 전개되었다. 그러나 농민의식을 확대하는 데 영향을 주었고, 항쟁의 전개 과정은 사회의 본질적인 모순구조를 인식할 수 있는 기회가 되었을 것이다. 이는 동학농민전쟁 당시 집강소의 개혁 추진에서 볼 수 있듯이, 농민권력 창출이라는 차원 높고 본질적인 반봉건투쟁으로 확대, 발전할 수 있는 가능성을 예시하는 것이었다.[9] 민중운동의 흐름이라는 관점에서 볼 때, 동학농민전쟁은 이러한 농민항쟁의 역량이 축적된 결과로 이해할 수 있다.

국정《국사》교과서에는 동학농민전쟁 이전에 농민봉기들이 일어났다는 사실을 서술하고 있지 않다. 이에 반해《한국근·현대사》나《한국사》교과서들 중에는 이를 언급하는 경우를 볼 수 있다.《한국근·현대사》(금성)에서는 '1894년 이전 농민층의 동향'이라는 항목을 별도

---

8. 백승철, 〈개항 이후(1876~1893) 농민항쟁의 전개와 지향〉, 한국역사연구회,《1894 년 농민전쟁 연구》2, 역사비평사, 1992, 316쪽; 양상현, 〈농민들의 개혁운동〉, 한 국사연구회 편,《새로운 한국사 길잡이》(하), 지식산업사, 2008, 72쪽.

9. 백승철, 〈개항 이후(1876~1893) 농민항쟁의 전개와 지향〉, 338~339쪽.

로 두어, 동학농민전쟁 직전 전국 각지에서 군현단위의 민란이 일어났음을 서술하였다. 민란은 소규모로 일회성에 지나지 않았으며 서로 연결되지 못한 채 고립, 분산적으로 전개되었지만, "비록 민란들이 서로 연결되지 못한 채 일어났지만 여건만 조성되면 언제든지 전국적인 규모로 확대될 수 있었다.(79쪽)"고 하여, 동학농민전쟁의 배경 중 하나로 설명하고 있다. 그렇지만 대부분의 교과서는 산발적인 농민봉기가 있었음을 전하는 데 그치고 있으며, 이를 농민전쟁과 연결시키지는 않는다. 물론 그 안에서도 약간의 차이가 보인다. 일부 교과서는 민란의 동향을 비교적 적극적으로 전하고 있다.[10] 예를 들어 다음과 같은 서술이다.

> 개항 이후 일본으로 많은 쌀이 수출되고 당오전이 남발되어 물가가 크게 올랐다. 여기에 개화정책에 따른 정부의 지출이 늘어나 농민들의 조세부담이 커졌다. 이에 농민들이 반발하여 1880년대부터 민란이 크게 늘어났다. 동학농민운동이 일어난 1894년 무렵에는 "민란이 일어나지 않는 고을이 없고", "여러 읍들이 서로 민란 일으키기를 바랄" 정도였다.
> 농민들은 우선 통문을 돌리고 집회를 열어 지방관에게 억울한 사연을 호소하고 그것이 수용되지 않으면 봉기하였다. 봉기한 농민들은 부호나 아전을 공격하였고, 봉기 지역도 한 개 군현을 넘지 못했다(《한국사》, 비상, 170쪽).

이외의 교과서들은 농민봉기 자체에 의미를 두기보다는 동학농민전쟁에서 포 · 접 등 동학조직의 역할을 설명하기 위해 농민봉기를 언급한다. 분산적이었던 농민운동이 동학조직을 통해 연결되고, 이것이

---

10. 《한국사》, 비상, 170쪽; 《한국사》, 삼화, 168쪽.

농민전쟁으로 확대될 수 있었던 요인이라는 것이다.[11]

의병항쟁은 일찍부터 을미의병·을사의병·정미의병이나, 전기의병(1894~1896)·중기의병(1904~1907)·후기의병(1907.8~1910.8)의 3단계로 구분하거나, 또는 일본군의 '남선대토벌' 이후를 별도로 나누는 4시기 구분법이 사용되었다. 전기의병은 척사이념이 주류를 이루었으며, 중기의병 이후에는 구국이념이 중심 개념으로 떠올랐다. 후기의병은 광범위한 사회계층을 지지 기반으로 하고 있으며, 이념과 양상에서 민중운동의 성격이 강해졌다.[12] 이와는 달리 의병항쟁의 단계를 일본의 대한제국 강제병합이 이루어진 1910년 이후까지 연장하여 5단계로 구분하는 견해도 있지만,[13] 1910년 이전까지 시기 구분에는 별다른 차이가 없다.

국사교과서도 의병항쟁의 전개 과정을 이러한 단계로 구분하여 서술하고 있다. 《국사》(하)(1990)에서는 '무력 항일운동의 시작'이라는 제목으로 전기의병을, '의병항전의 확대'라는 제목으로 중기의병 이후를 서술하고 있다. 《국사》(하)(1996)에서는 '항일 의병운동의 시작', '의병항전의 확대', '의병전쟁의 전개'의 셋으로 항목을 나누어, 전기·중기·후기의병의 단계를 더 명확히 구분하고 있다. 그러나 국정 국사교과서는 전기의병과 중기 이후 의병의 이념적 성격을 구분하지 않고

---

11. 《한국근·현대사》, 대한, 65쪽; 《한국근·현대사》, 중앙, 73쪽; 《한국근·현대사》, 천재, 142쪽; 《한국사》, 천재, 142쪽; 《한국사》, 지학사, 146쪽; 《한국사》, 미래엔, 155쪽.

12. 이상찬, 〈계몽운동과 의병전쟁〉, 한국사연구회 편, 《새로운 한국사 길잡이》(하), 지식산업사, 2008, 109~111쪽.

13. 전기의병(1894~1906), 중기의병(1904~1907), 후기의병(1907~1909), 전환기의병(1909~1915), 말기의병(1915~1918). 그리고 초기의병과 중기의병 사이에 광무농민운동(1897~1905)을 넣는다. 조동걸, 〈의병전쟁의 특징과 의의〉, 《한국사》 43(국권회복운동), 국사편찬위원회, 1999, 516~517쪽.

항일민족운동으로 묶고 있다. "이른바 을미의병은 위정척사사상을 가진 유생들이 주도하였고, 일반 농민과 동학농민군의 잔여 세력이 가담하였다.(《국사》(하), 1990, 98쪽)"고 하여, 초기의병의 지도층과 구성원이 중기의병 이후와 차이가 있음을 서술하고 있지만, 이를 의병항쟁의 이념이나 목표와 연결시키지는 않는다. 국정 《국사》 교과서의 이런 서술과 관점은 《국사》(2006)까지 그대로 반복되고 있다. 이에 반해 검정 《한국근·현대사》나 《한국사》 교과서들은 의병항쟁이 전개 과정에 따라 단계별로 지도층이나 구성원뿐 아니라 이념에서도 차이가 있음을 서술하고 있다. 예를 들어 《한국근·현대사》(금성)는 초기의병에서 양반유생층과 의병 대중 사이에 이념적 차이를 다음과 같이 밝히고 있다.

> 을미의병에는 위정척사사상을 가진 유생들이 앞장섰다. 여기에는 반일·반침략을 부르짖던 일반 농민과 동학농민군 참가 세력이 가담하였다. 하지만 유생의병장들과 달리 일반 농민들은 반봉건을 지향하고 있었기 때문에 크고 작은 갈등을 빚었다(《한국근·현대사》, 금성, 92쪽).

《한국사》(미래엔)는 의병항쟁의 전개 과정을 '위정척사운동을 계승한 전기의병(1894~1895)', '평민의병장이 본격적으로 등장한 중기의병(1905~1906)', '전국적인 의병전쟁으로 발전한 후기의병(1907~)', '대한의 마지막 파수꾼, 호남의병'으로, 그 이념과 양상에 따라 단계별로 구분하였다. 그리고 전기의병을 위정척사사상을 계승한 보수적 유생층이 주도하였으며, 전통윤리의 파괴에 반발한 것이라고 성격을 규정하였다.

일본군의 경복궁 점령 후부터 전개되었던 의병투쟁은 명성황후 시해 사건에 대한 국민적 분노가 채 가시기도 전제 정부가 단발령을 공포하자 전국 곳곳에서 일어났다. 이때의 의병을 전기의병이라 하는데, 주도세력은 위정척사 사상을 계승한 보수적 유생층이었다.

이들은 단발령을 비롯한 개화 정책이 우리 민족의 전통 유교윤리를 파괴하고 궁극적으로 오랑캐나 짐승의 처지로 전락시키는 것이라고 판단하였다. 그리하여 의병을 일으켜 이를 막고자 하였다(《한국사》, 미래엔, 178쪽).

광무농민운동, 또는 광무농민항쟁은 초기의병의 활동이 끝난 후부터 중기의병이 일어날 때까지, 1900년을 전후한 시기에 활동했던 영학당, 활빈당 등 농민조직들의 활동을 가리킨다. 이들의 활동은 간헐적으로 소개되다가 1980년대 이후 점차 연구가 진척되었다.[14] 이 중 가장 큰 조직이라고 할 수 있는 활빈당에 대한 연구가 비교적 활발했다.[15] 활빈당 등 농민 조직들은 악질적인 관리들을 습격하여 재물을 빼앗는 등의 응징활동을 하고, 철도 공사를 방해하거나 통신선을 끊는 등 일본의 경제침탈에 저항하기도 했다.

광무 연간 농민의 움직임은 동학농민전쟁과 초기의병이 끝나고 난 다음 농민층의 동향과, 초기의병과 중기의병을 연결해준다는 점에서

---

14. 권영배, 〈1896~1906 무장농민집단의 활동과 성격〉, 《역사교육논집》 6, 1984; 이윤상, 〈대한제국기 농민운동의 성격〉, 한국역사연구회, 《1894년 농민전쟁 연구》 2, 역사비평사, 1992; 이영호, 〈농민전쟁 이후 농민운동 조직의 동향〉, 한국역사연구회, 《1894년 농민전쟁 연구》 4, 역사비평사, 1992.
15. 오세창, 〈활빈당고〉, 《사학연구》 21, 1969; 박찬승, 〈활빈당의 활동과 성격〉, 《한국학보》 35, 1984; 배항섭, 〈도적의 사회사 활빈당—의적에서 의병으로〉, 《역사비평》 19, 1992년 여름호; 박재혁, 〈한말 활빈당의 활동과 성격의 변화〉, 《역사와 세계》 19, 1995.

의미가 있다. 광무농민항쟁을 고리로 하여 동학농민전쟁부터 대한제국 말의 의병항쟁까지 민중운동의 흐름을 연속적으로 이해할 수 있다. 특히 중기의병에서 민중이 주도적으로 활동할 수 있었던 동력을 광무 연간의 농민항쟁에서 찾을 수 있다. 중기의병 중 대표적인 평민 의병장으로 꼽히는 신돌석 의진은 광무 연간의 농민운동 조직에서 발전한 것이라는 견해는 그러한 예이다.[16]

국정 국사교과서는 광무 연간의 농민운동을 전혀 서술하고 있지 않다. 마지막 국정교과서인 《국사》(2006)에도 일절 언급이 없다. 이에 반해 검정 《한국근·현대사》나 《한국사》 교과서는 이를 소개하고 있다. 대체로 동학농민전쟁과 초기의병의 활동이 끝난 다음 농민들이 농민조직을 만들어 활동했으며, 이들 중 일부는 중기의병이 일어나자 여기에 가담했다는 내용이다. 다음과 같은 내용이 그러한 예이다.

> 한편, 1894년 동학농민운동이 진압된 이후 흩어졌던 농민들은 각 지역에서 활동을 계속하였다. 이들은 동학당, 영학당으로 불리다가 1900년에 들어와 활빈당으로 흡수되거나 의병투쟁에 가담하였다.
>
> 활빈당은 1900년부터 충청도, 경기도, 경상도 지역과 소백산맥 부근에서 활동하였다. 주로 행상, 유민, 노동자, 화적 등으로 구성된 활빈당은 부호와 관청, 장시 등을 습격하여 무기와 재물을 약탈하고 그 일부를 빈민에게 나누어주는 등 의적으로 행세하였다 그들은 점차 정부에 구민법 시행과 토지 균등분배 등을 요구하고 외세 침탈에 저항하였다. 활빈당은 을사조약 이후 일본군의 탄압으로 소멸되어 갔으나 잔여 세력은 의병부대에 흡수되었다(《한국근·현대사》, 중앙, 123쪽).

---

16. 조동걸, 〈광무농민운동과 신돌석 의병〉, 《한국근현대사연구》 19, 2001, 119~120쪽.

국사교과서에서 개화운동의 성격 이해는 1980년대 이후 커다란 변화가 있어 보이지 않는다. 그러나 근대 개혁운동 과정에서 일어난 사건들에 대한 이해나 해석에서는 달라진 점들도 있다.

갑오개혁과 관련해서는 조선 정부가 주체적이고 능동적으로 개혁을 추진했다는 사실이 점차 강조되었다. 그리고 그 배경을 동학농민전쟁의 발생에서 찾음으로써, 동학농민전쟁과 갑오개혁의 관계를 명확히 하였다. 《국사》(하)(1996)는 《국사》(하)(1990)의 갑오개혁 추진과 관련된 서술을 그대로 옮기면서, "그리하여 개혁을 요구하는 동학농민운동이 일어나자 국왕은 대대적인 개혁을 약속하였다.(87쪽)"라는 내용을 추가했다. 즉, 갑오개혁은 애초 조선 정부의 개혁 의지에서 시작되었는데, 일본의 간섭으로 그 성격이 변질되었다는 것이다.

근대 개혁운동에서 논란이 되는 것 중의 하나가 애국계몽운동이다. 애국계몽운동은 '애국'이라는 말에서 알 수 있듯이, 외세의 침탈에 대항하는 민족운동으로 이해되었다. 애초 애국계몽운동은 실력을 길러서 독립을 지키자는 실력양성론이지만, '자주독립을 지킨다.'는 목적의식이 강조되었다. 그러나 연구가 진척되면서, 애국계몽운동을 비판적으로 보는 견해들도 나타났다. 운동의 본질이나 성격, 한계 등이 지적되었으며, '애국계몽운동'이라고 하나로 묶어서 설명하던 여러 단체들의 활동을 이념이나 성격에 따라 분류하는 작업도 이루어졌다. 애국계몽운동의 이념적 한계로 주로 지적된 것은 사회진화론의 수용이다. 사회진화론은 애국계몽운동의 이론적 기둥이었다. 그러나 사회진화론 자체는 산업혁명 이후 지배계급이 된 부르주아의 입장이 반영된 강자의 약자 지배논리였다.[17] 애국계몽운동의 기본적 성격을 자강운

---

17. 박찬승, 《한국근대정치사상사 연구-민족주의 우파의 실력양성론》, 역사비평사, 1992, 37~38쪽.

동으로 보고, 현실인식과 운동노선에 따라 분류도 시도되었다. 선실력양성을 주장하면서 정치참여를 목표로 하였던 대한협회 계열, 점진적인 문명개화를 통한 실력양성을 주장했던 황성신문 계열, 실력양성만이 아니라 민족의식의 고취와 독립전쟁을 모색했던 대한매일신보 계열, 실력양성을 통한 국권회복운동과 민족 각 개인의 인격수양과 단체생활 훈련을 주장한 청년학우회 계열로 구분하는 견해[18]가 그러한 예이다.

국정 국사교과서에는 애국계몽운동 단체를 계열별로 분류하거나, 애국계몽운동의 문제점이나 한계를 지적하는 내용은 없다. 1980년대와 1990년대를 거치면서 서술 내용이 자세해졌을 뿐 전체적인 관점은 1970년대 국정 국사교과서가 시작된 이후 별다른 차이가 없었다. 그러다가《국사》(2006)에 사회진화론을 설명한 것은 주목할 만한 변화였다. 사회진화론을 본문과 읽기 자료로 소개하면서, 애국계몽운동가들이 사회진화론을 실력양성의 논리적 근거로 받아들였지만, 일제의 제국주의적 침략을 합리화시켜주었다는 문제점을 지적하였다.[19] 그렇지만 이 교과서에서는 사회진화론을 '근·현대의 문화' 단원에 넣음으로써, 애국계몽운동의 운동적 측면과 사상적 측면을 분리하였다. 이 때문에 교과서를 읽는 학생들은 사회진화론이라는 사상이 애국계몽운동단체들의 활동이나 계몽운동가들의 활동에 실제로 반영되었음을 확실히 인식하지 못할 수도 있다.

《한국근·현대사》교과서에는 애국계몽운동의 문제점이나 한계를 지적하는 내용이 나온다. 그렇지만 교과서에 따라 비판의 초점이나 정도에 차이가 있다. 다수의 교과서들은 애국계몽운동이 일제의 한국

---

18. 위의 책, 19쪽.
19.《국사》, 2006, 318~319쪽.

지배권이 강해지는 시기에 벌어졌기 때문에, 실질적인 민족운동이나 반일운동을 할 수가 없었다는 것을 문제점으로 지적했다.[20] 애국계몽운동의 방향을 긍정적으로 평가하면서, 당시 상황에서 현실적으로 대한제국이 일제의 식민지로 전락해가는 것을 막을 수는 없었다는 현실론적인 인식이다. 일부 교과서는 실력양성이라는 애국계몽운동 노선을 비판하는 견해가 당시 있었음을 소개하고 있다.[21] 애국계몽운동이 의병운동을 비판하였다는 문제점을 지적하기도 한다.[22] 그러나 전체적으로 볼 때, 애국계몽운동의 문제점보다는 성격이나 방향을 높이 평가하고 있다는 점에서는 마찬가지이다.

이에 반해 《한국근·현대사》(금성)는 다른 교과서보다 애국계몽운동을 상당히 비판적으로 서술하고 있다. 일례로 다른 교과서에서 애국적인 민족운동 단체로 소개하고 있는 대한협회를 다음과 같이 친일 단체로 비판하였다.

> 1907년에는 정미조약을 반대하여 서울 시민을 선동했다는 혐의로 대한자강회로 해산되었다. 그 후신으로 대한협회가 조직되었지만, 회장 윤효정이 이토 히로부미를 '조선의 행복을 증진할 인물'이라 극찬할 만큼 친일적 색체가 뚜렷하였다. 1910년 한·일합방 때에는 일진회와 공로를 다투기까지 하였다(《한국근·현대사》, 금성, 98쪽).

읽기 자료인 '한 걸음 더 다가서기'에서는 애국계몽운동을 보는 긍정

---

20. 《한국근·현대사》, 중앙, 99쪽; 《한국근·현대사》, 천재, 110쪽.
21. 《한국근·현대사》, 두산, 86쪽; 《한국근·현대사》, 법문사, 86쪽; 《한국근·현대사》, 대한, 85쪽.
22. 《한국근·현대사》, 대한, 85쪽; 《한국근·현대사》, 금성, 98쪽.

적 평가와 부정적 평가를 제시하였다. 부정적 측면으로는 정치운동을 포기했으며, 일본의 지도로 문명화할 수 있다는 타협적 측면을 드러냈다는 점을 들었다. 그리고 애국계몽운동이 이러한 운동 방향을 설정한 이유로 사회진화론을 받아들였다는 이념적 한계를 지적하였다.

1911년부터 사용된 《한국사》 교과서들은 《한국근·현대사》보다 애국계몽운동의 문제점이나 한계를 적극적으로 지적했다. 《한국사》 교과서 중에서도 여전히 애국계몽운동의 이념이나 노선은 바람직한 것이었지만, 일본의 영향력이 절대적이 되어가는 현실에서 운동의 효과를 실제로 거둘 수 없었다는 현실론적인 한계를 지적하는 데 머물고 있는 경우가 다수이다.[23] 그러나 애국계몽운동의 사상적 한계를 설명하는 교과서도 늘어났다. 《한국사》(미래엔), 《한국사》(비상), 《한국사》(삼화)는 그 핵심이라고 할 수 있는 애국계몽운동이 사회진화론을 신봉하였음을 지적했다. 《한국사》(비상), 《한국사》(삼화)는 날개단의 보충 설명을 통해 사회진화론의 개념을 설명하였다. 그중 《한국사》(비상)은 사회진화론이 제국주의의 침략을 합리화하였음을 다음과 같이 비판하였다.

> 사회진화론
>
> 다윈의 진화론처럼 사회도 생물계의 진화법칙처럼 적응과 자연도태를 통하여 열등사회에서 우등사회로 발전한다고 주장하였다. 이런 주장은 제국주의 침략을 합리화하는 정치 도구로 이용되었다(《한국사》, 비상, 192쪽).

근대 민족운동의 주체와 관련하여 학계의 논쟁 대상 중 하나는 대한

---

23. 《한국사》, 법문사; 《한국사》, 지학사; 《한국사》, 천재.

제국의 성격 문제이다. 1890년대 후반부터 1900년대 초 근대 개혁운동의 주류가 독립협회인가 대한제국인가 하는 광무개혁 논쟁은 이미 1970년대에 한 차례 있었다.[24] 이 논쟁은 대한제국의 성격을 바라보는 관점과 관련이 있었다. 그러나 이후의 국사교육에서는 대체로 대한제국보다는 독립협회에 비중을 두었다. 독립협회를 자주, 민권에 토대를 둔 근대적 개혁에 힘쓴 단체로 인식한 데 반해, 대한제국은 외세에 휘둘리는 근본적 한계를 지니고 있다고 평가했기 때문이었다. 다만, 대한제국 연구가 진척되면서, 상공업이나 교육 등의 분야에서 대한제국의 광무개혁 정책 서술이 늘어났다.

대한제국의 성격과 역사적 의미를 둘러싼 논쟁은 2004년 《교수신문》 지상에서 다시 벌어졌다. 대한제국의 재정 문제를 둘러싸고 시작된 논쟁은 광무개혁의 성격과 개명군주로서 고종에 대한 평가 등 대한제국의 역사적 의미 전반에 걸쳐 진행되었다. 이 논쟁은 대한제국뿐 아니라 이어지는 식민지 조선 사회의 성격을 보는 관점과도 맞물려 있었다. 그래서 외견상 내재적 발전론과 식민지 근대화론의 대립과 같은 모습을 띠었다.[25]

이 시기를 다루는 국정 국사교과서 서술은 대체로 독립협회에 비중을 두었다. 《국사》(하)(1990)는 '독립협회 활동과 대한제국'이라는 제목으로 이 시기의 흐름을 서술했다. 서술 분량은 독립협회가 2.5쪽, 대한제국이 1.5쪽가량이었다. 서술내용에서도 독립협회의 경우는 '독

---

24. 김용섭, 〈(서평)《독립협회연구》, 신용하 저〉, 《한국사연구》 12, 1976; 신용하, 〈(서평)《한국근대농업사연구》, 김용섭 저〉, 《한국사연구》 13, 1976; 강만길, 〈대한제국의 성격〉, 《창작과 비평》 1978년 여름호; 신용하, 〈〈광무개혁론〉의 문제점-대한제국의 성격과 관련하여〉, 《창작과 비평》 1978년 가을호.
25. 이 논쟁은 단행본으로 엮어서 간행되었다. 교수신문 기획·엮음, 《고종황제 역사청문회》, 푸른역사, 2005.

립협회 활동의 의의'라는 소항목을 별도로 두어 그 의의를 높이 평가했다. "민중을 배경으로 정부에 압력을 가하여, 열강의 내정간섭과 이권 요구를 물리치는 등 자주국권운동을 전개하였다(93쪽)", "민중에게 민권의식을 고취시키고, 자유민권의 이념을 사회일반에 전파하였다(93쪽)", "과거의 개화세력과는 달리, 민중을 개화운동과 결합시켜 근대적 민중운동을 일으켰고, 민중에 의한 자주적인 근대화운동을 전개하였다(93쪽)"에서 볼 수 있는 바와 같이, 독립협회의 이념과 활동에 대한 매우 긍정적인 평가 일색이었다. 이에 반해, 대한제국은 개혁 내용을 설명하였지만 마지막에 가서 "진보적 정치개혁운동을 탄압하여 국민적 결속을 이루지 못하였고, 열강의 간섭을 배제하지도 못하였다(98쪽)"고 하여 근본적 한계가 있음을 지적했다. 《국사》(하)(1996)에서도 사진 도판이 일부 바뀌었으며, "광무정권은 경제, 교육, 시설면에서 국력증강을 꾀하였으나, 집권층의 보수적 성향과 열강의 간섭으로 인하여 큰 성과를 거두지 못하였다(95쪽)"고 광무개혁의 한계를 지적하는 내용으로 바뀌었을 뿐, 나머지 본문의 내용은 거의 같다. "진보적 정치개혁운동을 탄압하여"에서 '진보적 정치개혁운동'은 독립협회를 가리키는 것이므로, 독립협회의 의미가 더욱 강조된 서술이라고 할 수 있다. 전체적인 서술 분량은 크게 줄었지만, 대한제국보다 독립협회에 비중을 두는 서술은 《국사》(2002)와 《국사》(2006)에서도 마찬가지이다.

《한국근·현대사》교과서의 서술도 일반적으로 국정 국사교과서와 맥을 같이한다. 다만, 집필자의 관점에 따라 내용이 일부 차이를 보이는 경우도 있다. 《한국근·현대사》(금성)는 소단원의 제목을 '대한제국과 독립협회 활동'이라고 하여, 교육과정과는 달리 독립협회보다 대한제국을 앞에 내세웠다. 이 시기 개혁 추진의 중심을 독립협회가 아니라 대한제국으로 보겠다는 의미이다. 또한 독립협회와 대한제국의 서술 분량은 각각 2쪽씩으로 하여 독립협회를 더 많이 서술한 다른 교과서들과는 차이를 보인다.

《한국사》교과서에 이르면 교과서들 간의 차이가 좀 더 커진다. 교과서별로 이 부분의 소단원 제목과 서술 분량을 보면 다음과 같다.

- 《한국사》(비상)
  - 소단원 제목: 대한제국과 독립협회
  - 서술 분량: 대한제국 3쪽, 독립협회 2쪽
- 《한국사》(미래엔)
  - 소단원 제목: 독립협회, 민중과 더불어 국권·민권운동에 나서다. 대한제국, 황제권을 강화하여 국권을 공고히 하겠다.
  - 대한제국 2쪽, 독립협회 3쪽
- 《한국사》(법문사)
  - 소단원 제목: 독립협회 운동. 대한제국과 광무개혁.
  - 서술 분량: 대한제국 3쪽, 독립협회 2쪽
- 《한국사》(지학사)
  - 소단원 제목: 독립협회의 자주·민권운동. 대한제국과 광무개혁
  - 서술 분량: 대한제국 2쪽, 독립협회 3쪽(서재필 포함)
- 《한국사》(천재)
  - 소단원 제목: 독립협회를 창립하고 대한제국을 수립하다. 황제권을 강화하고 산업을 장려하다
  - 서술 분량: 대한제국 2.5쪽, 독립협회 2.5쪽
- 《한국사》(삼화)
  - 소단원 제목: 근대주권국가를 세우려 하다

－서술 분량: 대한제국 1.5쪽, 독립협회 2.5쪽

교과서들 사이에 차이가 큰 것은 아니지만, 이 시기를 바라보는 저자의 관점이 어느 정도 반영되었다. 《한국사》(천재)에는 2개 소단원의 제목에 대한제국과 관련된 내용이 모두 들어가 있어서 언뜻 보기에 대한제국 중심의 서술인 것 같다. 그러나 '독립협회를 창립하고 대한제국을 수립하다'라는 소단원의 내용은 독립협회 내용이 훨씬 많아서 실제로 대한제국의 서술 비중이 높은 것은 아니다. 《한국사》(삼화)는 제목을 '근대주권국가를 세우려 하다'로 하고 있다. 여기에서 근대주권국가는 대한제국을 의미하므로, 대한제국 중심으로 이 시기 한국사를 이해하려 한 듯하다. 그러나 실제 서술 분량은 독립협회가 많다.

대한제국과 독립협회의 관계와 관련하여, 2009년 발표된 《역사교과서 집필 기준》[26]에서는 대한제국의 역사적 의의를 특히 높이 평가했다. 대한제국과 독립협회를 제목에 병렬적으로 제시하던 통상적인 방식에서 벗어나 '대한제국과 광무개혁'이라고 제목을 붙였으며, 내용도 대한제국 부분이 훨씬 자세하다. 이 항목의 집필 기준은 다음과 같다.

> 대한제국은 각 나라의 주권을 인정하는 '만국공법'에 기초하여 건국되었기 때문에 국제법으로 인정된 자주 독립 국가임을 강조한다. 대한제국은 '구본신참'이라는 맥락에서 광무개혁을 추진하는 등 자주적 근대화를 위하여 노력하였음을 서술한다. 황제권의 위상 강화, 정치 제도의 개혁, 각종 근대화 사업에 주목하여 서술한다. 양전·지계 사업을 통해 근대적 토지소유권의 성립을 살펴본다.

---

26. 교육과학기술부, 《2007년 개정 교육과정(교육인적자원부 고시 제2007-79호)에 따른 역사교과서 집필 기준》, 2009.

아관파천 이후 독립협회의 성립 배경과 활동 내용을 국내외 정세와 연관하여 설명한다. 독립협회와 대한제국은 국내외 주요 쟁점에 대해 상호 대립·협조하는 양면성을 지녔음에 유의한다.

더구나 이 《집필 기준》 현대사의 '대한민국의 수립'에서는 "대한민국정부는 대한제국 및 대한민국임시정부를 계승한 정통성 있는 국가임을 설명한다."라고 하여, 대한민국의 정통성을 대한제국에서 찾았다. 근현대사의 전개 과정에서 대한제국의 역사적 위치를 어떻게 자리매김할 것인가의 논의는 별개 문제로 하더라도, 대한민국의 정통성을 대한제국에서 찾는 견해는 적어도 교육과정이나 집필 기준(2000년대 이전까지는 준거안), 국정 국사교과서 서술에서 찾아볼 수 없으며 이와 관련된 주장도 나오지 않았다. 2007년 열린 집필 기준 시안에도 들어있지 않으며, 공청회에서도 논의되지 않았다. 그런데 최종 확정된 집필 기준에 들어감으로써 대한제국을 근현대사의 주체로 자리매김하였다. 집필 기준의 이 내용은 실제 《한국사》 교과서 서술에 그리 큰 영향을 주지는 않았을 것으로 생각된다. 그러나 집필 기준에 대한민국의 정통성을 대한제국에서 찾는 내용이 들어감으로써, 일부 교과서는 내용에 이를 포함시키기도 했다.[27]

독립협회와 대한제국의 관계는 논점의 하나이다. 독립협회와 대한제국의 관계는 처음에는 협조적이었다. 함께 관민공동회를 열어서 헌의6조를 결의하기도 했다. 그러나 독립협회의 거센 개혁 주장이 정부를 압박하고, 독립협회가 공화정을 꾀하고 있다는 소문이 나돌자, 대한제국 정부는 독립협회에 대한 탄압으로 돌아섰다. 이 부분은 각종

---

27. "이로써 대한민국은 대한 제국 및 대한민국 임시 정부를 계승한 정통성 있는 국가로 출발하였다."《한국사》, 법문사, 315쪽.

시험에도 자주 출제되어서, 학생들은 당연히 이렇게 이해하고 있다. 그러나 협조적인 관계였던 독립협회와 대한제국이 그렇게 쉽게 대립 관계로 돌아서게 된 것은 '공화정을 꾀한다는 풍문'만으로는 쉽게 납득이 되지 않는다. 학생들이 이렇게 이해하는 것은 그저 배운 대로 기억하거나 역사적 인과관계를 단순하게 생각하기 때문이다. 이와 관련하여 독립협회 안의 두 계열을 구분하는 견해가 설득력 있게 제시되었다. 즉, 독립협회 안에는 윤치호를 중심으로 대한제국과 협조적인 관계를 유지하면서 내정개혁을 주장하는 개혁운동 노선, 즉 관민공동회 계열과 서재필을 비롯하여 권력 장악을 통해 개혁을 추진하려는 만민공동회 노선이 있다는 주장이다. 이 견해에 따르면, 만민공동회 계열이 독립협회의 주도권을 장악하였고, 이에 따라 대한제국 정부와 충돌하였다고 이해할 수 있다.[28] 일부 교과서는 양자의 관계를 이렇게 서술하고 있다. 그렇지만 교과서들은 아직도 독립협회 안의 두 노선이 있었음을 명확히 밝히고 있지는 않다. 국정 국사교과서는 물론, 대부분의 《한국근・현대사》나 《한국사》 교과서들도 이 견해처럼 독립협회 안의 두 계열을 서술하고 있지 않다. 다만, 《한국근・현대사》(금성)만이 이를 받아들여 독립협회 내의 두 흐름을 소개하고, 대한제국 정부와의 관계를 이에 따라 설명하고 있다.[29] 다른 교과서들이 서술하고 있지 않은 것은, 이 학설이 맞는지 자신하지 못하는 측면도 있지만, 한국사교과서에 구태여 이런 내용까지 넣을 필요가 있을까 하는 판단도 작용했을 것이다.

---

28. 주진오, 〈대한제국의 수립과 정치변동〉, 한국사연구회 편, 《새로운 한국사 길잡이》 (하), 지식산업사, 2008, 91쪽.
29. 《한국근・현대사》, 금성, 86~87쪽.

3. 식민지 조선 사회의 성격과 토지조사사업

국사교과서의 일제 시기 서술은 기본적으로 일제의 수탈과 민족의 저항이라는 구도를 이루고 있다. 다만 1974년 발행된 국정 《국사》 교과서에서는 일제 시기를 다루는 단원명을 '민족의 독립운동과 민족문화의 계승'으로 하여, 이 시기의 성격을 일제의 식민지 정책에서 비롯되는 수동적인 것에서 탈피해 독립운동이라는 능동적인 관점에서 접근하려고 했다. 그렇다고 해서 서술내용이나 역사인식이 크게 달라진 것은 아니었다. 결과적으로 제목을 이렇게 바꾼다고 해서, 일제 시기를 보는 관점이 얼마나 달라질지는 의문이다.

식민지 조선 사회의 성격을 둘러싸고 역사인식의 차이를 보여주는 여러 견해들이 제시되어 왔다. 이 중에서도 식민지 수탈론과 식민지 근대화론 사이의 대립은 한국사의 가장 큰 쟁점 중 하나이다. 식민지 수탈론은 내재적 발전론을 기반으로 한다. 이에 따르면, 조선 후기 사회는 각 농업과 상공업을 비롯한 각 분야에서 자본주의로 발전할 수 있는 싹이 트고 있었다. 그런데 이러한 내재적 발전은 19세기 중반 이래 일본을 비롯한 제국주의 국가들의 침략으로 좌절되거나 왜곡되었다. 더구나 식민지 시기 일제의 억압과 수탈로 한국 사회는 몰락하고 자생적으로 근대화할 수 있는 길마저 막혔다. 이러한 수탈에 맞서 민족해방운동이 치열하게 전개되었다는 것이다. 이런 관점에서 보면 민족해방운동은 한국 근대와 식민지 시기 연구의 핵심이 된다. 이에 반해 경제사학자를 중심으로 하는 일부 학자들은 식민지 시기를 연구하는 새로운 패러다임으로 '개발과 성장'을 제시했다. 이들은 기존의 한국사 연구는 일제의 침략과 억압에만 눈을 돌려, 그것이 한국현대사에 미친 문명화 작용, 즉 개발의 측면을 무시했다고 비판한다. 이에 따르면, 식민 통치는 한국에게 수탈만이 아니라 개발도 가져왔다. 한국인은 이 시기에 근대적 농민, 노동자, 자본가 계급으로 변신했다. 한국 사회에서는 본원적 축적이 급속히 진전되어 1930년대에는 자본주의 생산양식이 한국경제의 성격이 되었다고 본다.[30] 이러한 논쟁에 대해 식민지 수탈론과 식민지 근대화론 모두 서구적 근대화를 역사의 발전·진보로 보고, 근대의 모델로 보는 근대주의의 덫에 빠져 있다는 비판도 나온다. 이런 관점에서는 한국 근대의 보편성과 특수성을 고려하여 새로운 근대의 지표를 제시해야 한다고 주장한다.

식민지 근대화론에서는 국사교과서의 식민지 시기 서술은 '수탈과 저항'으로 일관되어 있어서, 당시 사회의 모습과 사람들의 삶을 제대로 보여주지 못한다고 비판한다. 그렇지만 식민지 근대화론을 비판하는 사람들은 역사를 수치나 통계로 이해할 수는 없으며, 그것이 사회와 사람들의 삶에 주는 의미를 찾아야 한다고 반박한다. 식민지 조선 사회의 성격을 둘러싼 논란에도 국사교과서 서술은 기본적으로 수탈과 저항의 구도를 유지하고 있다. 다만 구체적인 사실의 서술에서, 비판을 받아들여 일부 내용의 수정이 있었다. 대표적인 것이 토지조사사업 서술이다. 식민지 근대화론에서는 '수탈과 저항'이라는 이분법적 논리가 빚어낸 대표적인 오류로 토지조사사업 서술을 예로 들었다. 특히 토지조사사업이라는 일제의 식민통치정책에 반발하여 많은 사람들이 토지 신고를 기피하였다든지, 토지조사사업 결과 전체 농지의 40퍼센트가 조선총독부 소유가 되었다는 것은 사실과는 거리가 먼 터무니없는 왜곡이라고 비판했다. 토지조사사업의 성격, 목적, 결과를 어떻게 이해하느냐와 상관없이 기존 국사교과서의 서술은 사실관

---

30. 정재정, 〈한국 근대와 식민지 근대성론〉, 한국사연구회 편, 《새로운 한국사 길잡이》(하), 지식산업사, 2008, 177~179쪽.

계에 문제가 있으므로, 이런 비판을 받아들여 교과서 내용이 수정되었다. 1990년부터 2006년까지 국정《국사》교과서의 관련 부분 서술 변화를 살펴보면 ①~④와 같다.

① 이로 인해, 우리 농민은 토지 소유에 필요한 복잡한 서류를 구비하여 기한부 신고제의 번잡한 수속을 밟아야만 소유권을 인정받게 되었다. 따라서 신고를 기피하거나 한국인의 농토나 공공기관에 속해 있던 토지는 거의 조선총독부의 소유가 되고 말았다.

토지조사사업에 의해 불법적으로 탈취 당한 토지는 전국 농토의 약 40퍼센트가 되었다(《국사》(하), 1990, 152~153쪽).

② 그러나 당시 토지신고제가 농민에게 널리 알려지지 않았고, 신고기간이 짧은데 비하여 절차가 복잡하여 신고의 기회를 놓친 사람이 많았다. 일제가 까다로운 신고절차를 택한 것은 말할 것도 없이 한국인의 토지를 빼앗기 위한 수단이었다. 또, 농민들 중에는 일제의 시책에 협조하지 않겠다는 민족 감정 때문에 신고를 고의적으로 기피하여 신고되지 않은 토지가 많았다.

일제는 이와 같이 미신고 토지는 물론, 공공기관에 속해 있던 토지, 마을이나 문중의 토지와 산림, 초원, 황무지 등도 모두 조선총독부 소유로 만들었다. 그리하여 토지조사사업에 의해 불법적으로 탈취당한 토지는 전 국토의 약 40퍼센트가 되었다(《국사》(하), 1996, 137쪽).

③ 토지조사사업에서는 우리 농민이 토지소유에 필요한 서류를 갖추어 지정된 기간 안에 신고해야만 소유권을 인정받게 하였다. 그러나 당시 토지신고제가 농민에게 널리 알려지지 않았으며, 신고기간도 짧고 절차가 복잡하여 신고의 기회를 놓친 사람들이 많았다. 일제가 이와 같이 까다로운 신고 절차를 택한 것은 한국인의 토지를 빼앗기 위한 것이었

다. 그 결과 일제는 미신고 토지는 물론 공공기관에 속해 있던 토지, 마을이나 문중 소유의 토지와 산림, 초원, 황무지 등도 모두 조선총독부 소유로 만들었다(《국사》, 2002, 360쪽).

④ 이 사업은 토지의 소유권, 토지 가격, 지형 및 용도를 조사하는 것이었다. 그런데 총독부는 당사자가 소유권을 증명할 수 있을 때에만 소유권을 인정하고, 대한제국정부 소유지와 황실 소유지, 미신고 토지 및 소유관계가 불분명한 토지 등은 강제로 빼앗았다(《국사》, 2006, 180쪽).

《국사》(하)(1990)와는 달리 《국사》(하)(1996)에서는 토지의 신고를 기피했다는 것보다는 신고의 기회를 놓쳤다는 쪽에 비중을 두었다. 그러나 여전히 신고를 고의적으로 기피한 경우도 있다는 내용이 포함되었다. 또한 조선총독부가 농토의 40퍼센트를 빼앗았다는 내용에서 '농토'가 '국토'로 바뀌었다. '국토'로 할 경우, 산림 등이 포함되므로, 조선총독부의 농지 점유 비율은 줄어들기 때문이었다. 《국사》(2002)에서는 논란이 되었던 신고 기피와 조선총독부의 국토 점유 비율이 사라졌다. 다만, 토지조사사업이 한국인의 땅을 빼앗기 위해서 신고절차를 까다롭게 하고 기한을 짧게 했다는 내용은 아직까지 그대로 남았다. 그러다가 《국사》(2006)에서는 이러한 내용이 모두 삭제되었다. 이는 1990년대 후반부터 2000년대 초반까지 있었던 민족주의 역사교육과 역사교과서 서술에 대한 비판, 그리고 한국사학계의 관련 내용 검토 등에 따른 것으로 보인다.

토지조사사업의 성격이나 목적을 둘러싼 연구와 논란은 지금도 진행 중이다. 식민지 근대화론자가 아니더라도, 토지조사사업을 일제의 토지 약탈 정책이라는 시각에서 벗어난 연구들이 나오고 있다. 토지조사사업이 한국인의 토지소유권을 빼앗기 위한 것보다는 오히려 조선시대 이래 발전되어 온 토지소유관계를 법적으로 확인해주었다는 견해가 그러한 예이다. 이 주장에서는 일본이 식민통치를 시작하면서 신속하게 이런 조치를 취한 이유는 토지소유권을 확정지음으로써 일본인이 토지를 사고파는 것을 용이하게 하는 데 있다고 보았다. 또한 근대적 토지소유제의 확립을 통해 일본인의 토지소유를 쉽게 하고 지세수입을 늘리는 데 목적이 있었으며, 일본의 민법 체계하에서 한국을 일본 자본주의에 예속시키는 결과를 가져왔다고 이해한다.[31]

2003년부터 사용된 《한국근·현대사》 교과서의 토지조사사업 서술은 교과서에 따라 차이를 보인다. 다수의 교과서는 토지조사사업의 목적이 토지약탈에 있었다든지, 신고를 기피하거나 신고하지 않은 토지가 많았다든지, 조선총독부가 한국인의 토지 중 많은 비율을 탈취하였다는 등의 논란이 되는 부분을 서술에서 제외하였다. 토지조사사업의 목적, 내용 등을 소개하는 데 중점을 두었다. 그러나 일부 교과서는 여전히 기한 내에 신고하지 못하거나, 신고를 기피했다는 내용을 싣고 있다.[32] 심지어 토지조사사업 결과 조선총독부가 빼앗은 땅이 전 국토의 40퍼센트가 되었다는 내용을 그대로 서술한 경우도 있다.[33] 이는 아마도 토지조사사업을 둘러싼 지식이나 해석의 차이보다는, 논란의 쟁점이나 한국사 연구의 동향을 제대로 알지 못하거나 고려하지 않은 결과라고 생각된다.

《한국사》 교과서 중에는 한 종만이 "토지신고서는 소유자가 작성하여 조선 총독이 정한 기한 내에 제출하도록 하였다. 이로 인해 기한

---

31. 정재정, 〈식민지 수탈구조의 구축〉, 《한국사》 47(일제의 무단통치와 3·1운동), 국사편찬위원회, 2001, 56~63쪽.
32. 《한국근·현대사》, 법문사, 152쪽; 《한국근·현대사》, 천재, 166쪽.
33. 《한국근·현대사》, 천재, 166쪽.

을 넘기거나 미처 신고하지 못한 많은 토지가 조선총독부 소유가 되었다.(《한국사》, 법문사, 220쪽)"고 쓰고 있다. 《한국근·현대사》교과서에도 이렇게 서술했던 출판사의 교과서이므로, 교과서 집필과 제작과정에서 이전 교과서 내용을 참고했을 것으로 보인다. 교과서의 내용이 재생산되고 있음을 보여주는 장면이다. 국정 국사교과서의 경우, 1990년대부터는 별다른 문제가 없으면 이전 교과서 내용을 그대로 옮기는 경우도 많다.

반드시 식민지 근대화 논쟁 때문은 아니지만, 국사교과서가 일제하 사회생활이나 문화에 관심을 두는 경향이 높아졌다. 근대화의 수탈적 측면뿐 아니라 사람들의 일상생활에 미친 영향도 주목하기 시작한 것이다. 한편으로 국사교과서에 생활사 서술이 늘어난 것은 한국사학계의 생활사에 대한 관심이 늘어난 것을 반영한다. 생활사의 범주를 어떻게 규정할 것인지도 논란의 대상이 될 수 있지만, '생활사'라 하면 보통은 사람들의 일상적 삶에 영향을 주는 사회변화나 문화 현상을 떠올리게 된다. 이러한 사회사나 문화사 연구는 근래 붐을 이루고 있는 느낌이다. 원래 역사학보다는 사회학이나 인류학에서 관심을 쏟았지만, 요즈음은 역사학계에서도 활발한 연구가 이루어지고 있다. 특히 근현대 생활사 연구에서 일제 시기는 관심의 대상이다. 서구의 근대문명이 우리 생활에 깊숙이 자리 잡기 시작한 시기였기 때문이다. 식민지 근대성에 관심을 두는 사람들은 식민지 수탈론(내재적 발전론)과 식민지 근대화론을 모두 비판하고, 식민지 한국 사회의 근대성을 새로운 관점에서 접근하려고 한다. 서구적 근대와는 구별되는 식민지적 근대를 보려는 것이다.[34] 교통과 통신, 학교, 병원, 건축물, 영화나 가요와

---

34. 장규식, 〈근대문명의 확산과 대중문화의 출현〉, 한국사연구회 편, 《새로운 한국사 길잡이》(하), 지식산업사, 2008, 248~249쪽.

같은 대중문화, 소비생활, 오락 등과 같이 대중의 일상적 생활에 관심을 두는 것이다.

생활사 연구의 결과를 보급하려는 움직임도 활발히 전개되었다. 한국근·현대 생활사를 다룬 대중용 역사책들이 연이어 간행되었다.[35] 이는 1990년대 들어 활발해진 '역사의 대중화'라는 한국사학계의 움직임과 생활사에 대한 관심이 어우러진 현상이었다. 아무래도 대중에게는 정치나 제도, 경제사보다 생활사가 관심을 갖고 역사에 접근하기 쉬운 분야이다.

역사교과서에도 일제 시기 사회와 문화, 사람들의 생활에 대한 서술이 늘어나고 있다. 그러나 아직까지 식민지적 수탈과 이에 맞서는 문화운동이라는 '수탈과 저항'이라는 구도를 유지하고 있다. 국정 국사교과서는 기본적으로 이 틀을 그대로 유지하고 있다. 예를 들어《국사》(2006)는 '근·현대의 사회'라는 중단원 개요에서 일제 시기 사회를 다음과 같이 설명한다.

일제강점기에는 국권을 되찾으려는 독립운동이 줄기차게 일어났고, 다른 한편에서는 근대화를 위한 각계각층의 노력이 펼쳐졌다. 이러한 가운데 근대 자본주의 문명이 본격적으로 유입되어 전통사회는 점차 근대사회로 변모해 갔는데, 식민지 현실 아래에서 근대화는 왜곡될 수밖에 없었다(232쪽).

그렇지만 구체적인 본문 서술에서는 '인구의 증가와 도시의 변화',

---

35. 한국역사연구회,《우리는 지난 100년 어떻게 살았을까》1·2·3, 역사비평사, 1999; 역사문제연구소 편,《사회사로 보는 우리 역사의 7가지 풍경》, 역사비평사, 1999.

'의식주 생활의 변화'와 같은 항목을 두어 사람들의 사회생활 변화를 서술하고 있다. 학계의 동향을 의식하고 있는 것이다.

《한국근·현대사》교과서들은 도시의 모습이나 의식주와 같은 생활상의 변화를 좀 더 구체적으로 서술했다. 교육과정의 단원 구성이나 내용 요소에서 이를 다룰만한 부분이 없어서, 교과서들은 읽기 자료의 형태로 생활사를 다루고 있다. 예를 들어《한국근·현대사》(금성)는 '일제강점기, 우리 사회의 달라진 것들'이라는 중단원말 읽기 자료에서 서울의 거리, 교통, 여성 생활, 대중문화의 변화를 서술했다. 이처럼 읽기 자료를 통해 일제하 생활사를 다루는 방식은 여러《한국근·현대사》교과서들에 비슷하게 나타난다.

2011년《한국사》교과서들도 이와 비슷하지만 좀 더 적극적으로 일제하 생활사를 다루고 있다. 예를 들어《한국사》(비상)는 본문에 '전통사회구조의 변화', '의식주의 변화'라는 항목을 두어 일제하 사회변화를 서술했다. 대단원 말 읽기 자료로 '다큐멘터리 그때 그 시절: 신여성이 등장하다'에서, 신여성의 등장과 생활을 소개했다. 또한 본문 중의 읽기 자료로 '소설로 본 군산항의 모습'을 그렸다.《한국사》(미래엔)도 '대중문화, 도시의 삶을 변화시키다'라는 항목에서 영화와 도시민의 변화를 소개하고, '역사 추적: 다가오는 근대, 그 양달과 응달'이라는 2쪽짜리 읽기 자료에서는 서구적 근대화가 사람들의 생활에 주는 긍정, 부정의 양면성을 비교했다.

이러한 생활사 서술들은 일제하 사람들이 살아가는 모습을 구체적으로 보여줄 수 있으며, 현재 우리가 겪고 있는 근대문화의 시작을 알 수 있게 해준다. 또한 학생들은 자신들의 일상경험이나 사고와 관련 있는 역사에 흥미를 보인다는 점에서 역사교육에 대한 관심을 높일 수 있다. 그러나 역사교육의 내용선정이라는 관점에서 볼 때, 이러한 것들이 제한된 시간 안에서 일제 시기 역사적 사실 중에서 학생들이 알아야 할 핵심 지식이나 생각해야 할 중요한 문제들인가 하는 문제 제기도 가능하다.

4. 일제하 민족해방운동

일제하 민족해방운동은 국정 국사교과서 내용 중 가장 집중적인 비판을 받았던 부분 중 하나이다. 냉전 이데올로기와 지배층 중심의 역사관에 입각하여 농민운동이나 노동운동 등 대중의 민족해방운동을 소홀히 하였으며, 사회주의계 민족해방운동을 배제하였고, 무장독립투쟁보다 실력양성론에 비중을 두었다는 것이었다.

사회민주화의 분위기와 함께 민족해방운동 연구는 1980년대 후반부터 활기를 띠어서 1990년대 이후 많은 성과를 낳았다. 민족해방운동은 1980년대 전반까지 주로 민족운동이나 독립운동이라는 말을 사용했다. 그러나 1980년대 후반에 들어서 '민족해방운동'이라는 용어를 사용하려는 경향이 커졌다. 이는 일제하 민족해방운동이 일본 제국주의의 억압에서 벗어나기 위한 민족운동이라는 측면과 봉건적 모순을 무너뜨리고 착취에서 벗어나려는 반봉건운동이라는 이중의 과제를 가지고 있음을 염두에 둔 것이다. 이런 관점에서는 운동의 주체를 민족모순과 계급모순에 복합적으로 시달리는 민중으로 설정했다. 민족해방운동의 주체는 형식적으로는 전민족구성원이지만, 현실적인 주체는 계급관계를 매개로 이루어진다고 본 것이다.[36]

1990년대부터는 국사교과서에 일제하 민족해방운동에 대한 비판

---

36. 역사문제연구소,《쟁점과 과제: 민족해방운동사》, 역사비평사, 1990, 17~20쪽.

이 일부 수용되었다. 농민운동과 노동운동의 서술 분량이 늘어나고, 사회주의계 민족해방운동이 서술되기 시작했다. 《국사》(하)(1990)에는 국내의 민족해방운동으로 청년운동이 들어가고, 사회주의 사상의 도입으로 민족주의계와 사회주의계로 분열된 청년운동을 수습하기 위해 조선청년총동맹이 결성되었다고 서술했다.[37] 그러나 조선청년총동맹이 사회주의계 청년단체를 중심으로 한 것임을 설명하지 않음으로써, 민족주의계와 사회주의계의 통합을 추진한 중도적 성격의 단체인 것 같은 인상을 주었다. 가장 큰 규모인 조선청년총동맹을 언급하지 않을 수 없었지만, 이를 사회주의계가 주도했다는 사실의 서술은 피하려 한 것이라고 생각된다. 《국사》(하)(1990)에는 또한 만주 지역의 무장항일투쟁으로 조선혁명군, 조선독립동맹과 조선의용군, 동북항일연군 등이 서술되었다.[38] 이 중 조선독립동맹과 조선의용군은 무장항일투쟁과 건국준비활동 양 편에 서술되었다.[39]

　이후 교과서가 개정될 때마다 사회주의계 민족해방운동이나 대중운동의 서술이 전체적으로 보완되었다. 《국사》(하)(1996)에서는 '사회주의 사상의 유입'이라는 소항목을 별도로 설정하여, 사회주의 사상의 유입과 국내의 민족해방운동에 미친 영향을 설명하였다.[40] 비록 두 문장의 짧은 내용이기는 하지만 처음으로 형평운동도 들어갔다.[41] 《국사》

---

37. 《국사》(하), 1990, 159쪽.
38. 이 중 조선혁명군은 사회주의계 민족해방운동 단체로 보기 어렵지만, 중국군 의용대와 공동작전을 수행하는 등의 활동으로 이전까지 교과서에 서술되지 않았다.
39. 《국사》(하), 1990, 149, 172쪽.
40. 《국사》(하), 1996, 162쪽.
41. "한편, 천대를 받아 오던 백정들은 갑오개혁에 의해 법제적으로는 권리를 인정받았으나, 사회적으로는 오랜 관습 속에서 계속 차별을 받고 있었다. 이에 반발하여 백정들은 진주에서 조선형평사를 창립하고(1923), 평등한 대우를 요구하는 형평운동을 전개하였다(《국사》(하), 1996, 168쪽).

(2002)에는 근현대사의 비중이 크게 줄었으나, 농민운동과 노동운동 등 대중운동의 서술은 오히려 늘어났다. 농민운동과 노동운동의 성격이 시기에 따라 어떻게 달라졌는지 정리하였으며, 노동운동의 대표적 사례로 원산총파업을 다음과 같이 비교적 자세히 서술했다.

특히, 한 석유회사의 일본인 감독이 한국인 노동자를 구타한 사건을 계기로 3,000여 명이 참가한 원산노동자총파업은 일제강점기 노동운동에서 가장 규모가 큰 것이었다. 이 파업은 일제가 폭압적으로 탄압하는 상황에서 조선 노동자들이 단결하여 조직적으로 파업을 진행시키면서 투쟁하였고, 항일투쟁정신을 고취시켰다. 이로 인하여 노동자 파업이 전국 각지에서 잇달았다. 이 운동은 비록 실패로 끝났지만 노동운동이 항일적 성격을 띤 좋은 본보기가 되었다(《국사》, 2002, 374쪽).

《국사》(2006)에서는 원산총파업 서술이 줄었지만, 농민운동이나 노동운동의 전반적 서술은 증가하였다. 1930년대 농민운동이 사회주의 운동노선의 변화에 따라 비합법적·혁명적 농민조합을 조직하는 방향으로 바뀌었다는 다음의 서술도 추가되었다.

그러나 1930년대 들어서면서 농민운동은 사회주의 운동의 노선 변화와 맞물려 커다란 변화를 겪었다. 사회주의자들은 기존의 합법적 농민조합 대신 비합법적, 혁명적 농민조합을 조직하였으나, 일제의 탄압으로 대부분 좌절되었다(《국사》, 2006, 240쪽).

이로써 국사교과서는 1910년대부터 1930년대까지 농민운동의 흐름을 전체적으로 서술하게 되었다. 일제하에서 1920년대 전반 농민운동은 소작농이 중심이 된 소작쟁의가 주류를 이루었다. 소작쟁의의 쟁점은 주로 소작료 인하와 소작권 이동 반대였다. 1920년대 후반은 농민운동의 발전기였다. 소작인뿐만 아니라 자작농과 자·소작농까지 참여하여 소작인 조합이 농민조합으로 발전함으로써 농민운동의 대중성이 강화되었다. 운동의 대상도 지주에서 일제의 식민지 농업정책 전반으로 확대되었다. 소작료와 소작권 이동을 둘러싼 소작쟁의뿐 아니라 산미증식계획 반대, 수리조합 반대와 수세 거부 등의 투쟁이 일어났다. 일제가 삼림보호라는 명목으로 화전을 금하자, 이에 맞서 화전민들이 투쟁을 벌이기도 했다.[42]

또한 "한국인 노동자의 열악한 노동조건과 민족차별 등은 노동자의 계급의식과 민족의식을 불러일으켜 노동운동을 벌이는 계기가 되었다(《국사》, 2006, 240쪽)."고 하여 일제하 한국인 노동자들의 노동운동이 민족의식과 함께 계급의식에서 나온 것임을 설명하는 내용도 새로운 것이었다. 이밖에 《국사》(2002)에서는 날개단에서 설명하는 데 그쳤던 형평운동이 본문에 들어가고, 내용도 보완되었다. 사회적 평등운동이라는 형평운동의 의미를 밝히고, 사회에서는 여전히 백정출신을 차별하는 신분의식이 남아 있음을 지적했다.[43]

국사교과서가 개정될 때마다 이처럼 사회주의계나 대중의 민족해방운동의 서술이 늘어난 것은, 1990년대 들어 관련 연구들이 많아지고 연구성과가 쌓인 데 힘입은 것이었다. 그렇지만 교과서에 이런 내용이 늘어나는 과정이 반드시 순탄했던 것만은 아니다. 1994년 국사교과서 준거안을 둘러싼 논란에서 이를 엿볼 수 있다. 1994년 6차 교

---

42. 김용달, 〈농민운동〉, 《한국사》 49(민족운동의 분화와 대중운동), 국사편찬위원회, 2001, 186~214쪽.
43. 《국사》, 2006, 243~244쪽.

육과정의 준거안 초안에서 동북항일연군을 서술한다는 내용이 들어 있었다. 그러나 준거안 시안의 근현대편을 둘러싼 논쟁이 일어나면서 확정된 준거안에는 이 부분은 삭제되었다. 해당 부분의 준거안 시안과 확정안을 비교하면 다음과 같다.

국외의 민족해방운동세력이 세계의 각처에서 최후까지 항일 투쟁을 전개하였음을 설명한다(대한민국 임시정부, 만주에서의 독립군과 동북항일연군, 화북의 조선독립동맹의 활동)(《국사교육 내용전개의 준거안(시안), 1994).

한국광복군의 창설과 조선의용대의 한국광복군에의 합류를 설명하고, 임시정부의 대일선전포고 및 한국광복군의 참전 활동을 구체적으로 서술한다(《국사교육 내용전개의 준거안(고시안), 1994).

조선독립동맹은 준거안에 빠졌지만 이후의 교과서에도 여전히 들어 갔다. 일제하 무장독립투쟁뿐 아니라 건국준비활동에도 그대로 소개되었으며, 내용과 문장도 거의 같다. 아마도 1990년대 전반 방송 등에서 조선독립동맹이나 그와 관련된 인물들의 활동을 활발히 방영했으며, 조선독립동맹 출신들이 해방 후 북한으로 귀국하여 신민당을 만들어 조선민주주의인민공화국을 세우는 데 한몫을 했지만 북로당이나 김일성 계열과 같이 북한을 이끌어간 주류가 아니라는 점이 작용했을 것이다. 그러나 동북항일연군 서술은 《국사》(1996)에서 빠졌다. 《국사》(하)(1990)과 《국사》(하)(1996)의 관련 내용을 비교해보면 다음과 같다.

그러나 그 후, 독립군의 대부분은 임시 정부의 요청으로 중국 본토로 이동하여 한국광복군 창설에 참여하였으며, 일부는 만주에 잔류하여 중국 항일군과 같이 항일연군을 편성하여 항전을 계속하였다(《국사》(하), 1990, 148쪽).

또, 임시정부가 직할군단 편성을 위하여 만주에 있는 독립군의 이동을 요청하자, 대부분의 독립군은 중국 본토로 이동하여 한국광복군 창설에 참여하였다(《국사》(하), 1996, 158쪽).

동북항일연군이 빠진 것은 김일성이 항일투쟁을 할 때 속했던 조직이고, 북한이 정권의 뿌리로 내세우고 있기 때문일 것이다. 1990년대 들어 동북항일연군에 대한 자료가 소개되고 연구가 진행되었지만,[44] 《국사》(하)(1996) 교과서에는 오히려 누락되었다. 그만큼 1990년대 들어서도 역사교과서 서술이 남북 분단과 이데올로기 문제에서 자유롭지 않음을 보여주는 것이었다.

국사교과서 준거안에는 들어 있지 않지만, 《한국근·현대사》교과서들은 만주의 항일유격대 활동을 서술했다. 6종의 《한국근·현대사》교과서 중 1종을 제외한 5종이 동북인민혁명군과 동북항일연군의 활동을 서술했으며,[45] 이 중 2종은 김일성이 지휘한 보천보 전투를 소개했다.[46] 일부 언론이나 보수세력에서 이 문제를 제기했지만, 큰 논란 없이 넘어갔다.

---

44. 편집부, 〈자료발굴: 1942년에 김일성이 육필로 쓴 항일연군 제1로군 약사〉, 《역사비평》19, 1992년 여름호.
45. 《한국근·현대사》, 법문사, 187쪽; 《한국근·현대사》, 대한, 187쪽; 《한국근·현대사》, 천재, 216쪽; 《한국근·현대사》, 중앙, 211쪽; 《한국근·현대사》, 금성, 196쪽.
46. 《한국근·현대사》, 대한, 187쪽; 《한국근·현대사》, 금성, 196쪽.

만주지역 항일유격대의 활동은 무장항일투쟁에 대한 그동안의 연구성과를 바탕으로 2000년대 들어 상당 부분 정리되었다.[47] 일제가 만주사변을 일으켜 만주국을 세운 이후 만주지역에는 항일유격대가 결성되기 시작했다. 만주지역의 항일유격대는 동북인민혁명군을 거쳐서 동북항일연군으로 편성되었다. 다수의 한인 사회주의자들도 중국공산당에 가입하여 항일유격대로 활동했다. 동북항일연군 제1로군에는 특히 조선인들이 많이 포함되었다. 남만주 지역에서 활동하고 있던 국민부 소속 민족주의운동 계열 무장단체인 조선혁명군도 항일유격대와 협력하여 일본군 및 만주국군을 대상으로 무장투쟁을 전개하였다. 조선혁명군 대원 중 다수는 동북항일연군 제1로군과 재만조선인조국광복회에 가담하였다. 동북인민혁명군과 동북항일연군 소속 조선인 항일유격대들은 국내 조직의 협력을 얻어서 종종 국경을 넘어 일본 경찰 주재소나 관청을 습격했다. 동북항일연군 제2군 6사가 1937년 6월 함경북도 갑산군 보천면 면소재지인 보천보를 습격한 것은 그 대표적 사건이었다. 1939년과 1940년 일본군과 만주국군의 대대적인 공세로 동북항일연군은 많은 병력을 잃고 위기에 빠졌다. 이에 동북항일연군의 조선인 병사들은 일본군의 공격을 피해 소련땅 연해주로 이동했다. 소련땅으로 이동한 동북항일연군 병사들은 1942년 7월 소련군 산하의 동북항일연군 교도려(88여단)에 편성되었다. 이들은 일본군이 항복한 다음 소련군과 함께 귀국했다.

《한국근·현대사》 교과서와 마찬가지로 대부분의 《한국사》 교과

---

47. 신주백, 《1920~30년대 중국지역 민족운동사》, 선인, 2005; 장세윤, 《1930년대 만주지역 항일무장투쟁》, 한국독립운동사편찬위원회·독립기념관 한국독립운동사연구소, 2009.

서들도 동북인민혁명군과 동북항일연군의 활동을 서술했다.[48] 이 중 2종의 교과서는 보천보 전투를 소개하고 있으며,[49] 1종은 처음으로 사회주의자인 이홍광이 지휘한 동북인민혁명군의 국내진입작전을 서술하였다.[50]

1990년대 이후 국사교과서에는 사회주의계 민족해방운동뿐 아니라 민족주의계의 무장독립투쟁도 보강되었다. 봉오동 전투와 청산리 전투의 과정이 자세해지고, 1920년대 무장독립투쟁 단체들도 다수 소개되었다.[51] 국내 무장단체로 보합단, 천마산대, 구월산대 등의 조직과 활동이 다음과 같이 서술되었다.

> 국내의 대표적인 무장 단체로는, 평북의 동암산을 근거로 무장 활동을 하던 보합단, 평북 천마산을 근거지로 한 천마산대, 그리고 황해도 구월산의 구월산대를 들 수 있다. 국내에서 편성된 이들 독립군 부대는 만주에 근거지를 두고 있던 독립군과 긴밀한 연락을 취하며 일제의 식민통치기관을 파괴, 일본 군경과의 교전, 친일파 처단, 군자금 모금 등 무장 항일 투쟁을 전개하였다.
>
> 특히, 천마산대는 일제 군경에 대한 유격전을 전개함으로써 상당한 전과를 거두었으며, 만주에 설치된 광복군 사령부와 긴밀하게 협조하였다. 그 후, 천마산대는 일제 군경의 집요한 반격으로 활동이 여의치 않게 되자 만주로 이동하여 대한통의부에 흡수되었다(《국사》(하), 1990, 154쪽).

---

48. 《한국사》, 미래엔, 301쪽; 《한국사》, 비상, 290~291쪽; 《한국사》, 지학사, 242쪽; 《한국사》, 천재, 281쪽; 《한국사》, 삼화, 281쪽.
49. 《한국사》, 미래엔, 301쪽; 《한국사》, 삼화, 281쪽.
50. 《한국사》, 비상, 290~291쪽.
51. 《국사》(하), 1990, 154~156쪽; 《국사》(하), 1996, 145~147쪽.

이러한 서술은 《국사》(하)(1996)로 그대로 이어졌다.[52] 천마산대는 1920년 봄 서간도 지역의 무장단체들이 서간도와 국내, 상하이와 국내, 서간도와 상하이의 삼각연계 관계를 구축하기 위한 방책의 일환으로 만든 것이었다. 대한광복군사령부가 구한국군 출신을 위주로 40여 명을 규합하여 평안북도 의주군 천마산에 건립했다. 천마산대는 의주 일대 면사무소와 경찰관 주재소를 공격하여 파괴하거나, 일본 경찰과 친일 분자를 처단하는 활동을 했다. 3월 초에는 의주군 일화면에서 대조선청년결사대가 조직되었다. 대조선청년결사대는 만주 지역 독립군의 군자금을 모으는 일에 주력했다. 그러다가 5월 하순에 총기 획득을 계기로 조직을 확대하여 대조선독립보합단으로 이름을 바꾸고 무장 활동을 하였다.[53] 그러나 이들 단체는 《한국사신론》(이기백 저, 일조각)이나 《함께하는 우리 역사》(한영우 저, 경세원)와 같이 잘 알려진 한국사 개설서에도 나오지 않는다. 그런 점에서 1990년 국사교과서가 개정될 때 민족주의계 무장독립투쟁 단체를 넣기 위해 중요성 여부와 상관없이 조금은 무리하게 교과서 내용에 포함시킨 느낌을 받는다.

1920년대 만주에서 정의부, 참의부, 신민부 3부의 성립과 통합운동의 과정에 대한 서술도 이전보다 자세해졌다. 이는 조선혁명당과 조선혁명군, 혁신의회와 한국독립군·한국독립당 서술로 이어졌다. 그렇지만 만주 지역에서 3부의 성립과 통합 과정 등은 내용이 복잡할 뿐아니라 교과서 서술들도 차이가 있어서 학생들이 이해하는 데 어려움을 느낀다.

---

52. 《국사》(하), 1996, 142~143쪽.
53. 김영범, 〈3·1운동 직후와 1920년대 의열투쟁〉, 《한국사》 48(임시정부의 수립과 독립전쟁), 2001, 326쪽.

5. 해방과 신국가 건설

해방 직후의 역사는 현대사 교육이 제대로 이루어지지 않던 1990년 대 이전에도 학교 국사교육에서 실제로 다루었으며, 대학입학시험에 서도 종종 나왔던 내용이다. 아마도 현대사 중에서는 그래도 가르치 는 부담이 가장 적은 부분이기 때문일 것이다. 한국의 독립을 최초로 약속했던 카이로선언, 전후 극동지역의 영토 처리에 대한 비밀의정서 를 교환한 얄타회담, 그리고 카이로선언의 원칙을 확인하면서 일본의 최후 항복을 요구한 포츠담회담 등을 대부분의 학생들은 배웠다. 해 방 직후의 역사적 사실 중에서는 미국과 소련이 '일본군의 무장 해제' 를 명분으로 38도선을 분할했으며, 모스크바에서 열린 미국·영국· 소련 3국의 외무장관회의에서 한국의 신탁통치에 합의한 것에 반발 해 거족적인 반탁운동이 일어났다는 사실이 주된 학습내용이었다. 이 과정에서 '소련의 사주를 받은' 좌익은 반탁에서 찬탁으로 돌아섰다는 반공주의의 논리도 빠지지 않았다. 남북을 통일하는 단일 국가의 수 립이 추진되었지만, 소련과 북한의 방해로 실패로 돌아갔으며, 이런 온갖 어려움을 이기고 1948년 8월 15일 대한민국정부가 수립되었다 는 것으로 해방 이후 3년간의 역사 흐름을 마무리 지었다.

해방 정국의 분기점이 된 사건은 모스크바 3국외무장관회의였다. 이 회의의 결정을 놓고 우익은 '반탁', 좌익은 '총체적 지지'를 결정함 으로써, 민족을 망라한 통일국가 수립 움직임은 끝이 나고, 좌·우익 의 대립이 본격화되었다. 신탁통치안은 사회주의의 확산을 막으려는 미국의 전후 전략에서 비롯된 것이었다. 국정 국사교과서는 이러한 미국의 전후 전략을 언급하지 않았다. 연구가 부족한 탓도 있지만, 신 탁통치안이 나오게 된 책임이 미국에 있다는 것을 피하려는 목적도 있었을 것이다. 이에 반해 검정 《한국근・현대사》나 《한국사》 교과서들은 미국의 전후 한반도 정책이 신탁통치안이었음을 지적하기도 한다. 미국이 한국에 대한 소련의 독점을 견제하고 자국의 영향력을 확대하기 위해 신탁통치를 구상하였다고 서술하거나,[54] 모스크바 3국외무장관회의에서 미 국무장관이 한국인의 참여가 제한된 5년 동안의 신탁통치안을 제안하였다는 점을 밝히기도 했다.[55]

이러한 미국의 전후 전략에 주목하여 "조선 인민의 노예 상태에 유의하여 '적당한 절차(또는 시기)를 거쳐(in due course)' 조선을 자주독립시킬 것을 결의한다."는 카이로선언의 한국 독립 관련 내용이 다시 관심을 끌었다. 이 내용은 한국의 독립을 최초로 약속하였다는 점에 초점이 모아졌지만, 신탁통치와 관련하여 'in due course'라는 문구가 새로 조명되었다. 1990년대 이전 국사교과서는 물론, 대부분의 한국사 책들도 이를 '적당한 시기'라고 번역하였다. 그러나 1990년대 이후 이 문구의 의미는 '적당한 절차'를 가리키는 것이라고 해석하는 경향이 늘어났다. 적당한 절차란 신탁통치를 의미하는 것으로, 이미 1941년부터 미국은 전후 신탁통치 계획을 가지고 있었다고 본다. 의례적인 시간의 경과를 뜻하는 '적당한 시기에'라고 번역하는 견해와는 상당한 차이가 있다. 국정 국사교과서는 1990년대까지도 '적당한 시기'라는 표현을 계속해서 쓰고 있다. 2002년과 2006년에 간행된 국사교과서는 카이로회담의 내용이 소개되지 않았다. 그러나 《한국근・현대사》와 《한국사》 중에는 이를 '적당한 절차'나 '적당한 과정'이라고 표현하는 교과서들도 있다.[56]

---

54. 《한국사》, 미래엔, 311쪽.
55. 《한국근・현대사》, 금성, 258쪽.
56. 《한국근・현대사》, 금성, 258쪽; 《한국근・현대사》, 대한, 248쪽; 《한국사》, 미래

38도선 획정도 미국의 동북아시아 전략의 일환으로 이루어진 것이다. 미국은 소련이 한반도 전체에 영향력을 미쳐 한국에 사회주의 정권이 들어서는 것을 막기 위해 38도선을 경계로 하는 미·소 분할 점령안을 마련했다. 소련은 전후 일본에 대한 발언권을 높이고 만주와 한반도에 소련에 우호적인 국가들로 방어망을 구축하기 위해 이에 동의했다.[57] 38도선 분할은 미국과 소련의 정치적 이해관계에 따른 것으로, 일본군의 무장해제는 분할의 명분일 뿐이었다.

38도선 분할의 원인에 대한 국정 국사교과서의 서술은 일관성이 없다. 《국사》(1990)은 '미·소 간의 미묘한 이해관계의 대립(173쪽)'으로 우리나라의 독립이 곧바로 실현되지 못하고 국토가 분단되었다고 쓰고 있다. 그러나 국사(1996)에서는 "한반도에 남아 있던 일본군의 무장을 해제시키기 위해서 38도선 북쪽에는 소련군이, 남쪽에는 미국군이 진주하였기 때문이다.(191쪽)"고 하여, 일본군의 무장해제라는 군사적 편의주의 때문에 38도선이 분할된 것으로 서술하였다. 《국사》(2002)에서는 "일본군의 무장해제를 이유로 미·소 양군이 38도선을 경계로 한반도의 남과 북에 각각 진주하였기 때문이다."라고 하여, 일본군의 무장해제가 실제 원인보다는 구실이었음을 시사하였다. 그러나 38도선 분할이 정치적 목적으로 이루어진 것임을 밝히지는 않았다. 이러한 서술은 《국사》(2006)로 그대로 이어졌다. 대부분의 《한국근·현대사》나 《한국사》 교과서들도 일본군의 무장해제가 38도선 분할 점령의 구실임을 지적하면서도, 실제 원인이 무엇인지는 언급하지 않았다. 다만 《한국근·현대사》(중앙)은 38도선 분할이 군사적 편의 외에

엔, 311쪽.

57. 정용욱, 〈미·소의 분할점령과 한반도 냉전구조의 형성〉, 한국사연구회 편, 《새로운 한국사 길잡이》(하), 지식산업사, 2008, 371~372쪽.

정치적 목적을 가지고 있음을 다음과 같이 지적하였다.

> 얄타회담의 결정에 따라 1945년 8월 8일에 참전한 소련군이 일본군을
> 물리치고 북한 지역을 재빨리 점령해 나가자, 미국측은 소련의 한반도
> 단독 점령을 막고 한반도에 남아 있던 일본군의 무장을 해제하기 위하여
> 38도선의 분할 점령을 제안하였다. 소련이 이에 동의하여 한반도는 광복
> 과 동시에 미국과 소련의 영향력 아래에 들어가게 되었다(《한국근·현
> 대사》, 중앙, 273쪽).

해방 직후의 시기는 일제의 식민 지배에서 벗어나 새로운 국가의 틀
을 세워야 했으며, 현재 한국 사회의 성격을 결정지은 한국현대사에서
가장 중요한 시기라고 할 수 있다. 특히 해방 3년은 남과 북의 체제가
기본 골격을 형성했다는 점에서도 중요하지만, 혁명적 변화의 시기였
다는 점에서도 역사적 의의가 있다.[58] 일제의 압제에서 벗어나 해방을
맞이한 한국의 과제는 식민 잔재를 떨쳐버리고 새로운 국가를 건설하
는 것이었다. 그런 의미에서 해방 직후의 시기를 '신국가 건설기'라고
부르기도 한다. 이 시기에는 현대 한국 사회의 성격이 결정되었다. 그
러나 신국가 건설기가 언제인가 하는 문제와 관련하여 두 가지 논점을
검토할 필요가 있다.

첫째는 남북 분단의 시점이 언제인가 하는 문제이다. 일본의 항복과
함께 한반도에는 미군과 소련군의 군정이 실시되었다. 미군과 소련군
은 38도선을 경계로 한반도를 분할 점령했다. 이렇게 남북으로 나뉜
한반도는 아직까지 하나로 합쳐지지 못했다. 그런 점에서 미·소의
한반도 분할점령을 곧 남북 분단의 시점으로 보는 경우가 많다. 이 관

---

58. 서중석, 〈개요〉, 《한국사》 52(대한민국의 수립), 국사편찬위원회, 2002, 1쪽.

점에서 보면 분단의 책임은 기본적으로 외세에 있다. 미국과 소련의 이해관계와 세계전략이 한반도의 분단을 가져온 것이다. 그러나 다른 한쪽에서는 비록 미국과 소련이 한반도를 분할점령했지만, 통일 민족국가를 수립할 가능성이 남아 있었다고 본다. 그러나 이데올로기 대립과 정치적 갈등으로 외세의 분할을 극복하지 못한 채 결국 남과 북에 별개의 정부가 세워짐으로써 분단이 고착화되었다는 것이다. 분단의 시점을 1945년이 아니라, 남과 북에 단독정부가 들어선 1948년으로 보는 것이다. 이런 관점에서는 분단이 일차적으로 미·소 때문에 일어났다고 하더라도, 이를 극복하지 못한 우리 자신에게도 커다란 책임을 부여한다.

교육과정이 이 중 어느 관점을 택하고 있는지는 불명확하다. 단원의 제목만 놓고 보면, 7차 교육과정 〈한국근·현대사〉의 '8·15광복과 분단'은 전자의 관점을 택하고 있는 것으로 보인다. 이에 반해 2009년 개정 교육과정의 〈역사〉 과목의 '8·15광복과 통일 정부 수립 활동'이라는 제목은 후자의 관점이라고 할 수 있다. 그러나 실제 내용 서술에서는 별 차이가 없다. 《한국근·현대사》 교과서들은 대체로 교육과정의 단원 제목을 그대로 따르고 있다. 《한국근·현대사》(두산)·(천재)·(법문사)·(두산)는 교육과정과 마찬가지로 '8·15광복과 분단'이라는 제목을 사용하고 있으며, 《한국근·현대사》(대한)는 '되찾은 산하, 갈라진 남과 북'이라는 말로 표현하고 있지만, 이는 교육과정의 제목을 풀어쓴 것이라고 할 수 있다. 이에 반해 《한국근·현대사》(금성)는 '8·15광복과 통일국가 수립운동'이라는 제목을 사용하여 해방 3년을 보는 관점이 다름을 나타냈다.

《한국사》는 교과서에 따라 제목에 어느 정도 차이를 보이고 있다. 각 교과서의 단원 제목은 다음과 같다.

· 《한국사》(비상): 8 · 15광복과 통일정부 수립운동

· 《한국사》(미래엔): 광복 이후 통일정부 수립운동을 전개하다

· 《한국사》(법문사): 8 · 15광복과 통일정부 수립을 위한 활동

· 《한국사》(지학사): 8 · 15광복과 한반도의 정세

· 《한국사》(천재): 8 · 15광복과 새로운 국가건설 운동

· 《한국사》(삼화): 8 · 15광복, 그리고 분단

《한국사》(비상) · (미래엔) · (법문사)가 교육과정과 같은 식의 제목을 붙였다면, 다른 3종 교과서는 저자들의 관점이 들어간 제목이라고 할 수 있다. 그러나 분단의 고착화를 언제로 보는지는 내용 서술에 명확히 드러나지 않는다. 아마도 저자들이 이에 대한 관점을 가지고 있지 않다기보다는 교과서에 서술하는 것을 피하였을 것이다. 《한국근·현대사》 교과서 파동에서 이미 경험했듯이, 이를 교과서에 명확히 표현할 경우 관점을 달리하는 측의 정치적 공격을 받을 우려가 있기 때문이다.

둘째는 해방 3년사인가 8년사인가 하는 문제이다. 3년과 8년의 차이는 그 사이에 한국전쟁이 일어났다는 데 있다. 분단이 한국 사회와 사람들이 살아가는 방식을 규정하는 것이라면, 언제 분단이 고착화되었는가 하는 것은 중요하다. 해방 3년사를 주장하는 사람들은 1948년 남과 북에서 정부가 수립됨으로써 통일민족국가 수립이 수포로 돌아가고 분단이 고정되었다고 생각한다. 이에 반해 해방 8년사의 관점에서는 전쟁 이전까지는 비록 남북이 나뉘고 정치적 · 군사적 대립이 있었지만, 사회생활이나 사람들의 의식은 아직도 완전히 갈라지지 않았으며 교류나 상호작용의 여지가 있었다고 본다. 그러나 전쟁을 겪고 난 다음, 남북의 대립이 사람들의 사회생활까지 제약하게 되었으

며, 사람들의 의식마저 분단되었다고 주장한다. 교육과정에서는 보통 6·25전쟁까지를 하나의 단원으로 묶는다. 그렇다고 해서, 두 가지 관점 중 후자를 택하였다고 볼 수는 없다. 교과서들의 단원 구성도 특별히 이 문제를 염두에 두고 있다고 생각되지 않는다. 전쟁 이후 이승만 정부의 통치를 한 단원으로 묶어서 서술하다 보니까, 그냥 관례적으로 이렇게 구성하고 있는 것이다.

6. 박정희 정부 시기의 경제성장

현대사 중에서도 박정희 정부의 통치는 한국 사회에서 평가가 가장 엇갈리는 역사적 사실이다. 국사교과서의 현대사 서술에서도 가장 논란이 많은 부분 중 하나이다. 흔히 박정희 정부를 높이 평가하는 사람들은 경제발전을 내세우며, 비판하는 사람들은 유신통치로 대변되는 강압적인 정치를 강조한다. 심지어 박정희 정부를 평가하는데 '경제는 긍정적, 정치는 부정적'이라는 이분법까지 흔히 볼 수 있다.

박정희 정부 시기 한국의 과제는 정치면에서는 민주화였고, 경제면에서는 산업화였다. 한국과 같은 개발도상국의 민주화와 산업화의 관계를 바라보는 관점은 크게 개발독재론, 발전국가론, 병행발전론으로 나뉜다. 개발독재론은 저개발 신생국가에서는 경제발전을 위해 독재정치가 효과적이라는 주장이다. 근대화 초기는 말할 것도 없고, 근대화가 상당히 진전된 다음에도 경제성장을 위해서는 국가가 사회를 효율적으로 통제하는 것이 필요하며, 어느 정도의 독재가 효과적이라는 논리를 펼친다. 발전국가론은 산업화 초기 단계에서는 경제발전과 권위주의적 정치가 어느 정도 불가피하다고 본다. 이를 '선택적 친화성

(elective affinity)'이라고 한다. 발전국가론을 주장하는 사람들은 적어도 산업화 초기 단계에서는 민주화와 경제발전이 양립하기 어렵다고 본다. 설사 이론적으로 가능하더라도, 현실에서는 민주화와 산업화를 동시에 이룬 나라를 찾아보기 어렵다는 경험론을 근거로 내세운다. 병행발전론은 민주화와 경제발전이 양립할 수 있다는 주장이다. 민주화는 경제발전에 방해가 되지 않으며, 한걸음 더 나아가 오히려 지속적인 경제발전을 위해서는 민주화가 이루어져야 한다고 주장한다. 개발독재나 권위주의적 발전국가는 일시적으로는 경제발전에 도움이 되는 것처럼 보이지만, 장기적으로는 오히려 부작용을 일으켜 경제발전을 더디게 한다는 것이다.[59]

정치적 목적으로 박정희를 내세우거나 맹목적인 박정희 지지자가 아니라면, 보수학자라도 개발독재론을 옹호하는 사람은 별로 없다. 따라서 박정희 정부의 정치, 경제정책을 큰 틀에서 지지하는 주된 논리는 발전국가론이라고 할 수 있다. 발전국가론의 지지자들은 역사적으로나 경험적으로 병행발전을 이룬 국가는 없었다고 주장한다. 선진 자본주의 국가였던 영국도 병행발전의 모델이 아니며, 더구나 후발 산업국가들로 한정시킬 경우 그 예는 거의 없다는 것이다.[60] 박정희 정부 시기 민주화를 희생한 것은 산업화를 위해 불가피한 조치였다는 논리는 여기에서 나온다.

발전국가론은 원래 일본의 경제발전을 설명하는 틀이었다. 그러던 것이 이른바 '아시아의 4마리 용'이라는 아시아 신흥공업국까지 확대되었다. 일본의 경제활동을 조정한 것은 주로 관료기구였지만, 아시

---

59. 김일영, 〈박정희시대 연구의 쟁점과 과제〉, 정성화 편,《박정희시대 연구의 쟁점과 과제》, 선인, 2005, 16~18쪽.

60. 앞의 글, 20~26쪽.

아 신흥공업국에서는 억압적인 권력이 이를 행사하였다. 한국과 타이완이 대표적인 사례이다. 한국과 타이완 등 발전국가들의 노동생산성은 어느 시기까지 상당히 높은 향상을 보였다. 그렇지만 점차 한계가 나타나고 있다. 노동자들의 임금상승도 높았지만, 전체적인 임금수준은 아직까지 낮은 상태이다. 분야나 업종에 따라서 상당한 차이를 보이지만, 발전국가들은 수직적인 국제분업 관계에서 낮은 곳에 위치한다. 한국은 여전히 제작기계와 핵심 테크노로지를 미국이나 일본 등의 선진국에 의존한다.

발전국가론은 후진국의 독재정치를 합리화하는 논리로 사용되었다. 그러나 발전국가론의 논리와는 달리 근래 브라질이나 인도와 같이 민주주의적 체제 위에서 경제발전이 이루어지는 사례들을 찾아볼 수 있다.[61] 더구나 한국의 경제성장도 발전국가론의 논리와는 다른 경험을 보이고 있음이 통계에서 확인된다. 전형적인 발전국가였던 박정희 정부 시기에는 두 차례 경제성장의 조정이 있었던 반면, 민주주의가 제도화되는 1980년대 후반에는 더 높은 성장률과 안정적 성장 추이를 보였다.[62]

1980년대까지 국정 국사교과서의 박정희 정부 서술은 긍정적인 평가 일색이었다. 그러다가 《국사》(하)(1990)부터 강압적인 통치 방식, 주로 1970년대 유신체제에 대한 비판적인 내용이 들어가기 시작했다. 이후 교과서가 개정될 때마다 비판적인 내용이 조금씩 추가되었다. 그러나 경제에 대해서는 《국사》(하)(1996)까지도 문제점 지적이 전혀 없었다. 《국사》(2002)에서야 비로소 자본의 재벌 집중재벌, 산업의 대

---

61. 박태균, 〈박정희 정부 시기를 통해서 본 발전국가 담론에 대한 비판적 시론〉, 《역사와 현실》 74, 2009, 38쪽.
62. 앞의 글, 23쪽.

외의존도 심화, 저임금 등의 폐단이나 문제점이 드러나고 있음을 밝혔다. 그러나 정부의 노력으로 "새로운 노사문화가 정착되고 노동환경 개선도 이루어지고 있으며, 이로 말미암아 생산성도 높아지고 있다.(364쪽)"고 하여, 여전히 긍정적인 평가에 치우치고 있다. 《국사》(2006)에는 《국사》(2002)보다 근현대사 내용이 보강되면서, 경제 관련 서술도 늘어났다. 이전 교과서들이 1960, 1970년대 경제성장을 묶어서 한꺼번에 서술하던 것에서 벗어나, 1960~1980년대 경제 변화를 시기별로 설명하였다. 1960년대 경제개발 정책, 1970년경 경제성장 위기의 해결을 위한 마산과 이리(익산)의 수출자유지역 설치, 중공업정책 전환, 1970년대 말 석유위기와 세계경제 침체로 인한 경제성장의 위기, 전두환 정부의 경제안정화정책을 위한 구조조정, 1980년대 중반의 3저 호황 등이 경제의 중요한 흐름으로 포함되었다.[63]

검정 《한국근·현대사》나 《한국사》 교과서들은 국정 《국사》 교과서에 비해 박정희 정부의 정책에 비판적이다. 유신체제 등 박정희 정부의 독재정치를 비판하고 있으며, 경제성장의 성과뿐 아니라 문제점도 지적한다. 그렇지만 교과서 사이에 상당한 차이를 보인다. 교과서들은 박정희 정부 시기의 경제성장을 비중 있게 서술하고 있다. 경제정책의 성과를 높이 평가하고 있는 점도 국정 국사교과서와 마찬가지이다. 그렇지만 1960~1970년대 경제변화를 좀 더 구체적이거나 시기별로 구분하고 있으며, 긍정적 측면뿐 아니라 부정적 측면도 지적한다. 일부 교과서들은 경제개발정책이 가져온 경제면의 문제점을 자료로 활용하면서 다양한 측면에 걸쳐서 구체적으로 서술했다. 예를 들어 《한국근·현대사》(금성)는 외채의 증가, 저임금과 저곡가 정책, 기업에 대한 특혜, 재벌의 독점 등을 들었다. 《한국사》(미래엔)는 저임

---

63. 《국사》, 2006, 185~187쪽.

금, 빈부 격차의 확대, 재벌의 독점, 대외의존도 심화 등의 문제가 생겼다고 보았다. 이에 반해 《한국근·현대사》(천재)는 경제성장의 부작용을 재벌 중심의 경제구조에 초점을 맞추었다. 재벌의 성과와 문제점을 비교함으로써, 경제성장의 긍정적 측면뿐 아니라 부정적 측면까지 생각하도록 하고 있다. 그러나 재벌 외에 다른 측면의 문제점에 대한 언급은 없다. 《한국근·현대사》(두산)와 《한국근·현대사》(법문사)는 경제성장의 여러 문제점을 지적하고 있기는 하지만, 경제성장의 성과를 서술하는 마지막 부분에서 포괄적이고 추상적으로 언급하는 데 그치고 있다. 《한국근·현대사》(법문사)는 '경제성장과 자본주의의 발전'이라는 제목 아래 박정희 정부 이후의 경제 변화를 5쪽에 걸쳐 서술하고 있는데, 그중 4쪽이 박정희 정부 시기에 해당한다. 경제개발계획의 성과를 통계를 활용하여 구체적으로 제시하고 있지만, 문제점에 대해서는 마지막 부분에 다음과 같이 덧붙였을 뿐이다.

우리 경제는 짧은 기간 내에 눈부신 발전을 이룩하였지만, 시급히 해결해야 할 문제 또한 많이 가지고 있다. 박정희 정부는 정부 주도에 의한 개발전략을 채택함으로써 정부가 민간경제에 과다하게 개입하여 민간부분의 자율성과 창의성을 발휘하기 어렵게 하였으며, 재벌에 의한 경제력 집중, 노사 분규에 대한 권위주의적 대처 등 경제적으로 비민주적인 현상이 나타났다. 1970년대 말에는 선별주의적 산업 지원이 중화학공업의 과잉 설비 투자와 부실화를 낳았고, 정부 지시나 정치권의 외압에 의한 대출 관행은 금융기관의 발전을 저해하였으며 금융산업의 부실화를 초래했다(《한국근·현대사》, 법문사, 304쪽).

이러한 정리 방식은 《한국근·현대사》(두산)도 마찬가지이다. 총 4

쪽에 걸친 박정희 정부 시기의 경제 분야 서술 중 8줄에 걸쳐 문제점을 정리하여 서술하는 것으로 마무리 짓고 있다.[64] 그나마 《한국근·현대사》(중앙)는 "우리 경제는 1970년대 중화학공업에 대한 중복·과잉투자, 1979년 제2차 석유파동, 농작물 흉작, 정치 불안정 등으로 1980년대에 들어와 마이너스 성장, 국제수지의 악화, 높은 물가 상승의 어려운 처지에 놓였다.(344쪽)"는 1970년대 후반의 경제적 어려움을 설명할 뿐, 경제성장의 전반적 문제점을 아예 서술하지 않았다. 오히려 "한편, 경제성장의 결과 늘어난 중산층은 그 뒤 민주주의 정착의 사회적 기반을 형성하였다.(343쪽)"고 하여 경제성장 정책이 민주주의 발전에도 기여한 것과 같은 느낌을 준다. 결과론적인 사실을 마치 정책의 효과인 것처럼 서술한 것이다. 이는 박정희의 경제성장 정책을 높이 평가하면서 강압적인 정치를 변호하려는 뉴라이트 세력의 논리이기도 하다. 박정희 정부 시기의 경제성장을 서술하는 《한국근·현대사》 교과서의 이러한 편차는 고등학교 《한국사》 교과서들 사이에서도 나타난다.

　5·16쿠데타로 집권을 한 박정희의 군사정부가 시책으로 내건 것은 반공과 근대화였다. 박정희 정부에게 근대화는 곧 경제성장을 의미하는 것이었다. 경제성장은 정권의 정당성을 확보하고, 권력을 유지할 수 있는 물적 기반을 마련하는 길이었다. 이에 따라 군사정부는 1962년부터 경제개발5개년계획에 들어갔다. 군사정부가 이처럼 곧바로 경제개발 계획을 실시할 수 있었던 데는 준비된 플랜이 있었기 때문이었다. 4월혁명 후 집권한 민주당의 장면 정부도 경제제일주의를 내걸고 경제개발5개년계획을 세웠다. 그러나 장면 정부의 경제개발계획은 5·16쿠데타로 실행이 되지 못한 채 박정희 정부로 넘어갔다. 박정희

64. 《한국근·현대사》, 두산, 328~329쪽.

정부는 장면 정부의 경제개발5개년계획을 부분적으로 수정하여 실행에 옮겼다.

1종을 제외한 5종의 《한국근·현대사》 교과서는 장면 정부에서 경제개발계획을 수립하였음을 언급했다.[65] 그러나 《한국근·현대사》(대한)·(천재)·(중앙)는 장면 정부의 경제개발계획이 있었다는 점만을 서술함으로써, 학생들이 이를 박정희 정부의 경제개발계획이 별개의 것으로 받아들일 수 있는 우려를 준다. 이에 반해 《한국사》 교과서들은 장면 정부의 경제개발 계획을 서술한 5개 종 모두, 박정희 정부의 경제개발계획은 장면 정부의 것을 이어받았음을 밝히고 있다.[66] 특히 《한국사》(법문사)는 경제개발계획을 다른 교과서보다 자세히 서술하였다.

> 정부가 주도하는 경제개발계획은 4·19혁명 직전에 이승만 정부의 산업개발위원회에서 마련한 경제계획안에서 비롯되었다. 1960년부터 3년간 시행될 예정이던 이 계획은 수출정책과 경제계획 상설기구를 포함하여 적극적이고 구체적인 내용을 담고 있었으나, 4·19혁명을 맞이하여 실현되지 못하였다.
>
> 4·19혁명으로 집권한 장면내각은 중소기업과 농업의 육성을 위한 종합대책을 마련하였으며, 1961년부터 시작되는 5개년종합경제 재건계획안을 마련하였다. 그리고 세금 감면을 통해 수출산업과 중요 기간산업을 육성하고자 하였다. 그러나 경제제일주의를 표방한 장면내각의 경제개

---

65. 《한국근·현대사》, 금성, 326쪽; 《한국근·현대사》, 중앙, 342쪽; 《한국근·현대사》, 두산, 326쪽, 《한국근·현대사》, 대한, 300쪽, 《한국근·현대사》, 천재, 326쪽.
66. 《한국사》, 삼화, 362쪽; 《한국사》, 천재, 375쪽; 《한국사》, 법문사, 350쪽; 《한국사》, 비상, 362쪽; 《한국사》, 미래엔, 374쪽.

발계획은 곧이어 일어난 5·16군사정변으로 인하여 실행되지 못하였다.

　정부 주도의 경제개발계획은 5·16군사정변 이후 본격적으로 추진되었다(《한국사》, 법문사, 350~351쪽).

　박정희 정부의 경제개발 계획이 장면 정부의 계획을 이어받았다는 사실은 경제개발이 1950년대 후반 이해 국가적 과제였으며, 이전의 정부들도 경제발전의 의지를 가지고 있음을 말해준다. 그렇지만 이러한 서술이 박정희 정부 시기 경제성장의 의의를 평가하는 데 인색하거나 소극적이라는 의미는 아니다.

　박정희 정부의 경제 정책은 국가 주도의 수출정책, 외국 자본 도입에 의한 경제개발로 대변된다. 박정희 정권은 초기 경제개발을 위한 자본의 조달 방법으로 외자보다는 내자를 생각했다. 또한 기간산업의 육성에 많은 관심을 가졌다. 1962년부터 시작된 제1차 경제개발5개년 계획에서는 애초 72.2퍼센트를 내자, 27.8퍼센트를 외자로 조달할 계획이었다. 그러나 내자조달을 위한 통화개혁의 실패와 경제의 대외협력을 강화하라는 미국의 압력으로 외자 도입으로 방향을 돌리게 되었다. 박정희 정부는 도입한 외자를 바탕으로 노동집약적인 소비재 산업을 육성하여 수출을 늘리는 대외지향적 경제성장 정책을 추진하게 되었다. 이는 한국 경제가 국제적 분업구조에 편입되는 것을 의미했다. 또한 경제성장이 이루어질수록 대외의존도가 심화되는 것을 피할 수 없었다.[67]

　교과서들은 대부분 박정희 정부의 초기 경제개발 정책이 수정되게 된 원인과 그 의미를 서술하지 않았다. 국정 국사교과서는 물론, 검정 《한국근·현대사》나 《한국사》 교과서들도 이를 다루고 있지 않다.

---

67. 김인걸 외 편저,《한국사강의》, 돌베개, 1998, 297~299쪽.

《한국근·현대사》(금성)에서 "정부는 처음에는 경제개발에 필요한 자본을 국내에서 모으려고 하였다. 그러나 이것이 제대로 되지 않자, 외국에서 자본을 끌어들이는 것으로 방향을 바꾸었다.(326쪽)"고 하여, 초기에는 내자를 통해 자본을 조달하려고 했음을 밝히는 정도이다. 그러나 외자도입과 수출주도 산업 육성에서 미국이 미친 영향과, 이러한 경제정책이 국제사회에서 가지는 의미 등은 언급하고 있지 않다.

외자도입이라는 경제정책과 깊은 관련이 있는 박정희 정부 초기의 대외정책이 한일국교 정상화와 베트남전 파병이다. 경제 발전에 정권의 명운을 걸고 있던 박정희 정부는 외국자본의 획득을 위해 이 두 가지 정책을 서둘렀다. 베트남전 파병은 박정희가 먼저 요청할 만큼 적극적이었다.

국정 국사교과서는 한일회담과 베트남전 파병을 경제적 목적과 연결시키고 있지 않다. 《국사》(2002)까지는 베트남전 참전이 아예 나오지 않으며, 한일협정은 다루었지만 박정희 정부의 목적이 무엇이었는지 언급하지 않았다. 그저 정부와 야당 사이에 현실인식과 시국관에서 차이가 있었다거나,[68] 시민과 대학생들의 굴욕외교 반대에 부딪혔다는[69] 사실을 쓰고 있을 뿐이다. 《국사》(2006)에 들어서 "박정희 정부는 조국 근대화 실현을 국정의 주요 목표로 삼고, 경제개발정책을 추진하면서, 일본의 사과와 정당한 보상을 요구하는 시민, 학생들의 격렬한 반대를 억누르고 한·일국교를 정상화하였다(1965).(126쪽)"고 하여, 명확히 표현하지는 않지만 한일회담이 경제적 목적에 따른 것임을 시사하였다.

검정 《한국근·현대사》와 《한국사》 교과서들은 경제적 요인에 관

---

68. 《국사》, 2002, 183쪽.
69. 《국사》, 2006, 206쪽.

심을 두고 두 정책을 설명한다. 교과서들은 대체로 한일국교 정상화와 베트남전 파병이 경제발전에 도움이 되었음을 인정한다. 그렇지만 두 정책에 대한 평가는 교과서에 따라 차이가 있다. 베트남전 파병과 한일국교정상화의 경제적 측면을 경제 분야에서 서술한 교과서는 대체로 매우 긍정적으로 평가한다. "한·일협정 체결의 대가로 들여온 외화와 베트남 파병에 따른 베트남 특수는 경제발전에 많은 도움이 되었다."[70]는 식이다. 이에 반해, 정치 분야에서 서술하는 경우, 문제점을 지적하는 것을 볼 수 있다. "베트남 파병은 많은 장병의 희생을 가져왔으나, 우리 건설업체의 해외 진출과 인력 수출 등으로 우리나라의 경제성장에 큰 도움이 되었다."[71]에서 볼 수 있듯이, 파병 장병의 희생을 가장 대표적인 문제점으로 지적한다. 그 밖의 고엽제 문제를 언급하는 경우도 있다.[72] 그러나 경제적 요인에 초점을 맞춰 한일회담과 베트남전 파병을 설명할 경우, 동아시아의 냉전과 동북아시아에서 한·미·일 삼각동맹체제의 구축이라는 중요한 정치적 의미를 학생들이 간과할 수 있으며, 전쟁 과정에서 베트남인들에게 준 피해는 덮어버릴 수 있다.

7. 맺음말

1980년대 중반 이후 사회민주화와 함께 한국근현대사 연구가 활성

---

70. 《한국사》, 지학사, 312쪽.
71. 《한국근·현대사》, 중앙, 303쪽; 《한국근·현대사》, 법문사, 271쪽; 《한국사》, 미래엔, 364쪽; 《한국사》, 지학사, 305쪽; 《한국사》, 법문사, 345쪽의 서술도 거의 같다.
72. 《한국근·현대사》, 천재, 298쪽; 《한국사》, 비상, 353쪽.

화되었다. 연구의 분야나 연구방법이 다양해지고, 연구서나 논문들도 크게 늘어났다. 냉전과 남북 분단, 정치적 억압 등으로 이전에는 연구하기 어려웠던 사회주의계 민족운동이나 민중운동에 대한 연구도 본격화되었다. 2000년대 이후 국사교과서의 근현대사 서술은 1980년대 이후 연구성과를 상당 부분 반영하고 있다. 특히 검정으로 발행된《한국근·현대사》나《한국사》교과서들은 다양한 자료를 통해 근현대사에 접근하고 있으며, 여러 관점에서 근현대사의 사실들을 해석하고 평가한다. 사실의 이해나 해석에 논쟁이 있는 경우는 이를 소개하기도 한다. 이러한 국사교과서 서술은 학생들의 한국근현대사 지식을 확대하고 근현대사의 흐름을 이해하게 하여, 자신의 관점을 가지고 역사를 인식하는 데 도움을 준다. 그렇지만 한국근현대사 교육이 연구성과를 반영하고 학생들이 역사를 이해하고 해석하는 데 긍정적인 작용을 하려면 아직도 몇 가지 해결해야 할 문제가 있다.

첫째, 구체적인 사실의 이해나 해석에 치중하고 있다. 역사교과서 서술에서 많은 역사적 사건이나 주제의 인식이나 평가가 달라졌지만, 시대상을 보는 관점은 크게 바뀌지 않거나, 아예 이를 제시하는 것을 기피한다. 이는 역사교육보다는 역사학계의 문제일 수 있다. 1960년대까지 역사학자들은 교과서 집필에 대거 참여했다. 자신의 전공 분야가 아닌 다른 분야를 포함한 한국사 전체를 포괄하는 역사상을 교과서에 담았다. 그러나 1970년대 이후 국사교과서가 국정화되면서, 많은 한국사 연구자들은 교과서 집필에 손을 끊고, 자신의 연구분야에 집중하였다. 그 결과 학생들이 배우는 국사교과서에 한국사의 전체적인 이미지를 어떻게 제시할 것인지 고민하지 않았다. 근래 한국사 연구자들이 교과서 집필에 참여하는 경향이 다시 늘어나고 있지만, 여전히 자신이 그리는 한국사의 전체적인 상은 없다. 기존 교과서나 개설서의 한국사구조, 한국사 상을 답습하고 있는 실정이다.

둘째는 여전히 근현대사 교육은 이데올로기나 정치권력의 영향을 받고 있다. 근현대사 연구는 1990년대 이전에 비해 상당히 자유로워졌지만, 근현대사 교육은 아직도 그렇지 못하다. 학교 역사교육에서 근현대사, 특히 현대사는 1990년대 이후 계속해서 논란이 되어 왔다. 1994년에는 〈국사교육 내용전개의 준거안〉 시안 중 현대사 내용이 보수 세력과 언론의 공격을 받고 수정되었다. 이들은 2002년에는 《한국근현대사》 교과서의 전 정부(김영삼 정부)와 현 정부(김대중 정부)의 편향성 서술 문제를 제기했다. 2004년부터 2008년에 걸쳐서는 《한국근현대사》 교과서의 현대사 서술을 둘러싸고도 같은 문제가 일어났다. 이 논란은 이후 《한국사》 교과서의 내용으로 이어졌다. 주로 현대사를 둘러싼 논쟁이지만, 아직까지 근현대사 서술이 이념 문제에 자유롭지 못함을 보여준다. 교과서 집필자들이 근현대사 연구성과를 검토하고 정리하여 자기 책임 아래 교과서를 집필하는 것은 쉽지 않다. 이런 일이 반복되다 보면, 구태여 교육과정이나 교과서 기준안, 검정 의견이 아니더라도 교과서 저자들의 '자기검열'은 늘어난다. 이는 국사교과서가 학계의 근현대사 연구성과를 반영하는 것을 어렵게 할 뿐 아니라, 근현대사 수업이 학생들로 하여금 자신의 역사인식과 해석을 바탕으로 역사적 사실을 이해하는 장이 될 수 없게 한다. 국사편찬위원회는 2013년에 검정하여 2014년부터 사용될 고등학교 《한국사》의 근현대사 비중을 현재보다 크게 줄였다. 논란이 되느니 차라리 가르치는 분량을 줄이자는 취지이다. 근현대사 교육을 강화해야 한다는 주장이 대세였던 것에 비하면 주객이 전도된 꼴이다.

셋째는 지나치게 많은 내용이다. 이 점은 근현대사뿐 아니라 한국사, 나아가서는 역사교육 전반의 문제이지만, 근현대사는 특히 심각하다. 근현대사 교육의 강화 움직임과 연구성과의 축적은 국사교과서의 근현대사 내용을 풍요롭게 했지만, 학생들의 역사 공부를 어렵게 만들었다. 예를 들어 민족해방운동은 근현대사의 중요한 부분이지만 학생들에게는 지나친 부담을 준다. 한국근현대사를 열심히 공부하던 학생들이 독립군의 결성부터 시작해서 봉오동 전투, 청산리 전투, 독립군의 연해주 이동과 흑하사변, 3부의 형성, 3부 통합 운동, 한국독립군과 조선혁명군 활동, 다시 민족유일당운동에 이르는 만주지역의 민족해방운동을 다루는 부분에 이르면 흥미를 크게 잃는다는 것은 잘 알려진 사실이다. 이 때문에 근현대사에 흥미를 가지는 학생들과 그렇지 못한 학생들 사이에서는 근현대사 지식의 양극화가 나타난다. 근현대사 연구성과와 함께 흐름을 어떻게 정리해야 하며, 여기에 포함되어야 할 필수지식이 무엇인가 하는 점은 또 하나의 과제이다.

■참고문헌

특별기획 〈통일을 위한 근현대사 교육, 역사가 10인에게 듣는다〉,《역사비평》계
　　　간 11호, 1990년 겨울호.
교수신문 기획·엮음,《고종황제 역사 청문회》, 푸른역사, 2005.
교육과학기술부,《2007년 개정 교육과정(교육인적자원부 고시 제2007–79호)에
　　　따른 역사교과서 집필 기준》, 2009.
국사편찬위원회,《한국사》43(국권회복운동), 국사편찬위원회, 1999.
＿＿＿＿＿＿,《한국사》47(일제의 무단통치와 3·1운동), 국사편찬위원회,
　　　2001.
＿＿＿＿＿＿,《한국사》48(임시정부의 수립과 독립전쟁), 국사편찬위원회,
　　　2001.
＿＿＿＿＿＿,《한국사》49(민족운동의 분화와 대중운동), 국사편찬위원회,
　　　2001.
＿＿＿＿＿＿,《한국사》52(대한민국의 수립), 국사편찬위원회, 2002.
김인걸 외 편저,《한국현대사강의》, 돌베개, 1998.
김정기 외, 〈한국근대사 연구와 국사교육〉,《역사교육》47, 1990.
류승렬, 〈중등학교 역사교육의 방향 정립을 위한 제언〉,《20세기 역사학, 21세기
　　　역사학》, 역사비평사, 2000.
박진동, 〈해방 후 현대사 교육 내용 기준의 변천과 국사교과서 서술〉,《역사학보》
　　　205, 2010.
박찬승,《한국근대정치사상사 연구–민족주의 우파의 실력양성론》, 역사비평사,
　　　1992.
박태균, 〈박정희 정부 시기를 통해서 본 발전국가 담론에 대한 비판적 시론〉,《역
　　　사와 현실》74, 2009.
＿＿＿, 〈2009 개정 교육과정 한국사교과서 현대사 부분 분석〉,《역사교육》116,
　　　2010.
서중석, 〈국사교과서 현 대사 서술, 문제 많다〉,《역사비평》56, 2001년 가을호.
신주백,《1920~30년대 중국지역 민족운동사》, 선인, 2005.
역사문제연구소,《쟁점과 과제: 민족해방운동사》, 역사비평사, 1990.
이명희·강규형, 〈한국근·현대사교과서의 문제점과 개선 방향〉,《사회과교육》

48(1), 2009.

일본교과서바로잡기운동 본부 엮음,《한국사교과서의 희망을 찾아서》, 역사비평
　　　사, 2003.

장세윤,《1930년대 만 주지역 항일무장투쟁》, 한국독립운동사편찬위원회 · 독립
　　　기념관 한국독립운동사 연구소, 2009.

정성화 편,《박정희시대 연구의 쟁점과 과제》, 선인, 2005.

조동걸,〈광무농민운동과 신돌석 의병〉,《한국근현대사연구》19, 2001.

한국사연구회 편,《새로운 한국사 길잡이》(하), 지식산업사, 2008.

한국역사연구회,《1894년 농민전쟁 연구》2, 역사비평사, 1992.

＿＿＿＿＿＿＿,《1894년 농민전쟁 연구》4, 역사비평사, 1992.

집필진(게재순)

정기문
서울대학교 사범대학 역사교육과, 서울대학교 대학원(석사, 박사)
(現) 군산대학교 인문대학 사학과 교수

김중락
경북대학교(학사, 석사), 영국 University of Cambridge 역사학부(박사)
(現) 경북대학교 사범대학 역사교육과 교수

김병준
서울대학교 인문대학 동양사학과, 서울대학교 대학원(석사, 박사)
(現) 서울대학교 인문대학 동양사학과 교수

홍성구
고려대학교 문과대학 사학과, 고려대학교 대학원(석사, 박사)
(現) 경북대학교 사범대학 역사교육과 교수

임기환
서울대학교 인문대학 국사학과, 경희대학교 대학원(석사, 박사)
(現) 서울교육대학교 사회과교육과 교수

이종서
서울대학교 인문대학 국사학과, 서울대학교 대학원(석사, 박사)
(現) 울산대학교 인문대학 역사문화학과 교수

박평식
서울대학교 사범대학 역사교육과, 연세대학교 대학원 사학과(석사, 박사)
(現) 서울대학교 사범대학 역사교육과 교수

김한종
서울대학교 사범대학 역사교육과, 서울대학교 대학원(석사, 박사)
(現) 한국교원대학교 역사교육과 교수

학술총서 02
역사학의 성과와 역사교육의 방향

1판 1쇄 2013년 5월 15일

지은이 l 정기문, 김중락, 김병준, 홍성구, 임기환, 이종서, 박평식, 김한종

편집 l 천현주, 박진경
마케팅 l 김연일, 이혜지, 노효선
디자인 l 석운디자인

펴낸곳 l (주)도서출판 **책과함께**
　　　　주소 (121-896) 서울시 마포구 서교동 444-17 덕화빌딩 5층
　　　　전화 (02) 335-1982~3
　　　　팩스 (02) 335-1316
　　　　전자우편 prpub@hanmail.net
　　　　블로그 blog.naver.com/prpub
　　　　등록 2003년 4월 3일 제25100-2003-392호

ISBN 978-89-97735-21-1 (94900)

이 도서의 국립중앙도서관 출판시도서목록(CIP)은 서지정보유통지원시스템 홈페이지
(http://seoji.nl.go.kr)와 국가자료공동목록시스템(http://www.nl.go.kr/kolisnet)에서 이용
하실 수 있습니다.(CIP제어번호: CIP2013005365)